ÉTUDES
D'HISTOIRE ET DE CRITIQUE
DRAMATIQUES

PAR

Gustave LARROUMET

Membre de l'Institut,
Chargé de cours à la Faculté des lettres de Paris

« ŒDIPE ROI » ET LA TRAGÉDIE DE SOPHOCLE
LA COMÉDIE AU MOYEN AGE — DE MOLIÈRE À MARIVAUX
SHAKESPEARE ET LE THÉATRE FRANÇAIS
BEAUMARCHAIS : L'HOMME ET L'ŒUVRE
LE THÉATRE ET LA MORALE
LES COMÉDIENS ET LES MŒURS
LES THÉATRES DE PARIS : TROUPES ET GENRES

PARIS
LIBRAIRIE HACHETTE ET Cie
79, BOULEVARD SAINT-GERMAIN, 79
—
1892

Droits de propriété et de traduction réservés

Librairie HACHETTE et Cie, boulevard Saint-Germain, 79, à Paris.

BIBLIOTHÈQUE VARIÉE, IN-16, 3 FR. 50 LE VOLUME
Études sur les littératures modernes

ALBERT (Paul) : *La poésie*, études sur les chefs-d'œuvre des poètes de tous les temps et de tous les pays ; 8ᵉ édition. 1 vol.
— *La prose*, études sur les chefs-d'œuvre des prosateurs de tous les temps et de tous les pays ; 7ᵉ édition. 1 vol.
— *La littérature française, des origines à la fin du* XVIᵉ *siècle*; 7ᵉ édition. 1 vol.
— *La littérature française au* XVIIᵉ *siècle*; 7ᵉ édition. 1 vol.
— *La littérature française au* XVIIIᵉ *siècle*; 6ᵉ édition. 1 vol.
— *La littérature française au* XIXᵉ *siècle*; les origines du romantisme; 4ᵉ édition. 2 vol.
— *Variétés morales et littéraires*. 1 vol.
— *Poètes et poésies*; 2ᵉ édition. 1 vol.
BOSSERT (A.), inspecteur général de l'instruction publique : *La littérature allemande au moyen âge et les origines de l'épopée germanique*; 2ᵉ édition. 1 vol.
— *Gœthe et Schiller*; 3ᵉ édition. 1 vol.
— *Gœthe, ses précurseurs et ses contemporains*; 3ᵉ édition. 1 vol.
BRUNETIÈRE : *Études critiques sur l'histoire de la littérature française*. 3 vol.
COLOMBEY : *L'esprit au théâtre*. 1 vol.
CARO : *La fin du* XVIIIᵉ *siècle : études et portraits*; 2ᵉ édition. 2 vol.
— *Mélanges et portraits*. 2 vol.
— *Poètes et romanciers*. 1 vol.
— *Variétés littéraires*. 1 vol.
DELTOUR, inspecteur général de l'instruction publique : *Les ennemis de Racine au* XVIIᵉ *siècle*; 4ᵉ édition. 1 vol.
Ouvrage couronné par l'Académie française.
DESPOIS (E.) : *Le théâtre français sous Louis XIV*; 3ᵉ édition. 1 vol.
JUSSERAND (J.) : *La vie nomade et les routes d'Angleterre au* XIVᵉ *siècle*. 1 vol.
Ouvrage couronné par l'Académie française.
LA BRIÈRE (L. de) : *Madame de Sévigné en Bretagne*; 2ᵉ édition. 1 vol.
Ouvrage couronné par l'Académie française.
LARROUMET (G.), maître de conférences à la Faculté des lettres de Paris : *La comédie de Molière*. 1 vol.
LAVELEYE (E. de) : *Études et essais*. 1 vol.
LENIENT, professeur à la Faculté des lettres de Paris : *La satire en France au moyen âge*; 3ᵉ édition. 1 vol.
Ouvrage couronné par l'Académie française.
— *La satire en France au* XVIᵉ *siècle*; 3ᵉ édition. 2 vol.
— *La comédie en France au* XVIIIᵉ *siècle*. 2 vol.
LICHTENBERGER, professeur à la Faculté des lettres de Paris : *Étude sur les poésies lyriques de Gœthe*; 2ᵉ édition. 1 vol.
Ouvrage couronné par l'Académie française.

MÉZIÈRES (A.), de l'Académie française : *Shakespeare, ses œuvres et ses critiques*; 4ᵉ édit. 1 vol.
— *Prédécesseurs et contemporains de Shakespeare*; 3ᵉ édition. 1 vol.
— *Contemporains et successeurs de Shakespeare*; 3ᵉ édition. 1 vol.
Ouvrages couronnés par l'Académie française.
— *Hors de France*: Italie, Espagne, Angleterre, Grèce moderne; 2ᵉ édition. 1 vol.
— *En France* : XVIIIᵉ et XIXᵉ siècles; 2ᵉ édition. 1 vol.
MONNIER (M.) : *Les aïeux de Figaro*. 1 vol.
MONTÉGUT (E.) : *Poètes et artistes de l'Italie*. 1 vol.
— *Types littéraires et fantaisies esthétiques*. 1 vol.
— *Essais sur la littérature anglaise*. 1 vol.
— *Nos morts contemporains*.
— *Les écrivains modernes de l'Angleterre*. 2 vol.
— *Livres et âmes des pays d'Orient*. 1 vol.
— *Choses du Nord et du Midi*. 1 vol.
— *Mélanges critiques* (Victor Hugo — Edgar Quinet — Michelet — Edmond About). 1 vol.
PARIS (G.), de l'Institut : *La poésie du moyen âge*; 2ᵉ édition. 1 vol.
PATIN : *Discours et mélanges littéraires*. 1 vol.
PELLISSIER : *Le mouvement littéraire au* XIXᵉ *siècle*. 1 vol.
PRÉVOST-PARADOL : *Études sur les moralistes français*; 6ᵉ édition. 1 vol.
REINACH (Joseph) : *Études de littérature et d'histoire*. 1 vol.
RELAVE (L'abbé) : *La vie et les œuvres de Töpffer*. 1 vol.
SAINTE-BEUVE : *Port-Royal*; 4ᵉ édition, revue et augmentée. 7 vol.
STAPFER (P.), professeur à la Faculté des lettres de Bordeaux : *Molière et Shakespeare*. 1 vol.
Ouvrage couronné par l'Académie française.
TAINE (H.), de l'Académie française : *Histoire de la littérature anglaise*; 6ᵉ édition. 5 vol.
— *La Fontaine et ses fables*; 11ᵉ édit. 1 vol.
— *Essais de critique et d'histoire*. 5ᵉ édit. 1 vol.
— *Nouveaux essais de critique et d'histoire*. 4ᵉ édit. 1 vol.
TRÉVERRET (De), professeur à la Faculté des lettres de Bordeaux : *L'Italie au* XVIᵉ *siècle*. 2 vol.
1ʳᵉ série (Machiavel — Castiglione — Sannazar). 1 vol.
2ᵉ série (L'Arioste — Guichardin). 1 vol.
WALLON, de l'Institut : *Éloges académiques*. 2 vol.

À Monsieur Ernest Renan
Respectueux hommage.
Gaston Larroumet

ÉTUDES
D'HISTOIRE ET DE CRITIQUE
DRAMATIQUES

DU MÊME AUTEUR

Marivaux, sa vie et ses œuvres, d'après de nouveaux documents, avec deux portraits et deux fac-similés. 1 vol. in-8 broché. 7 fr. 50

<small>Ouvrage couronné par l'Académie française.</small>

La Comédie de Molière, l'auteur et le milieu. 1 vol. in-16 broché. 3 fr. 50

En préparation :

La Comédie de Molière, Poétique et Morale. 1 vol. in-16.

ÉTUDES
D'HISTOIRE ET DE CRITIQUE
DRAMATIQUES

PAR

Gustave LARROUMET

Membre de l'Institut,
Chargé de cours à la Faculté des lettres de Paris

« ŒDIPE ROI » ET LA TRAGÉDIE DE SOPHOCLE
LA COMÉDIE AU MOYEN AGE — DE MOLIÈRE À MARIVAUX
SHAKESPEARE ET LE THÉATRE FRANÇAIS
BEAUMARCHAIS : L'HOMME ET L'ŒUVRE
LE THÉATRE ET LA MORALE
LES COMÉDIENS ET LES MŒURS
LES THÉATRES DE PARIS : TROUPES ET GENRES

PARIS
LIBRAIRIE HACHETTE ET CIE
79, BOULEVARD SAINT-GERMAIN, 79
—
1892

Droits de propriété et de traduction réservés

AVANT-PROPOS

Le présent volume se compose d'une série d'articles publiés, de 1887 à 1891, dans la *Revue des Deux Mondes* et la *Revue politique et littéraire* (*Revue bleue*). Quelques-uns se rattachent au cours de littérature française que je professais, de 1884 à 1888, à la Faculté des lettres de Paris; deux sont des conférences faites au théâtre de l'Odéon; trois autres ont été écrits dans les rares loisirs que me laissaient des fonctions administratives où je ne cessais pas de remplir un devoir en m'occupant de littérature dramatique.

Malgré cette différence d'objets, qui risque d'accuser encore celle des matières, j'espère que le lecteur trouvera dans ces études les mêmes idées et la même méthode. Sur quelques points, j'étais tenté de me compléter ou de me corriger; je me suis borné à quelques additions, rédigées en même temps que les morceaux auxquels elles se rapportent, et à quelques notes explicatives. Il m'a paru, en effet, que, si le temps et les circonstances avaient pu modifier certaines de mes opinions, mieux valait réserver pour plus tard ce que j'aurais encore à dire, si j'ai l'occasion de reprendre les mêmes sujets à un autre point de vue.

G. L.

Décembre 1891.

ÉTUDES
D'HISTOIRE ET DE CRITIQUE
DRAMATIQUES

« ŒDIPE ROI » ET LA TRAGÉDIE DE SOPHOCLE

En présentant au lecteur sa tragédie d'*Œdipe*, Corneille rappelait « les suffrages de tous les savants » qui avaient regardé l'*Œdipe roi* de Sophocle « comme le chef-d'œuvre de l'antiquité » ; mais il déclarait qu'en étudiant de près la pièce grecque, il avait reconnu « que ce qui avait passé pour miraculeux dans ces siècles éloignés pourrait sembler horrible au nôtre ; que cette éloquente et curieuse description de la manière dont un malheureux prince se crève les yeux ferait soulever la délicatesse de nos dames qui composent la plus belle partie de notre auditoire et dont le dégoût attire aisément celui de ceux qui les accompagnent ; que, l'amour n'ayant point de part dans ce sujet, ni les femmes d'emploi, il était dénué des principaux ornements qui gagnent d'ordinaire la voix publique ». Il avait donc essayé de « remédier à ce désordre, en épargnant d'un côté à ses auditeurs ce dangereux spectacle et en y ajoutant l'heureux épisode des amours de Thésée et de Dircé » ; pour le reste, il y avait apporté de si nombreux changements que la pièce française ne retenait guère que le titre de son modèle grec. « J'ai eu le bonheur, concluait-il, de faire avouer à la plupart de nos auditeurs que je n'ai fait aucune pièce de théâtre où il se trouve autant d'art que dans celle-ci. » La postérité, malheureusement, ne pense pas comme Corneille : entre les mauvaises pièces du grand poète, elle regarde *OEdipe* comme une des moins bonnes. Cet « heureux épisode » de Thésée et de Dircé, devenu le véritable sujet de la tragédie française, n'est qu'une bizarre et froide intrigue d'amour ; il n'y a guère, au total, d'œuvre plus languissante et plus déclamatoire dans la littérature galante du xviie siècle.

Fénelon constatait ces défauts, et il en voyait bien les causes. Il rappelait que Racine « avait formé le plan d'une tragédie française d'*OEdipe* suivant le goût de Sophocle, sans y mêler aucune intrigue postiche d'amour, et suivant la belle simplicité grecque ». Il ajoutait : « Un tel spectacle pourrait être très curieux, très vif, très intéressant ; il ne serait point applaudi, mais il saisirait, il ferait répandre des larmes, il ne laisserait pas respirer ». J.-J. Rousseau disait de son côté : « Nul doute que la plus belle tragédie de Sophocle, traduite fidèlement, ne tombât à plat sur notre théâtre ». Malgré l'avis de Fénelon, Voltaire ne craignit pas de reprendre le sujet d'*OEdipe* au même point de vue que Corneille. Il pensait comme son devancier sur la nécessité d'une intrigue amoureuse pour les comédiennes et les spectatrices ; il imaginait donc, à son tour, de déplacer en partie l'intérêt et il combinait entre Jocaste et Philoctète une intrigue aussi malheureuse que celle de Dircé et de Thésée. Mais, à la différence de Corneille, il retenait les plus belles scènes de Sophocle et il revêtait le tout de la fausse élégance et de la brillante banalité propres à son style tragique. Son *Œdipe* obtint un grand succès et le conserva jusqu'au début de notre siècle ; aujourd'hui, s'il admet encore la lecture, il serait insupportable à la représentation.

C'est que, contrairement aux idées de Corneille et de Voltaire, nous n'éprouvons plus le besoin de parer d'une intrigue amoureuse la légende d'Œdipe ; nous pensons avec Racine qu'elle répugne à un pareil mélange et nous voulons la maintenir dans sa terrible simplicité ; nous sommes complétement revenus à l'avis des savants que rappelait Corneille, et la pièce grecque justifie encore pour nous cette explication subtile et naïve du scoliaste, disant que le mot de *roi* n'est pas un simple moyen pour la distinguer des autres pièces consacrées au même personnage, mais la marque voulue de son éclatante supériorité ; nous souscrivons au jugement d'Aristote, qui, dans sa *Poétique*, la regardait comme un chef-d'œuvre de la tragédie grecque ; enfin, exactement traduite et représentée devant nous[1], non seulement elle n'est pas tombée à plat, selon la prédiction assurée de Rousseau, mais elle a obtenu un grand succès ; non seulement elle nous a « saisis », mais nous l'avons applaudie, contrairement aux craintes de Fénelon. Cette tentative a montré que le chef-d'œuvre de Sophocle était vraiment accessible à tous, lettrés ou ignorants, et toujours capable de produire cette communication particulière qui, dans une salle de spectacle où sont représentées toutes les différences de condition sociale et de culture intellectuelle, confond les esprits et les

---

[1]. Napoléon Ier, grand amateur de tragédie, regrettait à Sainte-Hélène de n'avoir pu se donner le spectacle d'une représentation d'*Œdipe roi* ainsi traduit (*Mémorial*, 8 novembre 1816). Le *Mémorial* ajoute ce curieux renseignement que « Talma avait toujours combattu cette idée ».

cœurs pour en former un seul être, animé pendant quelques heures des mêmes sentiments.

Je doute qu'entre les diverses pièces du théâtre antique, comme aussi du théâtre chez tous les peuples, il y en ait aucune qui puisse obtenir aujourd'hui pareille fortune sur notre scène. Le théâtre a beau, par une nécessité de nature, s'élever plus que les autres genres au-dessus des conditions particulières de temps et de pays pour s'adresser à tous les hommes, en leur offrant l'expression générale de passions permanentes et semblables à elles-mêmes, sous les différences particulières dont chaque civilisation peut les revêtir, il n'y a guère, dans la grande majorité des œuvres dramatiques, que des parties vraiment universelles, et, souvent, elles sont revêtues d'une forme si particulière qu'il faut les réduire à leurs éléments les plus simples, c'est-à-dire détruire l'œuvre, pour les rendre intelligibles au plus grand nombre. En dehors des indianistes ou des sinologues de profession, combien d'hommes, même lettrés, peuvent-ils comprendre et goûter, au complet, telles pièces qui leur sont signalées comme les chefs-d'œuvre de riches littératures ? L'expérience a été faite pour quelques-unes d'entre elles, et elle est concluante. En dehors des humanistes, ou de ceux qui ont fait à peu près leurs classes, un public composé au hasard pourrait-il se plaire à la représentation d'une œuvre d'Eschyle, d'Euripide ou d'Aristophane, de Plaute ou de Térence ? Malgré les nombreuses traductions et adaptations de pièces grecques et latines produites en ce siècle sur nos théâtres, une seule est restée au répertoire, et c'est *Œdipe roi*. Il a fallu que les sujets antiques fussent complètement transformés, comme ils l'ont été par Racine ou Molière, pour s'installer dans notre littérature dramatique. En dehors de la production journalière et sans durée, bien peu de nos pièces françaises continuent à faire partie du répertoire à l'étranger; quant à nous, il a été impossible de nous faire accepter une seule pièce de Gœthe ou de Schiller, de Calderon ou de Lope de Vega; nous commençons tout juste à adopter Shakespeare, après cent cinquante ans d'efforts, et jusqu'ici le goût du théâtre russe n'est guère qu'une affaire de mode, qui déconcerte le vrai public.

Je voudrais, en justifiant pour *Œdipe* ce retour d'admiration contemporaine, qui tient à un sentiment plus vif et plus juste de l'antiquité, rechercher pour quelles causes cette pièce profite, sur notre théâtre, d'une exception aussi singulière. Je rappellerai ensuite son histoire à la Comédie-Française et j'essayerai de déterminer quelle est la part personnelle du traducteur, du metteur en scène et des interprètes dans l'éclatant succès qu'elle a obtenu depuis sa dernière reprise en 1881; succès tel que, au bout de dix ans, cette vieille tragédie n'a pas encore épuisé son effet sur le public, et que l'on peut la considérer comme classée dans le répertoire courant du théâtre, au même titre que *le Cid* ou *Andromaque*.

I

Le sujet d'*Œdipe roi* se rattache à ces légendes des temps héroïques, qui ont suffi à provoquer toutes les inventions tragiques du génie grec : il n'y a guère, en effet, que les *Perses* d'Eschyle, où le poète, sous le coup d'un grand événement et l'impression d'une immense fierté nationale, ait abandonné les vieilles légendes pour traiter un sujet contemporain de ses spectateurs. Le caractère religieux et national de cette tragédie explique cette uniformité de sujets : une religion constituée remonte d'ordinaire aux plus vieilles origines d'un peuple et, pour qu'il soit unanimement fier de ses souvenirs nationaux, il faut qu'ils aient la consécration du temps. Comme Eschyle avant lui, comme Euripide en même temps que lui, Sophocle puise dans le fond commun et, comme eux, il s'attache de préférence à un cycle particulier de légendes : Eschyle s'était approprié celle des Atrides, il prend celle des Labdacides et Euripide traitera surtout les suites de la guerre de Troie. Contrairement aux procédés d'Eschyle, par un changement profond, assez semblable à celui que Racine opérait après Corneille dans la tragédie française et qui, en Grèce comme en France, marquait un grand progrès de l'art, Sophocle demande moins l'intérêt aux sujets qu'aux caractères ; il ne détermine pas les caractères par les situations, mais il fait naître les situations des caractères. Entre le simple développement lyrique d'événements prodigieux et conformes à la légende, tels que les présente Eschyle, et la recherche des sujets compliqués, parfois bizarres, pour arriver à l'invention originale, telle qu'Euripide la pratique, il demande l'intérêt au libre emploi de thèmes traditionnels, choisis parmi les moins extraordinaires. Il les respecte dans leurs éléments essentiels, mais il les ramène à une simplicité plus humaine et il s'en sert pour développer l'exercice des caractères individuels, le conflit des passions entre des personnages différents ou, ce qui est plus difficile, dans le cœur d'un même personnage, et les catastrophes qui sont plutôt la suite que la cause de ces conflits. Il donne beaucoup moins au rôle de la fatalité, qui est tout dans le religieux Eschyle, ou à celui du simple hasard, qui, avec le sceptique Euripide, se joue de la liberté humaine ; il concilie la fatalité, la liberté et le hasard, les trois maîtres du monde et de l'homme, pour les faire concourir à un seul effet, l'émotion, alors qu'Eschyle veut surtout exciter la terreur et Euripide l'intérêt. Il obtient, lui, par surcroît, intérêt et terreur ; mais ce ne sont pas ces deux sentiments, inférieurs par comparaison, qu'il cherche surtout à produire.

La légende d'Œdipe, prise entre sa triste enfance et sa lamentable vieillesse, au moment où sa royauté va finir, est un sujet essentiellement dramatique. En outre, malgré ce qu'elle contient d'éléments surnaturels, les sentiments qu'elle fait naître sont assez généraux pour que tous les hommes puissent y reconnaître l'image de leur nature et de leur destinée, comme aussi assez vraisemblables pour ne demander rien d'impossible à la crédulité d'aucun public. Malgré la place qu'y tient une situation particulièrement pénible, l'inceste, elle déroule des catastrophes si émouvantes que la répugnance morale qui naît d'abord de cette situation, atténuée elle-même par l'effet du lointain héroïque et mythologique, disparaît dans l'impression produite par la grandeur des infortunes éprouvées. Je rappelle brièvement cette légende. Œdipe est le fils de Laïus, roi de Thèbes, et de Jocaste. Un oracle a prédit que cet enfant tuerait son père et épouserait sa mère. Pour empêcher de tels malheurs, Laïus le fait exposer sur une montagne déserte, le Cithéron, où il mourra, suspendu à un arbre par ses pieds percés de lanières. Un berger, saisi de pitié, détache Œdipe, l'enfant *aux pieds enflés*, et, sans révéler le secret de sa naissance, le confie à Polybe, roi de Corinthe. Arrivé à l'âge d'homme, Œdipe rencontre Laïus sur un grand chemin ; une dispute s'engage au passage ; Œdipe frappe Laïus et le tue. Cependant un monstre, le Sphinx, désole les environs de Thèbes : il propose aux passants des énigmes qu'ils ne peuvent deviner et les dévore ; il doit périr lui-même par la main du premier homme qui aura su répondre à ses questions. Œdipe affronte le Sphinx, en triomphe et en débarrasse Thèbes qui, par reconnaissance, lui donne la royauté et lui fait épouser la veuve de Laïus, Jocaste. Œdipe règne tranquille et heureux, sans rien savoir du terrible secret qui existe entre Jocaste et lui, jusqu'au jour où la peste éclate sur Thèbes. C'est à ce moment que s'ouvre le drame de Sophocle.

Comme dans toutes les légendes religieuses de la Grèce, il y aurait ici un mythe, c'est-à-dire une longue métaphore, personnifiant un phénomène naturel. Œdipe, disent les mythographes, représente le soleil ; son exposition sur le Cithéron, c'est le lever de l'astre ; ses pieds enflés, c'est le disque solaire, élargi sur sa base, tant qu'il n'a pas dépassé l'horizon ; son père Laïus personnifie la nuit, et le père tué par le fils signifie la clarté du soleil triomphant des ténèbres qui l'ont engendré ; sa mère Jocaste, c'est l'aurore violette d'où il sort, et son mariage avec elle, c'est le coucher de l'astre s'enveloppant de vapeurs brillantes avant de disparaître ; le Sphinx, c'est le nuage apportant la foudre, et sa voix signifie le tonnerre ; la victoire d'Œdipe sur le Sphinx, c'est le nuage dispersé par les rayons solaires ; enfin, Œdipe aveugle, c'est le soleil rentrant dans la nuit[1]. Mais il importe peu à l'intérêt de la pièce : Sophocle et les Grecs de son temps ne soupçonnaient rien des procédés que la science mythologique devait appliquer au passé légendaire de leur race ; sauf exceptions encore rares, ils croyaient qu'Œdipe avait existé, ils ne mettaient pas

1. Michel Bréal, *le Mythe d'Œdipe*, dans ses *Mélanges de mythologie et de linguistique*, 1878.

en doute le fond de la légende et le poète rencontrait chez ses spectateurs un état d'esprit assez semblable à celui du public pour lequel les auteurs de mystères du moyen âge traduisaient sur la scène les récits de l'Écriture sainte[1].

Ce sujet pouvait donc intéresser vivement des Athéniens. Aujourd'hui que toute croyance aux fables grecques a disparu, conserve-t-il assez de vérité universelle et humaine pour être encore accepté par le public de nos théâtres contemporains ?

Un libre esprit, qui ne consulte guère que lui-même dans ses préférences ou ses exclusions, et qui n'a jamais péché par excès de respect envers les œuvres consacrées, M. Jules Lemaître, n'est pas de cet avis[2]. Dans une récente étude sur la dernière reprise d'*OEdipe roi* à la Comédie-Française, il commence par reconnaître que « c'est une joie, et aussi un attendrissement, de se sentir encore, à travers vingt-trois siècles écoulés, en communion avec les plus chers et les plus respectés de nos ancêtres intellectuels ». Mais, après « ses plaisirs », il dit aux lecteurs « ses doutes et ses embarras » et il se montre très exigeant avec l'antique légende. L'analyse de la pièce ne lui laisse plus voir dans le sujet qu'un « conte à dormir debout, une matière invraisemblable jusqu'à la plus naïve extravagance ». Il ne croit pas qu'aucun drame, dans les temps anciens et modernes, ni même qu'aucun vaudeville et qu'aucune farce, repose sur un aussi « énorme *postulatum* que l'*OEdipe roi* ». Il admet, à la rigueur, que l'on ait négligé de rechercher le meurtrier de Laïus et qu'en douze années

---

1. La légende d'OEdipe était déjà racontée tout entière, sauf l'intervention du Sphinx, dans la Bible poétique, nationale et religieuse des Grecs, dans Homère, *Odyssée*, XI, 271-280.
2. *Impressions de théâtre*, 3ᵉ série, 1889.

de mariage Œdipe et Jocaste n'aient jamais parlé du feu roi; mais il pense que l'histoire d'un homme tuant son père et épousant sa mère sans le savoir, « sur un million de chances n'en a pas une de se produire » et que, par suite, tout spectateur se sent trop à l'abri d'une aventure de ce genre pour pouvoir s'y intéresser, le théâtre ne nous attachant que par l'image qu'il nous donne de nous-même et la représentation de ce qui pourrait nous arriver. Il fait remarquer enfin que l'aventure d'Œdipe lui a été prédite; que, par suite, il devait se méfier; que, « puisqu'il craignait si fort de tuer son père et d'épouser sa mère, la première précaution qu'il avait à prendre, semble-t-il, c'était de ne jamais tuer personne, sauf des gens de son âge ou à peu près, et de ne jamais se marier, sinon avec une très jeune fille, et dont il aurait vu l'acte de naissance ». Au lieu de cela, il tue un vieillard et épouse une femme beaucoup plus âgée que lui. Conclusion : « Il ne se méfie pas un seul instant! On n'est pas bête à ce point ». M. Lemaître ne voit donc plus, dans la légende d'Œdipe, au lieu d'une superbe fiction, « qu'une sorte de conte philosophique populaire », imaginé de parti pris pour rendre sensible cet axiome de sagesse courante : « Quoi qu'on fasse, on ne saurait échapper à sa destinée »; et il se plaint qu'un poète, « abusé par l'antiquité de la légende » et la croyant assez connue pour qu'elle fût admise comme vraie, ait eu l'idée de « réaliser », sous la forme de drame, un conte proprement symbolique ; car alors, ajoute-t-il, ou le conte, traduit par des personnages réels, me semblera absurde, ou je ne pourrai plus croire au drame, attendu qu'un conte et un drame, cela fait deux.

J'ai résumé cette critique le plus exactement que j'ai pu, car, bien qu'aucune œuvre ne puisse résister à ce genre de parodie et que M. Jules Lemaître déclare volontiers qu'il ne tient pas autrement à ce qu'il avance de la sorte, j'estime qu'il y a toujours une grande part de justesse dans ses opinions les plus fantaisistes et que toutes doivent être prises au sérieux. J'estime aussi que, lorsqu'il s'agit d'un des plus beaux titres du génie humain, consacré par l'admiration de plusieurs siècles, il importe de le défendre, lorsqu'on s'en occupe soi-même, et de dire pourquoi l'on partage à son égard l'opinion générale. L'humanité n'est pas trop riche en chefs-d'œuvre pour renoncer aisément à son admiration pour l'un d'eux[1].

Eh bien, dans cette succession de sévères critiques, je n'en vois qu'une de méritée et elle était formulée depuis bien longtemps, par le premier en date des critiques dramatiques qui se soient occupés d'*Œdipe roi*, par Aristote[2]. Peut-être est-ce pour cela que M. Jules Lemaître en fait bon marché et y renoncerait à la rigueur. Je veux parler de l'ignorance où sont les principaux personnages de la pièce de la façon dont a péri Laïus : il est invraisemblable, dit-on, que les circonstances du meurtre n'aient pas été connues, qu'Œdipe ne se soit

---

1. Dans une série de neuf lettres publiées peu de temps après la représentation de son *Œdipe*, Voltaire, traitant Sophocle, dont il avait si largement profité, avec l'ingratitude impertinente qu'il devait plus tard appliquer à Shakespeare, fait de l'*Œdipe roi* une critique minutieuse, sur ce ton de persiflage et de légèreté qui est, parfois, si pénible chez lui. La troisième de ces lettres est tout entière consacrée à établir que la pièce grecque est mal construite, pleine de contradictions, d'absurdités, de vaines déclamations et qu'elle représente l'enfance de l'art. La plupart de ces reproches ne méritent plus guère la discussion et, si M. Jules Lemaître se rencontre avec Voltaire sur un ou deux points, son examen, au total, est autrement digne de discussion.

2. « Tout ce qui serait déraisonnable se placera en dehors de la tragédie, comme le meurtre de Laïus et le mariage de Jocaste dans l'*Œdipe roi* de Sophocle. » Aristote, *Poétique*, traduction E. Egger.

jamais inquiété du vieillard tué par lui et qu'il n'en ait jamais parlé avec Jocaste. Mais cette invraisemblance est la condition même du sujet, le *postulatum* sans lequel « il n'y aurait pas de pièce », comme dirait M. Francisque Sarcey, et ce serait dommage. Elle est, en quelque sorte, antérieure et extérieure au sujet, ce qui en diminue l'effet, et employée de telle façon que le spectateur ne songe guère à la relever, ce qui est l'essentiel. Le même M. Francisque Sarcey a raison de dire, en toute occasion, qu'il faut accepter, sans y regarder de trop près, les points de départ que nous offrent les poëtes dramatiques, sous peine de paralyser leur invention. C'est au poëte à masquer de son mieux les invraisemblances dont il a besoin et à faire en sorte que le spectateur ne songe pas à le chicaner ou n'y songe qu'après la représentation. Or cette condition est bien observée dans l'*Œdipe roi*. Si le théâtre, selon la définition de M. Alexandre Dumas, est l'art des préparations, cet art a rarement fait accepter avec plus de soin et d'habileté une difficulté initiale et nécessaire.

C'est Créon, qui, dans une conversation avec Œdipe, son beau-frère, prononce pour la première fois le nom de Laïus et soulève lentement le voile qui couvre cette sombre histoire.

CRÉON.

Celui qui régnait avant toi sur ce pays s'appelait Laïus.

ŒDIPE.

On me l'a dit, mais je ne l'ai jamais vu.

CRÉON.

Il fut tué et maintenant l'oracle nous ordonne clairement de punir les auteurs du meurtre.

ŒDIPE.

Mais où sont-ils? Comment retrouver la trace d'un crime aussi ancien, sans aucun indice pour nous guider?... Dis-moi si c'est dans cette ville, dans la campagne de Thèbes ou en pays étranger que Laïus fut tué.

CRÉON.

Il était parti, disait-il, pour consulter l'oracle et, depuis ce départ, il n'est plus revenu.

ŒDIPE.

N'est-il donc aucun messager, aucun compagnon de ce voyage qui ait été témoin du crime et que l'on puisse interroger sur la manière dont il fut commis?

CRÉON.

Ils périrent tous à l'exception d'un seul, qui s'enfuit, frappé de terreur, et qui ne put se rappeler qu'une seule chose.... Il dit que Laïus fut attaqué par des brigands, non par un seul, mais par plusieurs, et qu'il périt sous le nombre.... Dans le malheur qui nous frappait alors, il ne se trouva personne pour le venger.

ŒDIPE.

Et quel malheur fut donc assez grand pour vous empêcher de venger votre roi?

CRÉON.

Le Sphinx au chant trompeur. La nécessité immédiate nous obligea de négliger un passé obscur [1].

On le voit, tout ce qui peut expliquer l'impunité du crime se trouve réuni dans ce dialogue, sous la forme

---

1. Je traduis d'après le texte de M. Éd. Tournier, 2ᵉ édition, 1877.

la plus naturelle et la plus acceptable. Deux grands malheurs fondent sur Thèbes coup sur coup, le meurtre de son roi et les ravages du Sphinx. Le second, le plus puissant, lui fait oublier l'autre, qui est irréparable; et rien n'est plus fréquent dans les époques de crise. Œdipe survient, débarrasse Thèbes du Sphinx, est proclamé roi et épouse la reine veuve. N'est-il pas admissible qu'il se soit peu inquiété de ce Laïus, dont il prenait la femme avec la couronne, et que personne n'ait pris l'initiative de lui en parler? Un pouvoir nouveau qui s'établit songe plus à lui-même qu'à celui qui l'a précédé, et s'inquiète peu de venger les vieilles offenses subies par celui-ci, surtout lorsqu'il doit à ces offenses son propre avènement; c'est l'histoire habituelle des révolutions. Œdipe ne s'inquiète donc de Laïus et de son histoire que lorsqu'il se présente pour lui-même un intérêt capital à la connaître; et ceci est encore très humain.

Plus loin, dans une autre conversation avec Créon, Œdipe devance encore, pour l'expliquer, l'étonnement du spectateur : « Comment! dit-il, vous n'avez fait aucune recherche après l'assassinat? — Nous en avons fait, répond Créon, et pouvions-nous n'en pas faire? Mais nous n'avons rien appris ». Quant à Jocaste, le poète a bien soin de marquer que jamais, avant le drame, elle n'a parlé de Laïus à Œdipe, qu'elle a toujours évité avec lui ce sujet de conversation pénible pour tous deux, et qu'elle ne se décide à dire ce qu'elle en sait que sur les pressantes interrogations d'Œdipe. Et, de plus en plus, à mesure que le drame suit son cours, les explications du silence gardé sur l'assassinat se poursuivent, toujours plus acceptables. Il y avait un témoin, un seul, l'homme de l'escorte échappé au massacre. « A peine, dit Jocaste à Œdipe, était-il revenu que, te voyant maître du pouvoir, Laïus mort, il me conjura, en me prenant les mains, de l'envoyer aux champs garder les troupeaux, pour ne plus voir Thèbes et en vivre aussi loin que possible. Je fis ce qu'il voulait. »

Je ne sais si j'ai bien expliqué le procédé du poète ; en tout cas, il a bien vu où était la difficulté de son sujet et il a fait tous ses efforts pour la faire disparaître, avec autant d'habileté et un sens de théâtre aussi sûr qu'un d'Ennery ou un Sardou. Les autres critiques qu'on peut lui adresser ont moins de fondement et n'exigent point un examen aussi détaillé. Si l'histoire d'un homme tuant son père et épousant sa mère sans le savoir a bien peu de chances pour se produire, elle n'en est pas moins émouvante et moins digne d'être traitée en tragédie. Le propre des sujets très dramatiques est d'être extraordinaires ; souvent même c'est leur rareté qui cause leur intérêt, car l'exception nous attache par cela seul qu'elle est l'exception et qu'elle nous fait sortir des données habituelles de l'existence. Si le spectateur ne saurait guère redouter un malheur comparable à celui d'Œdipe, il envisage cependant avec horreur une perspective assez rare, et de cette horreur naît sa pitié pour la victime innocente d'une si terrible exception. Diderot et Beaumarchais, essayant de ramener la tragédie aux proportions du drame bourgeois, faisaient le même raisonnement que M. Jules Lemaître : le spectateur, disaient-ils, ne s'intéresse qu'au genre de malheurs qu'il peut craindre pour lui-même. On leur a souvent répondu, et avec raison, que, si l'une des causes du plaisir théâtral est la représentation de nous-mêmes, une autre, toute contraire et non moins puissante, est de nous élever au-dessus de notre condition. Toute la tragédie grecque, toute la tragédie française et une bonne partie de l'art n'ont pour raison d'être et pour cause d'intérêt que cette seconde loi : les aventures d'Oreste, de Rodrigue, des

Horaces, de Phèdre, d'Athalie, moins exceptionnelles que celles d'Œdipe, le sont encore assez pour justifier Sophocle.

Quant aux précautions qu'aurait dû prendre Œdipe, sous le coup de l'oracle qui pesait sur lui et qu'il connaissait, de ne tuer personne et de ne pas épouser une femme plus âgée que lui, il est aisé de répondre que, dans une civilisation primitive et troublée, on n'est pas toujours libre de ne pas tuer, parce que l'on est souvent forcé de se battre, et que, par suite, on ne s'inquiète pas autrement d'une rixe et de ses suites, y eût-il mort d'homme; que le mariage d'Œdipe a été chose inattendue et qu'il l'a conclu d'autant plus volontiers, d'autant plus vite et avec d'autant moins d'inquiétude qu'il y gagnait une couronne; surtout que, se croyant bien fils de Polybe, roi de Corinthe, et de Mérope, sa femme, et les ayant quittés pour ne pas courir le risque d'épouser l'une et de tuer l'autre, il n'avait pas à s'inquiéter autrement de sa querelle avec un inconnu et de son mariage avec une reine veuve. Le subtil vainqueur du Sphinx n'était donc pas un sot en agissant comme il l'a fait.

Enfin, voir dans la légende d'Œdipe un conte populaire et moral arrangé à priori, ce n'est pas tenir assez compte de la formation des légendes mythologiques et de la croyance qu'elles rencontraient encore chez Sophocle, qui n'était pas un Euripide sceptique, et chez ses contemporains, qui avaient de grands progrès à faire dans l'incrédulité philosophique. Auteur et public étaient assez croyants pour trouver à la reproduction réelle d'une légende sacrée, par des personnages visibles, le même plaisir qu'éprouvaient les spectateurs du moyen âge à la représentation d'un mystère, où se déroulaient devant eux des événements dont ils étaient aussi préservés que les spectateurs athéniens pouvaient l'être du parricide et de l'inceste combinés, comme de devenir fils de Dieu et, à ce titre, de mourir sur la croix.

II

Il est admis aujourd'hui que les trois unités de temps, de lieu et d'action n'ont pas été formulées par Aristote avec la rigueur dogmatique à laquelle deux siècles de la littérature dramatique française se sont efforcés de se conformer, ni appliquées par la tragédie grecque avec la parfaite exactitude que poursuivaient nos tragiques. Je n'ai pas à examiner ici cette question, qui, pour être usée, ne me semble pas résolue, mais qui déborderait l'objet de ce travail et mériterait une étude spéciale. Ce que je puis dire, c'est que, à défaut d'une formule précise des trois unités, les tragiques français avaient du moins, avec un parfait modèle de leur application, une démonstration éclatante de leur excellence, et que ce modèle est *OEdipe roi*. Il se trouve, en effet, que dans la conception du sujet, la structure de la pièce et la marche de l'action, tout y répond à la notion idéale de la tragédie classique.

Et d'abord, c'est une crise, c'est-à-dire un des sujets qui se prêtent le mieux aux conditions essentielles du théâtre, aux règles de la vraisemblance et à la durée d'une représentation. De sa nature, en effet, une crise est chose rapide et violente ; préparée depuis longtemps, elle est l'aboutissement nécessaire d'une longue suite de faits dont la conclusion est imminente et inévitable, d'un conflit de passions que la logique des choses met aux prises pour une lutte suprême. Il est donc facile de la faire éclater et se terminer en un seul lieu, dans un court espace de temps et en sacrifiant tout ce qui n'est pas elle. Œdipe est, à son insu, le meurtrier de son père, le mari de sa mère et le frère de ses enfants ; du moment où un concours de circonstances lui fera soupçonner la vérité, il n'aura plus de repos qu'il ne l'ait complètement découverte. Cette poursuite de la certitude avec son angoisse croissante, ses illusions, la découverte finale, tel est le sujet. Ce sujet se déroulera très vite, car une enquête de ce genre n'est pas de celles que l'on puisse interrompre et traîner ; un homme devant qui se pose un tel problème n'aura pas d'autre pensée que de le résoudre : d'où l'unité de temps. Il n'aura pas besoin de se déplacer pour chercher la vérité ; elle viendra naturellement à lui, dans le lieu où il se trouve, et tout convergera vers ce fait, vers ce lieu, avec les dépositions des témoins, avec tous ceux qu'intéresse la découverte du secret, c'est-à-dire non seulement une famille, mais une ville entière : d'où l'unité de lieu. Tout ce qui n'est pas la poursuite de cette vérité le laissera indifférent, et chacun autour de lui partagera ce désir exclusif : d'où l'unité d'action.

Ces trois unités procurent une grande simplification des moyens. En effet, tout ce qui est accessoire sera éliminé par l'importance de l'objet principal ; obscur au début, le problème se posera de scène en scène avec une netteté de plus en plus grande ; par suite, la marche en sera logique et droite ; rien ne pouvant plus arrêter l'action, dès qu'elle se sera mise en marche vers le dénouement, elle progressera par le jeu naturel des causes qui la provoquent, sous le coup d'incidents peu compliqués. Où trouveraient place le bizarre et l'inattendu dans une trame aussi serrée et dont tous les fils sont tendus depuis l'exposition ? Bien plus, chacun de ces incidents sera préparé par le sujet même, encore plus que par l'auteur ; il sera désiré ou redouté, mais attendu, par le spectateur. De là aussi un intérêt toujours grandissant, excité dès le début, tenu en haleine par chaque scène. De là, enfin, avec chaque incident capital, une étape dans la marche de la pièce et une phase nouvelle de l'action.

Ces diverses conditions réunies font que l'*Œdipe roi* est devenu comme le *canon* de la tragédie grecque ; que le théoricien de cette tragédie, Aristote, y revient sans cesse ; qu'elle est, en chacune de ses parties, la démonstration d'une loi nécessaire du genre ; que nos tragédies françaises, nées de la tragédie grecque dont elles s'efforçaient de reproduire le type idéal, peuvent mesurer l'excellence ou l'infériorité de leur conception selon qu'elles s'écartent ou se rapprochent de ce modèle ; enfin que l'*Œdipe roi* s'est adapté si facilement aux habitudes, aux divisions, aux conditions matérielles de notre théâtre. Lorsqu'elle a été mise en scène à la Comédie-Française, la tragédie de Sophocle est entrée sans effort dans le cadre qui lui était offert ; elle s'est naturellement coupée en scènes et en actes, division moins commode avec les autres tragédies du même Sophocle, difficile avec celles d'Euripide, impossible avec la plupart de celles d'Eschyle. On a pu voir, dans ces dernières années, quelle transformation profonde M. Leconte de Lisle avait dû imposer à l'*Orestie* pour en faire ses *Erynnies*.

L'action d'*Œdipe roi* commence au moment où la peste envoyée sur Thèbes par Apollon, comme châtiment des crimes inconnus d'Œdipe, amène devant le palais le peuple entier, implorant le secours du roi, qui l'a jadis délivré d'un autre fléau, le Sphinx, et sur la pénétrante sagesse duquel il compte toujours. Œdipe a cherché la cause de ce malheur et ne l'a point trouvée. Il a donc envoyé à Delphes son beau-frère

Créon pour consulter l'oracle ; il l'annonce au peuple et attend le retour de Créon. Les expositions de Sophocle sont célèbres pour leur caractère de simplicité, de clarté et de grandeur ; celle-ci surpasse toutes les autres. Créon arrive et rapporte l'oracle ; cet oracle est obscur, mais, à chaque question d'Œdipe, à chaque réponse de Créon, la question qu'il soulève se précise et s'impose : il faut découvrir et châtier le meurtrier de Laïus. Sûr de sa pénétration, Œdipe promet de « plonger dans ces ténèbres » et d'y faire la lumière. Le peuple s'écarte, plein d'une confiance exprimée par le prêtre de Jupiter ; mais le chœur, interprète des spectateurs, sent l'angoisse naître et grandir en lui. La conversation d'Œdipe et de Créon a posé la question ; c'est la première phase de l'action et le premier acte.

Œdipe a été méditer sur l'oracle dans son palais ; il revient et, devant le peuple rassemblé de nouveau, il prononce une malédiction suprême contre l'assassin inconnu ; mais, cet assassin, il ne le connaît ni ne le soupçonne encore. Le chœur propose donc de consulter Tirésias ; mais Œdipe, sur l'avis de Créon, a déjà mandé le devin. L'entrée de Tirésias, l'attente qu'il soulève, la majesté de son attitude sont d'une incomparable grandeur. Il refuse de parler ; mais devant les menaces et les insultes d'Œdipe, ému par l'aveuglement du roi, indigné par son orgueil, outragé dans sa propre science et sa dignité, il laisse échapper des paroles de plus en plus claires ; il dénonce Œdipe comme parricide et incestueux. L'épouvante du chœur s'accroît ; Œdipe est dévoré d'inquiétude, mais encore plus irrité qu'inquiet. L'action a marché d'un pas décisif ; Œdipe, le héros de la pièce, et tous ceux qui dépendent de lui sont lancés, d'une marche inflexible, dans une voie dont ils ne pourront plus sortir et au bout de laquelle les attend la catastrophe. C'est la seconde phase de l'action, marquée par la scène avec Tirésias et ses conséquences; c'est le second acte.

Que reste-t-il à faire pour Œdipe dans la recherche du secret dont il doit forcément, sous le coup d'une puissance plus forte que lui, poursuivre la découverte par tous les moyens en son pouvoir, en s'acharnant à former le nœud de son propre malheur, que chacun de ses efforts pour le rompre resserre plus étroitement, à rapprocher de lui l'accomplissement de sa destinée par chacun des efforts qui tendent à l'éloigner? Il a consulté Tirésias; il va donc conférer avec Créon, de qui lui vient le premier indice, et il en cherche de nouveaux avec lui. Mais Créon n'a plus rien à lui dire; Œdipe ne peut que le soupçonner et s'irriter contre lui. Reste Jocaste, qui n'a pas encore paru, Jocaste, sa complice involontaire et inconsciente; à eux deux ils détiennent, sans s'en douter, la vérité tout entière. Jocaste entre en scène: Œdipe et elle sont en présence et vont parler. C'est ici le point culminant de l'action; tout dépend de ce qu'ils vont se dire. La fameuse théorie de M. Francisque Sarcey sur la *scène à faire* trouve ici une éclatante justification. Cette scène entre Œdipe et Jocaste est célèbre; c'est le modèle du genre. Elle est connue sous le nom de scène de la *double confidence*. Les deux malheureux se disent, en effet, tout ce qu'ils savent sur le meurtre de Laïus; Œdipe raconte son existence et ses aventures avant de devenir roi de Thèbes; Jocaste raconte l'histoire de son fils et la manière dont Laïus est mort. A chaque mot, la vérité se précise, elle devient de plus en plus évidente. Mais les deux interlocuteurs conservent quelque espoir: le seul témoin du meurtre de Laïus déclarant que le roi a été assassiné par des brigands, par plusieurs, non par un seul homme, l'oracle ne peut s'appliquer à Œdipe. En outre, n'est-il pas le fils de Polybe, roi de Corinthe, qui est vivant, et de Mérope, qu'il n'a pas épousée. Il n'est donc ni parricide ni incestueux. Que lui reste-t-il à faire pour chasser toute inquiétude? Entendre l'unique témoin du meurtre; il le fait mander. Ainsi, après une scène si attachante qu'elle semblerait devoir épuiser l'intérêt, le troisième acte finit par un redoublement d'attente et d'angoisse pour tous les personnages comme pour le spectateur. Et ce n'est pas l'habileté du poète, c'est la logique de son sujet qui le veut ainsi, c'est la force même de sa conception qui se développe, c'est le jeu naturel des ressorts qu'il a combinés.

En attendant qu'arrive le dépositaire du secret, celui dont la parole achèvera de tout éclairer, Jocaste porte des offrandes à l'autel d'Apollon. Mais voici que survient, triste et joyeux, un homme de Corinthe, portant un message de deuil et de joie : Polybe est mort, et le peuple appelle Œdipe à lui succéder. Œdipe pleure Polybe, en qui il croit aimer son père, mais il triomphe, il espère, l'angoisse qui l'oppresse va se dissiper. Son père est mort, de mort naturelle : il ne sera donc pas assassiné par son fils. Mais lui, Œdipe, n'ira pas à Corinthe : Mérope, sa mère, vit toujours; et il ne veut pas retourner près d'elle, après la menace d'inceste lancée par l'oracle. Alors le Corinthien laisse échapper pour le rassurer un mot qu'il croit consolant et qui achève de pousser le malheureux sur le bord de l'abîme : il n'est pas le fils de Polybe et de Mérope, mais un enfant recueilli et adopté par eux. Jocaste a tout compris et elle fuit, avec une exclamation navrante à l'adresse d'Œdipe : « Ah! malheureux! C'est le seul nom dont je puisse désormais t'appeler et tu n'entendras plus de moi d'autre mot ». Œdipe reste en scène, lui; il aperçoit, il discerne l'horreur de sa situation, mais il veut aller jusqu'au bout et tout éclaircir; il attend le serviteur de Laïus, il veut l'entendre et, dans l'exclamation de Jocaste, il s'efforce de ne voir qu'une pitié orgueilleuse pour un enfant trouvé. Après la scène de la double confidence, qui semblait avoir épuisé tout ce que peuvent donner dans un même sujet l'intérêt, l'émotion et la terreur tragiques, voici une nouvelle scène, qui ne la surpasse pas, mais qui l'égale et qui renouvelle cet intérêt, cette émotion et cette terreur, en y joignant une pitié déchirante. C'est la scène des *deux bergers*, point capital du quatrième acte. Le témoin du meurtre de Laïus est devant Œdipe; il est confronté avec le Corinthien. Les deux hommes se connaissent. Et, tandis que le Thébain tremble, fait des réponses évasives, nie qu'il y ait aucun rapport entre le Corinthien et lui, le supplie de ne pas parler, l'autre dit tout ce qu'il sait : Œdipe est fils de Laïus, il a été exposé sur le Cithéron, puis détaché par le même homme qui devait être témoin du meurtre du roi et confié par lui au Corinthien, qui l'a porté à Polybe. Cette fois, la vérité est pleinement découverte; Œdipe fuit vers le palais où Jocaste s'est déjà réfugiée : « Tout se découvre. O lumière, je te vois maintenant pour la dernière fois, moi qui suis né de qui je n'aurais pas dû naître, qui vis en compagnie de ceux avec qui je n'aurais pas dû vivre, et qui ai tué ceux que je n'aurais pas dû tuer! »

Il ne reste plus qu'à dénouer l'action par les conséquences nécessaires de la vérité découverte : la rupture des liens incestueux formés par Œdipe, la chute du roi, le désespoir du père et de la mère, leur châtiment par eux-mêmes. Jocaste se pend; Œdipe s'arrache les yeux. Le récit de la mort de Jocaste, le retour d'Œdipe aveugle et le visage couvert de sang, son humiliation devant Créon, qu'il a outragé et qui étend sur lui, pour le protéger, le sceptre passé dans sa main, ses adieux à ses enfants, le groupe d'une indicible beauté qu'il forme avec eux, son départ vers le Cithéron, où a commencé et où va finir la misère de sa destinée, font jaillir une dernière source de larmes. L'œuvre du poète est terminée ; le spectateur a éprouvé une des plus fortes émotions, la plus forte, je crois, que puisse donner le théâtre, une des plus naturelles, une des plus humaines par le sentiment de notre misère, de l'incertitude de notre destinée, de notre solidarité dans la souffrance.

On le voit, la simple analyse d'*OEdipe roi* suffit à faire ressortir et à mettre en lumière un ensemble de qualités dramatiques, dont chacune ferait l'excellence d'une seule pièce et dont la réunion constitue un chef-d'œuvre unique. Ce sont, en résumé, la concentration du sujet dans les limites inflexibles d'un seul temps, d'un seul lieu et d'une seule action, la logique et la rapidité sans hâte du développement, la simplicité des moyens, la progression de l'intérêt, la liaison étroite et l'harmonie parfaite de toutes les parties. Elles sont complétées par l'abstention de tout développement inutile, la subordination des détails à l'ensemble, l'exacte préparation des scènes les unes par les autres. Enfin, ce qui domine et règle tout, c'est la parfaite possession par le poète de son génie et de ses moyens, comme de son sujet.

Plusieurs de ces qualités se trouvent dans Eschyle et Euripide comme dans les autres pièces de Sophocle ; un plus grand nombre était sans exemple avant lui, et le poète lui-même ne les a jamais réalisées plus complètement ni à un plus haut degré. Par exemple, la rapidité de l'action et la vivacité de l'intérêt qui distinguent

Œdipe roi sont assez souvent absentes dans la tragédie grecque. Elles sont remplacées par l'éclat du lyrisme et le pittoresque des tableaux dans Eschyle, par la peinture des passions dans Sophocle lui-même, par l'analyse morale ou le pathétique dans Euripide. Il arrive assez fréquemment que l'action se déplace, dévie ou se prolonge, surtout dans Eschyle ; que les épisodes ou les développements excessifs de certaines parties ralentissent ou déplacent l'intérêt, que la complication des moyens et l'emploi du merveilleux ou des *machines* nuisent à la vraisemblance, surtout dans Euripide.

Mais, si toutes les autres œuvres de la tragédie grecque étaient perdues pour nous, l'excellence de l'*Œdipe roi* nous serait attestée par une preuve singulière, je veux dire le grand nombre d'exemples qu'Aristote emprunte à cette pièce comme preuves à l'appui de ses théories. Nulle autre pièce ne justifie mieux son précepte que « toutes les parties de l'action doivent être disposées de telle sorte qu'on n'en puisse déranger ou enlever une seule sans disjoindre ou altérer l'ensemble », les trois éléments de l'action étant, suivant lui, la *péripétie*, c'est-à-dire une révolution des événements, la *reconnaissance*, c'est-à-dire « un passage de l'ignorance à la connaissance, qui produit l'amitié ou la haine entre les personnages », et l'*événement tragique*, c'est-à-dire « une action destructive et douloureuse ». Il cite, comme exemple de péripétie, l'arrivée du Corinthien, qui, « croyant faire plaisir à Œdipe et le rassurer à l'égard de sa mère, produit l'effet contraire en lui apprenant qui elle est » ; il ne voit pas de plus bel exemple de reconnaissance que celui d'Œdipe et de Jocaste, qui est en même temps une péripétie. C'est encore *Œdipe roi* qui lui fournit le modèle du *récit*, « ainsi composé que, même sans cris, on frissonne ou l'on s'attendrit, rien qu'à entendre ce qui se dit sur la scène »; du *crime commis par ignorance*; enfin, de l'effet tragique produit par des causes naturelles[1].

Il n'est plus à la mode d'invoquer l'autorité d'Aristote. On voudra bien m'excuser de l'avoir beaucoup cité en considérant que, s'il n'est pas l'arbitre éternel du théâtre, personne mieux que lui n'a su caractériser la tragédie grecque; j'ai, du reste, à le citer encore.

III

L'auteur de la *Poétique* définit donc, comme il suit, le héros tragique par excellence, celui dont l'aventure doit exciter le plus sûrement la terreur et la pitié : c'est, dit-il, « un personnage choisi parmi les heureux et les illustres, qui n'est ni trop vertueux ni trop juste, et qui devient malheureux, non à cause d'un crime et d'une méchanceté noire, mais à cause de quelque faute ». Comme toujours, le philosophe a tiré cette définition d'une profonde connaissance de la nature humaine et des sentiments dont elle est capable. Il la justifie en disant avec raison que la vue d'un homme tout à fait bon tombant dans le malheur n'est pas un spectacle touchant, mais odieux, comme aussi la vue d'un homme tout à fait méchant passant du malheur au bonheur ou du bonheur au malheur n'exciterait qu'étonnement ou faible compassion. Quant au spectateur, qui n'est, lui, ni tout à fait bon, ni tout à fait mauvais, il s'intéresse surtout à des héros qui lui ressemblent.

Pour établir cette définition, Aristote s'appuie encore

---

[1]. Aristote ne donne aucun exemple d'événement tragique, parce que la définition même suffit et que toute tragédie contient, nécessairement, plusieurs événements de ce genre.

sur le personnage d'Œdipe. La nature d'Œdipe, en effet, est un mélange de qualités et de défauts ; en outre, la fatalité n'est pas pour lui la seule cause d'une infortune qui résulte aussi de son caractère, c'est-à-dire de la liberté humaine et de la logique des passions. En effet, Œdipe a commis un crime, excusable, sans doute, mais qui n'en est pas moins un crime, le meurtre de Laïus, et plusieurs fautes ; c'est un roi, soucieux du bonheur de son peuple ; comme homme, il est juste et aimant ; il est aussi orgueilleux, emporté et impatient de toute résistance. Ce caractère ainsi conçu se développe par le progrès même de l'action ; vrai dès la première scène, Œdipe offre bientôt tous les caractères d'une personnalité intéressante, abstraction faite des événements auxquels il est mêlé ; car il n'est pas un prétexte à situations dramatiques, mais un homme vivant et vrai.

Ses premiers mots commencent donc à révéler la nature et l'état de son âme ; il est plein de lui-même et de sa gloire ; il se dit le père de son peuple ; il déclare son nom « connu de tous et célèbre pour tous » ; il se fait fort de pénétrer les causes du malheur de Thèbes, obscur pour tout autre que lui. Aux premières réticences de Tirésias, il s'emporte et menace avec la dernière violence, oublieux de la dignité du devin et de la majesté du vieillard ; il s'étonne que l'on puisse résister à la volonté d'un homme aussi riche, aussi puissant, aussi sage que lui ; il accuse l'envie ; il rappelle que, certes, ce n'était pas « le premier venu » qui aurait pu expliquer l'énigme du Sphinx ; il y fallait un prophète, et avec quelle facilité il a triomphé du monstre ! Sa querelle avec Créon achève de mettre au jour cette nature violente : il le soupçonne de vouloir le détrôner et, sans preuves, il l'accuse devant tous d'avoir suborné Tirésias ; il ne tient aucun compte des réponses calmes et fermes qui lui sont opposées, entêté dans son erreur, exaspéré par la contradiction, affolé par l'angoisse, perdant enfin toute mesure et oubliant toute justice. Quand la vérité va être connue et que lui seul conserve encore une lueur d'espérance, quand il apparaît à tous comme le fils de Laïus et de Jocaste, il se méprend sur le sentiment qu'il inspire à la reine et, dans la résistance de celle-ci à poursuivre l'enquête, il ne voit que la crainte de se trouver la femme d'un enfant exposé. Comme il arrive d'ordinaire, la crainte lui fait encore exagérer sa confiance et l'humiliation qu'il sent imminente exaspère son orgueil : « Si humble qu'elle puisse être, s'écrie-t-il, je veux connaître ma naissance. La reine est une femme, vaniteuse comme toutes les femmes ; elle a honte peut-être de mon origine sans noblesse. Mais moi, sûr d'être le fils de la Fortune, qui me chérit, je n'en éprouverai aucune honte. La Fortune est ma mère et le cours de ma vie ne m'a pris très bas que pour m'élever très haut ». Mais déjà la torture morale du malheureux est si poignante, son infortune si effroyable et si imméritée, enfin une tendresse si douloureuse éclate dans ses plaintes, que la sympathie du spectateur va grandissant jusqu'à la pitié déchirante. D'autant plus que, lorsque la main du destin s'est enfin appesantie sur lui, il laisse voir, dans son écrasement, autant d'humilité et de résignation qu'il avait étalé d'orgueil et de révolte ; à peine s'il résiste encore à Créon, ordonnant de ramener dans le palais les enfants que le père vient d'embrasser pour la dernière fois et qu'il ne peut se résigner à quitter encore.

Tel est ce caractère, semblable à lui-même et varié, plein de logique et de nuances. Dans les protagonistes de ses autres pièces, Sophocle montre la même puissance et le même art, mais non pas au même degré : si le même Œdipe, errant à la recherche de l'expiation et de l'oubli, est encore bien vrai, si Ajax est vivant par son orgueil et son emportement, Philoctète par son amertume misanthropique, Ulysse par sa fourberie, le jeune Néoptolème par sa candeur, la vérité morale est chez eux moins accusée et moins profonde. Quant aux héros d'Eschyle, façonnés surtout par les événements, et à ceux d'Euripide, où il y a plus d'analyse morale que de synthèse dramatique, Œdipe roi les domine de toute sa vérité et de tout son intérêt.

Ce caractère remplit la pièce et se subordonne tout, mais sans nuire à l'importance des personnages secondaires, et c'est encore une nouveauté de la tragédie de Sophocle dans l'histoire du théâtre grec. Jocaste, elle aussi, est vraie d'une vérité générale et particulière ; elle parle le langage de sa situation, et en même temps celui de son âme et d'une nature originale. Femme, son rôle est de calme et de douceur ; elle le remplit en apaisant la querelle d'Œdipe et de Créon, avec cet esprit d'équité, qui est fréquent chez les femmes, lorsque leur intérêt personnel n'est pas en jeu. Elle a pour Œdipe, plus jeune qu'elle, une affection qui se nuance d'une sorte de tutelle maternelle, en attendant que la découverte du lien qui l'unit à son mari fasse de ce sentiment une torture et un crime ; elle le conseille, provoque ses confidences, sollicite son abandon et lui demande de partager sa peine en la lui confiant sans détours ; elle cherche des raisons de ne pas croire au crime, elle s'efforce d'en retarder la découverte. Elle est encore bien femme par sa foi et sa dévotion tant qu'elle espère fléchir les dieux, par son incrédulité et ses railleries envers les oracles, lorsqu'ils tournent contre son désir. Dans la scène où la vérité éclate enfin, elle assiste, muette d'horreur et d'effroi, à l'interrogatoire du Corinthien et à la confrontation des deux bergers ; elle essaye une dernière fois de nier l'évidence, et enfin, avec un cri de pitié pour Œdipe, de détresse pour elle-même, elle court cacher sa honte et se réfugier dans la mort.

Créon n'a guère que deux scènes, mais elles suffisent à marquer de traits précis un rôle de demi-caractère qui forme un contraste complet avec celui d'Œdipe, auquel il donne plus de relief, mais qui a sa valeur propre. Il y a, chez lui, avec la noblesse tragique d'un homme de race royale mêlé à une catastrophe de famille et d'Etat, plusieurs des traits communs à ces raisonneurs de notre comédie classique, d'un esprit si net et si droit, avec leur philosophie faite de raison, d'expérience et d'indulgence, et leur intervention discrète dans les passions et les intérêts qui s'agitent autour d'eux. Aux emportements injustes d'Œdipe, il n'oppose que le calme de son attitude et la justesse de ses raisons. On l'accuse d'aspirer au trône ; il se défend, avec une indignation généreuse et tranquille, des soupçons qui pèsent sur lui ; puis il y répond par une profession de foi politique, qui éclaire un moment, comme d'un sourire, cette succession de scènes de plus en plus sombres. On dirait la défense d'un duc d'Orléans, spirituel, sceptique et, s'il en a jamais existé de tel, sans ambition :

Peux-tu penser que personne préfère régner avec terreur que dormir sans crainte avec une puissance égale à celle d'un roi ? Pour moi, je souhaite beaucoup moins de régner que d'agir en roi, et quiconque sait être modeste pense de même. Dans mon état présent, j'obtiens tout de toi, sans avoir rien à craindre ; si j'étais roi, que de choses je devrais faire malgré moi ! Comment donc la royauté pourrait-elle m'être plus agréable que le rang de prince et une autorité sans inquiétudes? Je ne suis pas assez dénué de sens pour désirer d'autres biens que ceux au :quels est joint l'utile. Maintenant, chacun me salue, chacun m'embrasse; quiconque désire quelque chose de toi me fait la cour, car il dépend de moi de le mettre en possession de ce qu'il désire. Comment donc renoncerai-je à ceci pour briguer cela[1]?

Au dénouement, lorsque le pouvoir a passé dans sa main, lorsqu'il voit à sa merci, abîmé dans le crime et la honte, l'homme qui l'a menacé de l'exil et de la mort, il le plaint et le protège ; comme le dit Œdipe, « il vient miséricordieux vers celui qui est méchant » ; il désarme, avec une fermeté douce, la dernière résistance de l'infortuné ; il touche sa main maudite sans crainte de souiller la sienne et de s'exposer ainsi à la colère des dieux ; il est, avant tout, généreux et humain[2].

1. Voltaire est sévère pour ce charmant passage, dont la grâce, je dois le dire, passe malaisément dans une traduction : « Un prince qui serait accusé d'avoir conspiré contre son roi, et qui n'aurait d'autre preuve de son innocence que le verbiage de Créon, aurait besoin de la clémence de son maître ». Cela ne l'empêche point d'en transporter une grande partie dans le rôle de Philoctète, où il n'a plus guère de sens.
2. Le principal interprète d'*Œdipe roi* à la Comédie-Française, M. Mounet-Sully, voyait tout autrement le personnage de Créon: invoquant ce que le même poète a fait du même personnage dans *Antigone*, où il joue un rôle odieux, il le regardait comme un traître, dur et violent, « un abominable homme », et il s'efforçait inutilement d'imposer cette conception à son camarade M. Dupont-Vernon, qui était chargé du rôle. Ce différend artistique et littéraire fit quelque bruit en son temps. Je ne saurais, pour ma part, partager le sentiment de M. Mounet-Sully : tous les vers du rôle me semblent y contredire. La représentation d'Orange (voy. ci-après), sur un théâtre très vaste, avec un interprète de Créon plus docile aux indications de M. Mounet-Sully, fit changer d'avis M. Francisque Sarcey, qui avait d'abord conseillé et soutenu M. Dupont-Vernon : « Je ne vois pas trop, écrivait-il, comment ces nuances de familiarité légère pourraient être rendues visibles en pareil lieu et devant un si énorme public » (*le Temps*, 20 août 1888). Il est certain que, sur un théâtre de ce genre, il faut jouer large et simple, car les

Les autres personnages de second ou de troisième plan — Tirésias, le prêtre de Jupiter, le messager de Corinthe et l'esclave de Laïus — offrent les mêmes caractères de vérité générale et de vérité individuelle ; jusqu'aux deux derniers dont la condition sociale est si humble, les sentiments si simples, le rôle si passif et qui, mêlés à un drame qui les domine, prononcent malgré eux les mots décisifs qui en précipitent la marche. Quant à Tirésias, dont l'entrée fait naître l'attente qui va remplir le drame et qui se présente avec une majesté si fière, vieillard aveugle et débile qui possède, retient et déclare enfin le secret du destin, c'est d'abord et avant tout le prêtre fier comme tous les prêtres qui croient en leur dieu, respectueux des puissances terrestres, mais se réclamant, au-dessus d'elles, d'une puissance supérieure à toutes les autres : « Tu règnes, mais j'ai un droit égal au tien de te parler et de te répondre : ma puissance va jusque-là. Je ne suis pas ton sujet ; je n'ai qu'un maître, et c'est Apollon ». Cette hauteur de sentiment et de langage, cette résistance d'abord impassible, puis irritée, ne l'empêchent pas de plaindre le malheur de l'homme qui l'insulte : il sait tant de choses, et la destinée humaine lui a révélé dans le passé et lui laisse voir dans l'avenir tant de sortes de malheurs qu'il est plein d'indulgence et de pitié. Il a la majesté de son sacerdoce et de son âge ; il en a aussi la tristesse et la bonté.

Il n'est pas jusqu'au chœur, qui, par la bouche du coryphée ou par ses chants collectifs, n'ait une physionomie individuelle, qui ajoute beaucoup à l'intérêt

---

grandes lignes s'accusent et les détails s'atténuent, mais le texte n'en subsiste pas moins. Quant au rapprochement avec *Antigone*, il est spécieux ; mais une pièce de théâtre forme un tout et ne peut s'interpréter que par elle-même.

comme à la vraisemblance, et dont Sophocle donnait encore le premier modèle. La remarque est d'Aristote, qui la tourne en précepte : « Il faut, dit-il, considérer le chœur comme un acteur qui fait partie du tout et qui a aussi son rôle ; ainsi l'a entendu Sophocle, mais non pas Euripide ». Chez les autres tragiques, en effet, les chants du chœur sont le plus souvent des lieux communs de poésie ou de morale, développés avec un lyrisme superbe, mais sans expression individuelle de caractères ou de sentiments. Le chœur d'*Œdipe roi*, composé du peuple de Thèbes, a, dans son ensemble, la sagesse humble et déférente, l'esprit timide de conciliation, les alternatives d'espérance et de crainte, qui sont le caractère des foules soumises ; avec le coryphée, c'est un vieillard dévoué à son roi, prudent et de bon avis. Je ne parle pas des sentiments moraux qu'il exprime : ils sont d'une sublime poésie ; mais, à ce point de vue, c'est l'âme du poète lui-même qui s'exprime et qu'il convient d'étudier.

IV

Sophocle est, à la fois, un contemplateur, un moraliste et un poète. Ame faite d'intelligence, de droiture et de sympathie, il observe attentivement la vie humaine et applique aux résultats de cette observation une puissante faculté de réflexion. Génie également plastique, psychologue et lyrique, les divers éléments de la poésie se subordonnent en lui à la faculté dramatique, c'est-à-dire au don spécial qui consiste à reproduire les actions et les sentiments des hommes sous la forme qui produit l'illusion et l'intérêt théâtraux. Citoyen, soldat et magistrat, il a pratiqué les hommes et s'est mêlé à l'action, sans s'y abandonner, conservant, dans la paix et dans la guerre, cette sérénité et cette maîtrise de l'âme sur elle-même, grâce auxquelles tout est un spectacle et un sujet d'étude; il a exercé au profit de son art les facultés qui le portent à sentir l'intérêt supérieur de la vie, à démêler les mobiles de l'action et à pénétrer la nature des passions, pour dégager ensuite les enseignements moraux et la beauté poétique qui s'y trouvent contenus. La philosophie née de cette nature et de cette existence est le sentiment de la misère de la vie et une pitié attendrie pour l'homme, mais sans amertume ni révolte contre la destinée, avec le sentiment d'une justice supérieure qui s'exerce toujours par la force du temps et la logique secrète des choses; philosophie sans faiblesse pour l'homme, qui est libre et doit lutter contre les incertitudes du destin et les dangers de la passion, voué le plus souvent à la souffrance et à la défaite, mais dont les seules chances de grandeur permanente et de bonheur passager sont dans le courage et la pratique du bien. Ce qui contribue singulièrement à marquer cette philosophie d'une empreinte originale, c'est une ironie supérieure, très personnelle et très rare, qui fait ressortir avec vigueur les incertitudes de nos jugements et les illusions de nos espérances, par le contraste douloureux qui existe entre les choses et les pensées qu'elles nous inspirent. Le génie qui résulte de cette nature et de cette philosophie est à la fois le plus grand, le plus accessible et le plus humain des génies dramatiques; le théâtre qu'il a créé est, avant tout, une image fidèle de l'homme et de la vie, et l'on a pu dire qu'il n'y a peut-être « jamais eu de poète dont les œuvres aient une portée morale aussi générale et aussi impérissable[1] ».

1. Otf. Müller, *Histoire de la littérature grecque*, trad. K. Hillebrand, ch. XXIV, *Sophocle*.

Comme tous les tragiques grecs, à la fois auteurs et juges de leurs créations dramatiques, Sophocle se sert volontiers du chœur, « spectateur idéal » de l'action, pour exprimer sa propre pensée morale sur les événements qu'il déroule, sans diminuer pourtant la physionomie personnelle et le rôle particulier qu'il lui attribue. Dans *Œdipe roi*, l'importance du chœur est assez considérable et les sentiments qu'il exprime assez généraux pour nous montrer l'application complète de cette philosophie. Le chœur exprime sa confiance inébranlable dans les lois divines, au moment même où l'action semble un défi aux idées de justice et où une ombre de plus en plus profonde enveloppe le secret de la destinée : « Puissé-je avoir en partage la sainte pureté de toutes les paroles et de toutes les actions, sur laquelle sont établies ces lois sublimes nées dans l'éther céleste, ces lois dont l'Olympe seul est le père, que la race mortelle des hommes n'a point conçues et que jamais l'oubli n'endormira ». Le malheur d'Œdipe et des siens lui inspire des accents de pitié sincère, qui partent du sentiment de la solidarité humaine, sans efforts ni lamentations humiliantes, sous le choc des situations. C'est, je crois, dépasser la pensée du poète que de lui prêter, avec M. Jules Lemaître, le désir exprès de démontrer cette pensée chrétienne que « le péché est dans la volonté, non dans l'acte matériel »; mais il a vu et il veut montrer que, si nos erreurs et nos fautes ont des conséquences inévitables, le jeu de la destinée nous les fait souvent expier plus cruellement que nous ne le méritons. Cette incertitude de la destinée et l'exercice souvent excessif et capricieux d'une puissance toujours menaçante pour notre orgueil et notre bonheur, le chœur l'exprime à plusieurs reprises. C'est même un des sentiments qu'il éprouve avec le plus de force, c'est enfin la leçon morale qu'il tire lui-même de la pièce par les vers qui la terminent : « Avant d'avoir vu son dernier jour, ne déclarez heureux aucun homme né mortel, jusqu'à ce qu'il ait franchi le terme de la vie sans avoir éprouvé aucun malheur ».

Les sentiments que le chœur résume de la sorte, les autres personnages, directement intéressés dans le drame, les précisent et les développent dans le détail du dialogue, sans y songer et sans s'en douter, car ils sont avant tout préoccupés d'agir. Ainsi, pour cette ironie si particulière que l'on pourrait appeler sophocléenne et qui se montre tantôt par des situations, — comme la sécurité personnelle d'Œdipe devant les révélations de Tirésias, l'anathème qu'il prononce contre le meurtrier de Laïus et dont tous les termes retombent sur lui-même, l'incrédulité de Jocaste pour les oracles au moment même où ils vont s'accomplir, ses efforts pour rassurer Œdipe alors que chacune de ses paroles redouble l'angoisse du malheureux, son cri de joie à l'arrivée du messager corinthien qui vient achever la découverte de tous les crimes, — tantôt par des mots saisissants dont ceux qui les prononcent ne soupçonnent pas la portée, ainsi Œdipe disant de Laïus : « Nos fils seraient frères » ; ainsi Jocaste répondant à Œdipe qui lui demande quel était l'aspect de ce même Laïus : « Ses traits avaient quelque rapport avec les tiens [1] ».

Quant à l'expression, ce qui la distingue avant tout,

---

1. Dans l'*Œdipe* de Corneille, par un singulier changement, c'est *Œdipe* lui-même qui fait cette remarque, en des termes aussi singuliers :

> Le front assez ouvert, l'œil perçant, le teint frais
> (On en peut voir en moi la taille et quelques traits),
> Chauve sur le devant, mêlé sur le derrière,
> Le port majestueux et la démarche fière.

c'est une lumière éclatante et douce, faite de force et d'harmonie, d'un rapport exact entre une pensée toujours nette et des termes exactement appropriés à cette pensée, d'un parfait équilibre entre les divers dons du poète, — couleur plastique, pénétration morale, fantaisie poétique — unis dans la faculté de l'illusion théâtrale. Style dramatique, ce style a d'abord et surtout la concentration et la vigueur qu'exige la scène; il atteste le souci de la liaison logique des faits et des sentiments, le désir de ne rien laisser d'inutile, d'incertain ou d'inexpliqué. Avec cela, et bien qu'il procède surtout par synthèse, il est riche de nuances, aussi énergique et hardi que délicat et mesuré, approprié aux conditions et aux caractères[1], savant et naïf, offrant une nouveauté créatrice et une plénitude de sens dans l'emploi des termes les plus usuels, un choix de mots élégants, simples et forts, une finesse de touche, une puissance discrète et facile de poésie dans l'expression, qui font songer à Racine. Tantôt il se rapproche de la prose oratoire, tantôt, lorsque la situation s'y prête ou le demande, il développe une énergie descriptive qui va jusqu'au lyrisme par l'abondance, la force, la largeur et la couleur sobre de l'expression caractéristique, de la périphrase et de la métaphore. Celles-ci ne sont pas répétées à l'infini par virtuosité de poète et richesse de rhétorique sublime à la manière de Victor Hugo, mais exactement réglées par la force et la profondeur de l'émotion ressentie; ainsi dans la description par le prêtre de Jupiter de la peste qui ravage Thèbes, dans le récit fait par l'envoyé corinthien du suicide de Jocaste et du châtiment que s'inflige Œdipe, dans la lamentation finale

1. Racine dit, dans une de ses annotations marginales sur Sophocle, et, justement, à propos d'*Œdipe roi* : « Il peint un caractère par un demi-vers ».

d'Œdipe sur son malheur, et les liens incestueux qui l'attachent à son père, à sa mère, à sa femme et à ses enfants, caractérisés avec un redoublement d'expressions toujours nouvelles et un sentiment si énergique de la situation que, dans ce passage seulement, le poète est allé jusqu'à l'excès par l'épuisement de l'idée ; chose bien rare chez lui, car la mesure est une de ses qualités les plus sûres et peut-être la plus constante.

Dans les chœurs, son génie lyrique se déploie, aussi éclatant, mais plus clair, plus logique et comme plus sûrement maîtrisé que dans Eschyle, plus large, plus soutenu et plus également poétique que dans Euripide. Les sentiments s'y expriment avec une clarté colorée et puissante, les descriptions matérielles par des traits larges et rapides ; nombre de strophes sont des chefs-d'œuvre de lyrisme par la grâce délicate ou l'énergie passionnée ; ainsi le chant d'une suavité pastorale, où le chœur, entre la suprême sortie de Jocaste et l'arrivée révélatrice de l'esclave de Laïus, s'efforce de bercer la sombre rêverie où s'enfonce Œdipe et, pour expliquer sa naissance inconnue, rappelle les amours des dieux avec les nymphes ou les mortelles, au fond des bois sacrés, dans les vallées du Cithéron.

Je crains de n'avoir pas suffisamment évité, dans les jugements qui précèdent, l'écueil ordinaire aux études de ce genre sur un seul auteur et une seule œuvre, nées d'une admiration profonde et motivée avec tout le détail des preuves qui peuvent justifier cette admiration, je veux dire la longueur, l'excès d'épithètes laudatives, et l'injustice pour d'autres auteurs et d'autres œuvres que l'on risque ainsi de sacrifier à l'œuvre favorite, par cela seul qu'on la préfère. Cette comparaison continuelle était pourtant le seul moyen en mon pouvoir pour justifier la double opinion que j'avançais sur l'excellence d'*Œdipe roi* et le caractère universel de la pièce. Je dois, en partie, cette opinion à l'effet produit par la représentation de cette tragédie sur la grande majorité du public et sur moi-même. Il me reste donc à rappeler ce que fut cette représentation, dans quel cadre elle nous fut offerte par la Comédie-Française et avec quels soins, c'est-à-dire à rappeler ce que la pièce dut au traducteur, au metteur en scène et aux interprètes.

V

Les traductions en vers des poètes grecs et latins — peu nombreuses aujourd'hui, où des poètes tels que M. Leconte de Lisle préfèrent généralement la prose lorsqu'ils s'attaquent à Homère ou à Horace — constituèrent longtemps, dans notre pays, tout un genre de littérature qui n'était pas cultivé seulement par des amateurs, anciens magistrats ou généraux en retraite : il se trouvait des écrivains de profession pour lui consacrer la majeure partie de leur existence, et il n'était pas rare qu'elles valussent à leurs auteurs un fauteuil d'académicien. De fait, nous lui devons plusieurs travaux très honorables qui, après avoir charmé leurs auteurs, ont rendu des services au public et mérité l'estime des lettrés. Jules Lacroix, mort depuis quelques années, fut un des plus laborieux et des plus habiles parmi ces fervents de la traduction en vers, et s'il n'est pas entré, lui aussi, à l'Académie française, qu'il visait, comme on va le voir, depuis 1858, c'est tout simplement parce que, malgré l'âge avancé auquel il parvint, il ne laissa pas le temps d'aboutir à la campagne que ses amis avaient depuis longtemps commencée dans cette intention et qu'ils menèrent avec beaucoup d'ensemble : cinquante ans plus tôt, le succès était certain. Horace, Juvénal et Perse, sans parler de Shakespeare et de plusieurs drames où cet ami des classiques anciens se montrait fidèle aux goûts du romantisme le plus franc, avaient permis tour à tour à Jules Lacroix d'affirmer son talent de poète énergique lorsqu'il imaginait, consciencieux et fidèle lorsqu'il traduisait.

Il ne craignit pas de s'attaquer au chef-d'œuvre du théâtre grec, à *OEdipe roi*, et il le fit passer aussi en vers français, avec un système tout différent des libres interprétations d'un Pongerville : il se proposait de le traduire « littéralement » et il réussit dans cette entreprise particulièrement difficile. Un helléniste de métier relèverait dans son travail très peu d'erreurs de sens, quoiqu'on le devine parfois écrit à l'aide d'une traduction latine; le nombre des vers français n'y est guère plus considérable que celui des vers grecs, et cependant presque tous les mots ont passé en français, sans périphrases ni remplissage. On y sent quelquefois l'effort; la grâce ou l'énergie aisées du texte grec ne se retrouvent pas toujours avec leur valeur entière dans le moule trop étroit ou trop large des mètres français, très différents des mètres grecs; mais c'était inévitable avec un poète tel que Sophocle, dont l'aisance suprême et la parfaite justesse sont intraduisibles : il y eût fallu un Racine[1], et même n'aurait-il été l'égal de son modèle qu'en renonçant à l'exactitude littérale que poursuivait surtout Jules Lacroix. Au demeurant, l'œuvre de ce der-

---

[1]. Une lettre de Valincourt nous a conservé le souvenir vivant d'une traduction du chef-d'œuvre de Sophocle, improvisée par Racine à Auteuil, chez Boileau, devant quelques amis, et du grand effet que produisit son admirable talent de lecteur, joint à sa science d'helléniste.

nier est véritablement poétique ; c'est une belle copie d'un admirable original.

Cette œuvre fut jouée à la Comédie-Française, le 18 septembre 1858, sous l'administration d'Empis, cousin de l'auteur, après une lecture habile, faite par M. Édouard Thierry, qui devait succéder à Empis un an plus tard. Les principaux rôles étaient tenus par Geffroy et Mlle Nathalie, secondés par Joanni, Chéri, MM. Talbot et Barré, et Mlles Favart et Stella-Colas[1]. Un excellent juge, témoin de la première représentation, veut bien me communiquer ses souvenirs sur l'accueil qu'elle reçut : « Ce fut, m'écrit-il, une belle soirée, sans rien de plus. Admiration et respect dans le public lettré, une impression générale pénible. L'inceste toujours présent, toujours remis sous les yeux, répugnait aux femmes. Le public manqua tout de suite. La pièce sortait du répertoire et n'y rentrait que sur les instances de Jules Lacroix, qui en demandait la reprise quand il y avait une vacance à l'Académie. Empis objectait à son cousin la pauvreté des recettes ; Jules Lacroix, joué pendant l'été, répondait que son public n'était pas revenu de la campagne, et Empis ripostait : « Je le connais, ton public ; des académiciens pour lesquels tu viendras me demander des loges ». Pour comble de malheur, l'interprétation était insuffisante : « La Comédie, ajoute mon témoin, n'avait plus ou n'avait pas encore de tragédiens. Il y eut des efforts louables et des bonnes volontés desservies par des qualités physiques insuffisantes. » Quant à la mise en scène, elle dénotait un certain souci d'exactitude historique, mais sans originalité : « Le Théâtre-Français se souvenait de la traduction d'*Anti-*

1. Voy. G. d'Heylli, *Journal intime de la Comédie-Française*, 1879.

gone, représentée en 1844 à l'Odéon. MM. Meurice et Vacquerie l'avaient faite au moment où l'Allemagne s'était donné la fête académique d'une tragédie grecque mise en scène d'après des travaux d'érudition sur le théâtre antique. L'Odéon avait profité des recherches de Berlin, le Théâtre-Français imitait à peu près la mise en scène de l'Odéon[1] ».

La pièce quitta donc l'affiche au bout de peu de temps[2], car, aux raisons particulières du médiocre succès que l'on vient de voir, s'ajoutaient des raisons générales : la Comédie-Française recueillait alors plus d'honneur que d'argent, avec des tentatives qui lui vaudraient aujourd'hui l'un et l'autre en abondance, et, malgré l'état florissant de la haute littérature dramatique, malgré de nombreuses et d'excellentes représentations du répertoire, le grand public n'avait pas encore été ramené à elle par le contre-coup d'événements tragiques, et la société élégante s'amusait trop facilement pour s'intéresser par mode à cette littérature.

Successeur de M. Édouard Thierry, Émile Perrin profita très habilement d'un courant nouveau d'opinion et de goûts. Ancien directeur de l'Opéra, il avait amené avec lui, rue Richelieu, sa clientèle de la rue Le

---

1. Les décors étaient de MM. Rubé et Chaperon, qui firent beaucoup mieux, comme on va le voir, en 1881. Il convient de constater, du reste, que les deux artistes n'ont pas seulement suivi, mais qu'ils ont provoqué eux-mêmes, les progrès de la décoration théâtrale vers l'exactitude et le sens pittoresque.

2. Après quinze représentations, avec une moyenne de recettes d'environ 1600 francs par soirée (Registres de la Comédie-Française). Une reprise au mois d'août 1861 dut être arrêtée après neuf représentations, qui donnèrent une moyenne de 529 francs. Le public préférait *le Pied de mouton*, que l'on jouait à ce moment-là ; aussi Paul de Saint-Victor disait-il avec colère : « Les dieux s'en vont et les clowns arrivent ! La tragédie expirante reçoit le coup du *Pied de mouton* » (*la Presse*, 12 août 1861).

Peletier; il avait hérité d'une troupe excellente, fortifiée par lui de recrues de premier ordre; il était habile et heureux. Il avait donc procuré à la Comédie-Française un public beaucoup plus étendu, et toutes ses tentatives en profitaient. Le 9 août 1881, il reprenait l'*Œdipe roi* de Jules Lacroix. Il comptait sur un grand succès, et il avait raison. Juste assez discutée pour exciter la curiosité publique, cette reprise fut un des plus beaux spectacles et des plus fructueux de son administration : après dix ans, son action sur le public n'est pas encore épuisée[1]. En effet, outre que les temps avaient bien changé et que toute tentative d'art élevé trouvait désormais un public disposé à l'accueillir, la donnée initiale de la pièce n'était plus pour exciter au même degré la répugnance des spectateurs ou même des spectatrices : le temps des audaces était venu et la société polie commençait à les accepter toutes. Desservie par la mise en scène ordinaire et l'interprétation médiocre de 1858, la pièce paraissait en 1881 dans des conditions bien différentes.

Émile Perrin avait été peintre et directeur de l'Opéra; bon juge de la littérature dramatique, c'était un metteur en scène de premier ordre, et il était encore plus artiste que lettré. Toutes les fois qu'il montait à nouveau une œuvre classique ou de sujet ancien, il renouvelait décors et costumes avec un goût d'exactitude archéologique qu'il avait toujours exercé, mais que le public commençait à partager avec lui, un souci de la beauté pittoresque où se retrouvait le peintre, un goût de la richesse et de l'éclat, dont il avait pris l'habitude dans le drame lyrique. Il ne pouvait donc plus se con-

1. Depuis 1881 jusqu'en août 1890, *Œdipe roi* a été joué soixante fois, avec une moyenne de recettes d'environ 4000 francs (Registres de la Comédie-Française).

tenter de cette représentation conventionnelle de l'antiquité, en usage depuis David et Talma, qui habillait et encadrait uniformément deux civilisations très différentes avec les souvenirs confus de la Rome impériale[1]. L'archéologie précisée fournissait à Émile Perrin des documents nombreux sur la Grèce héroïque ; il s'en servit avec le sentiment de la mesure et de l'élégance qui était un de ses principaux mérites, et un goût d'éclectisme très libre, car il n'y a jamais eu et il n'y aura jamais de vérité complète au théâtre ; au demeurant, il réussit à produire sur le public une impression neuve et forte. Sous sa direction, M. Théophile Thomas dessina des costumes et MM. Rubé et Chaperon peignirent des décors très beaux les uns et les autres, mais où il y avait quelque fantaisie et beaucoup d'anachronismes, comme ils sont les premiers à le déclarer[2].

1. Voy., sur cette antiquité de convention, un travail déjà ancien, mais plein de vues justes, et dans lequel il y aurait encore beaucoup à profiter, *le Costume au théâtre*, par Émile Lamé, dans la revue *le Présent* du 15 octobre 1857. M. H. Taine l'avait déjà signalé comme « très fin et très neuf » dans son étude sur Racine, écrite en 1858 et insérée dans des *Nouveaux Essais de critique et d'histoire*. J'ai réimprimé ce travail, devenu très rare, dans la *Revue d'art dramatique* du 1er octobre 1886, avec une note sur l'auteur.

2. M. Thomas et M. Chaperon me communiquent, chacun en ce qui le concerne, les renseignements suivants. Pour les costumes, le dessinateur s'éclaira des conseils de M. Heuzey, l'éminent professeur de l'École des beaux-arts ; l'ouvrage de N.-X. Willemin (*Choix de costumes civils et militaires des peuples de l'antiquité*, 1798) lui fournit les coupes de vêtements, et le musée du Louvre beaucoup d'indications sur la disposition et la couleur des étoffes. Pour les décors, l'ouvrage de J. Gailhabaud (*Monuments anciens et modernes*, 1839-1850) et le Louvre donnèrent les indications principales ; le petit temple placé à gauche du spectateur est le portique du tombeau de Talmissus (Asie Mineure) ; le palais d'Œdipe reproduit la colonnade de Pæstum, qui appartient à l'architecture grecque dorique ; la belle toile de fond ne vise nullement à reproduire la topographie de Thèbes et a été imaginée par le peintre. La

Un professeur d'archéologie grecque me disait à ce sujet : « Le directeur qui aurait le courage de restituer cette époque préhistorique, contemporaine de Minos et de Thésée, devrait aller voir au Polytechnikon d'Athènes la collection de Mycènes; il devrait copier les diadèmes d'or couverts de rosaces et de fleurs étoilées, les sceptres à pommeau de cristal, les épées incrustées d'or pâle et d'électron, où se déroulent des sujets égyptiens; il devrait semer les vêtements de parade de ces rondelles d'or estampées, qu'on trouve dans les tombes de Mycènes, et, cela fait, il risquerait tout bonnement de révolter son public, qui n'aime, et pour cause, que le grec de convention. En général, nos costumes et nos décors antiques mêlent au petit bonheur le ve et le ive siècle ; cela répond à l'idée que le public se fait, en gros, de l'antiquité grecque; de même pour l'archéologie romaine. Pourtant, il y a, dans *Œdipe roi*, un progrès relatif, et, ce qui importe, ses costumes et ses décors sont très agréables à regarder ». Il n'est pas sûr qu'à cette heure un public de théâtre répugnât autant que le croit mon savant collègue à une scrupuleuse restitution de l'antiquité; je crois même qu'elle pourrait être tentée avec succès, comme le prouve la *Théodora* de M. Victorien Sardou, qui dut beaucoup à un effort de ce genre. Quoi qu'il en soit, le spectacle que donnait aux yeux la mise en scène d'*Œdipe roi* était à la fois éclatant et sévère ; entièrement digne de Sophocle qui, lui-même, avait dû tomber dans une infinité d'erreurs archéologiques[1], il secondait admirablement l'effet du

---

Revue des arts décoratifs, deuxième année (1881-1882), p. 150, a publié un dessin, de M. Chaperon, représentant le décor d'*Œdipe roi*.

1. Il est juste de remarquer, à ce propos, qu'Émile Perrin se proposait moins de reproduire l'époque approximative où aurait pu

poème, et, comme il convient dans un théâtre littéraire, le cadre faisait valoir le tableau sans empiéter sur lui.

Pour ma part, dans mes souvenirs du Théâtre-Français, je ne retrouve aucune impression comparable à celle que j'éprouvai, le rideau se levant sur *Œdipe roi*, à la vue de la place publique de Thèbes, présentant d'un côté le palais d'Œdipe, soutenu par des colonnes doriques, au fût peint en rouge jusqu'à mi-hauteur, de l'autre le temple d'Apollon Lycien et la statue du dieu, au fond les deux temples de Pallas. Vieillards, femmes et enfants, prosternés devant le palais et tenant des rameaux d'olivier lentement élevés et abaissés, formaient des groupes dont l'ajustement aux couleurs éclatantes ou sourdes rappelait les vases peints et dont la disposition harmonieuse s'inspirait des bas-reliefs antiques. Sur les marches du palais se tenaient des soldats à la tunique sombre, aux armes brunies, contrastant avec les étoffes brodées et les cuirasses étincelantes des chefs. Au-dessus de la scène, un ciel bas et cuivré, aux nuages lourds, un ciel de peste. Pour achever l'impression et saisir l'oreille en même temps que les yeux, avant que fussent entendus des vers pour lesquels l'interprète principal avait voulu et imposé une diction fortement rythmée, qui reportait l'esprit vers les temps lointains où la tragédie était une partie du culte et reproduisait la solennité lente d'une cérémonie religieuse, une musique de scène précédait, comme en 1858, les grandes scènes dialoguées et accompagnait les

---

se dérouler la légende d'Œdipe que celle où vivait Sophocle, c'est-à-dire, autant qu'on puisse le conjecturer, les costumes avec lesquels *Œdipe roi* put être joué au temps du poète. Il avait adopté le même parti pour *Hamlet*, dont l'action se passe au moyen âge et dont les costumes, à la Comédie-Française, se rapportent au temps de Shakespeare, c'est-à-dire au XVI° siècle.

chœurs, car, avec Émile Perrin, la Comédie-Française, devançant l'Odéon, empruntait volontiers à l'Opéra cette autre part de ses effets. On avait trouvé, lors de la création, que cette musique tenait beaucoup trop de place, mais le goût public avait changé, à ce point de vue comme à bien d'autres. Elle était de Membrée, un compositeur de talent, mort comme Jules Lacroix. Était-ce bien l'accompagnement qui convenait à *Œdipe roi*? Un peu moins encore que la traduction, car, si pour cette dernière il eût fallu un Racine, seuls Gluck ou Mozart eussent été capables d'écrire une partition digne de Sophocle. Néanmoins elle complétait heureusement l'impression générale ; avec les phrases plaintives de l'ouverture, l'élan lyrique de plusieurs chœurs, — dont un, au quatrième acte, berçait comme une caresse l'agonie morale d'Œdipe et rappelait, avec la douceur des flûtes pastorales, l'origine champêtre des demi-dieux, — malgré quelques mélodies faciles et la coupe trop symétrique de plusieurs morceaux[1], l'imagination se sentait vraiment transportée à Athènes. D'autant plus

1. Je consulte sur la valeur de cette partition un musicien de grande valeur, historien hardi et sincère de son art. Il me répond en toute franchise: « Membrée appartient en musique à l'*École du bon sens*, que Ponsard représente avec plus d'éclat en littérature. Venu après Meyerbeer et Halévy, il les a imités, sans tenir compte de l'évolution faite par l'art musical dans le sens symphonique. On trouve dans son œuvre des pages marquées au coin de la franchise, relevées par une certaine probité de sentiment. Mais ce n'est point un musicien créateur au point de vue mélodique, et ce n'est pas non plus un technicien habile.

« Quant au chef-d'œuvre de Sophocle, il est si grand qu'il rend l'auditeur exigeant pour le musicien. Pour réussir dans une pareille entreprise, il eût fallu un Gluck doublé d'un archéologue sachant tout ce qu'on sait aujourd'hui sur la musique des anciens. On ne sent pas chez Membrée un effort en vue d'une restauration *vraisemblable* de la musique antique. Ce défaut, dans la contexture même de la trame musicale, ne me paraît pas suffisamment racheté par l'envergure du sentiment et par l'intensité tragique. »

qu'une reproduction relative des anciens usages dans la disposition des décors, les évolutions du chœur[1], la vue de deux jeunes filles récitant la strophe et l'antistrophe, la main étendue sur le thymélé[2], achevaient une impression flatteuse pour les érudits, suffisante pour les lettrés, savante pour le public, très agréable pour tous[3].

Ce qui vaut mieux encore, l'interprétation était admirable. On sait quel art scrupuleux M. Mounet-Sully apporte dans la composition de ses costumes, et quelle beauté plastique il met dans ses attitudes; c'était vraiment un roi de la Grèce héroïque qu'il offrait aux regards, avec sa barbe et ses cheveux disposés comme dans les plus anciennes statues grecques, sa longue robe brodée et son sceptre parsemé de clous d'or. A mesure que s'avançait le drame, il accusait avec une force et une gradation irrésistibles la victime du destin, luttant désespérément, enfin abattue. Au dernier acte, lors-

---

1. C'est une artiste érudite en chorégraphie, Mlle Laure Fonta, qui se chargea d'établir toute la partie de la mise en scène relative à la mimique du chœur.

2. Il est juste de remarquer qu'un détail valait mieux dans la mise en scène de 1858 que dans celle de 1881. Le témoin que j'ai déjà cité m'écrit à ce sujet : « On n'avait pas manqué de placer le thymélé au milieu du théâtre. C'était au milieu du théâtre et sur les marches du thymélé qu'était assis Geffroy, avec les deux récitantes sur le haut des degrés, à sa droite et à sa gauche. C'était bien plus antique et d'un plus bel effet que l'autel placé sur le côté de la scène et les deux récitantes vues de profil. »

3. Un peintre de talent, mort depuis peu, comme J. Lacroix et Membrée, H. Mazerolle, avait exécuté une série de dessins aux trois crayons, qui suivent scène par scène l'interprétation plastique de la pièce. Ils comptent parmi les meilleures œuvres du peintre et feront davantage pour son souvenir que de grandes compositions originales. Chargé de fournir des modèles de tapisserie à la manufacture des Gobelins, Mazerolle manquait d'élégance et de légèreté, mais il avait le sens de la décoration et la science du dessin. La suite d'*Œdipe roi* vient d'être publiée par les soins de la *Société de propagation des livres d'art*, avec la traduction de J. Lacroix, à laquelle les éditeurs ont bien voulu joindre le présent travail.

qu'il reparaissait, les yeux morts dans leur orbite déchirée, le visage couvert de sang, les vêtements en désordre, traînant derrière lui comme un suaire les longs plis de son manteau, un frisson de terreur et de pitié parcourait la salle et il atteignait l'impression la plus douloureuse que l'art puisse produire sans sortir de la beauté et tomber dans l'horrible. On lui a reproché cet excès de réalisme : trop de sang, disait-on. Pour que la critique fût juste, il faudrait atténuer le texte que l'artiste reproduisait exactement, et ce serait dommage. Au dénouement, serrant ses deux filles dans ses bras, il fournissait à la statuaire un motif aussi émouvant et plus humain que celui du *Laocoon*. J'ai dit plus haut quel caractère particulier il avait imprimé à la diction de tous dans *Œdipe roi*; la sienne était un modèle de précision et de justesse, comme elle l'est toujours lorsqu'il ne donne pas sur les deux écueils de son talent, la recherche et l'outrance. Dans l'ensemble, la composition de ce rôle eût marqué le plus haut point de sa carrière artistique, si, quelques années après, il ne nous eût pas donné son interprétation d'Hamlet. A côté de lui, une actrice qui n'a plus rencontré pareille bonne fortune à la Comédie-Française, où elle n'a pu fournir la carrière qu'elle méritait, Mlle Lerou, donnait à Jocaste une physionomie saisissante, dans laquelle ses défauts eux-mêmes avaient servi son talent : avec ses traits accentués, la pâleur de son visage sombre, sa voix profonde et sourde, admirablement costumée, elle aussi, c'était, à la fois, la femme pleine de tendresse, puis de pitié compatissante pour un mari plus jeune qu'elle, la reine toujours attristée de ses malheurs passés, la victime marquée par le destin. Au quatrième acte, lorsqu'elle fuyait la scène après la révélation suprême, elle lançait à Œdipe un : « Malheureux! »

qui était certainement un des plus beaux cris que le théâtre eût entendus. M. Dupont-Vernon rendait avec justesse la figure originale et fine de Créon; M. Silvain, réunissant dans un même rôle le récit du prêtre de Jupiter et celui de l'envoyé du palais, faisait ressortir par sa diction toute la beauté de ces deux morceaux[1]; les autres rôles étaient rendus par MM. Laroche et Villain, surtout par le premier, de manière à en faire sortir le plein effet. Sous une direction où les représentations parfaites étaient la joie fréquente de l'œil, de l'oreille et de l'esprit, celle d'*Œdipe roi* égalait ou surpassait les meilleures; son souvenir restera pour la Comédie-Française comme un titre d'honneur.

Quelques années après, au mois d'août 1888, sur une autre scène, unique en son genre comme la Comédie-Française dans le sien, car elle n'a pas de rivale au monde par son état de conservation entre les cinquante ou soixante édifices du même genre que l'antiquité nous a laissés, le principal interprète de la pièce lui assurait un nouveau triomphe, d'un caractère bien original. Une série de fêtes, organisées par les félibres et les cigaliers dans le midi de la France, comprenait une représentation d'*Œdipe roi* sur le théâtre romain d'Orange. A mon vif regret, je ne pus assister à cette représentation. Je ne saurais donc que rappeler les descriptions qui en ont été faites, et notamment les correspondances que M. Francisque Sarcey adressait au journal *le Temps*[2]. La re-

---

1. M. Jules Claretie, successeur de M. Perrin, a rétabli la division des deux rôles, conformément au texte de Sophocle. M. Hamel tient aujourd'hui celui du prêtre de Jupiter, et M. Silvain a conservé celui de l'envoyé du palais. — Je dois remercier M. J. Claretie pour la parfaite obligeance avec laquelle il a mis à ma disposition tous les renseignements qui m'étaient nécessaires dans le présent travail.

2. Voy. les numéros des 14 et 20 août 1888.

présentation eut un succès immense et laissera un souvenir inoubliable à tous les spectateurs. Ils n'étaient pas moins de sept à huit mille, en grande majorité méridionaux, c'est-à-dire formant le plus impressionnable des publics français. Sous un ciel étoilé, plongés dans les ténèbres transparentes d'une nuit du Comtat, assis sur les gradins d'un vaste amphithéâtre, que prolonge une colline où avaient encore pris place de nombreux spectateurs, ils avaient devant eux une scène énorme et vivement éclairée, trois fois plus grande que celle du nouvel Opéra. Sur cette scène, les dispositions principales du théâtre antique subsistent toujours dans une architecture qui a traversé le temps, c'est-à-dire un mur énorme, formant un palais avec trois portes, la porte royale au milieu, réservée au souverain ou au protagoniste, les deux autres à droite et à gauche, conduisant aux appartements inférieurs pour les personnages secondaires, l'autre du côté de la ville et ouvrant, selon les besoins de la mise en scène, sur un temple, une prison, la campagne, etc. Dans ce vaste espace, avec ces conditions matérielles, qui perpétuent pour nous la physionomie essentielle de la scène grecque, bien des traits, que l'exiguïté de la scène à la Comédie-Française obligeait d'altérer en les diminuant, retrouvaient leur ampleur et leurs effets originaux; les détails secondaires restaient à leur plan, les grandes lignes du drame ressortaient avec le relief que le poète avait voulu leur donner, sans que rien d'essentiel fût perdu, sans que la disproportion entre la taille humaine et une architecture colossale eût rien de choquant[1]. Pour les artistes, ils se surpassèrent:

---

1. Voy. l'ouvrage d'Auguste Caristie, *Monuments antiques à Orange : arc de triomphe et théâtre*, 1856, et l'étude critique de cet ouvrage par L. Vitet, *Monuments antiques de la ville d'Orange*, dans *la Gazette des Beaux-Arts*, 1861, t. XI, 1ʳᵉ série. — Le théâtre

M. Mounet-Sully, au rapport de M. Sarcey, dut à son dieu, ce soir-là, des accents qu'il ne retrouvera jamais.

Mais ce fut surtout, dit le même critique, Sophocle qui vainquit, comme au temps lointain où il remportait la couronne tragique dans les fêtes d'Athènes. Au dernier acte, les lettrés parisiens versèrent librement des larmes qu'ils auraient cachées dans nos soirées de premières; quant au grand public, peu familier certainement avec l'art grec et la légende d'Œdipe, il ne s'arrêta pas aux obscurités et aux invraisemblances du mythe, il se laissa gagner par l'émotion puissante et douce qui se dégage du drame : dans cette foule, pas un œil ne resta sec. Je ne crois pas qu'une autre pièce du théâtre antique eût produit un effet aussi puissant, et cette impression m'est un dernier argument, à la fin d'une étude où je me suis surtout efforcé de montrer pourquoi, entre toutes les œuvres du théâtre grec, latin ou étranger, *Œdipe roi* est encore la plus humaine, la plus émouvante et la plus accessible à toutes les classes de spectateurs.

d'Orange est le seul où la scène ait subsisté; elle a 61^m,200 de largeur et 13^m,200 de profondeur; le mur de scène a 25^m,920 de hauteur; le théâtre a 103^m,150 de longueur et 77^m,600 de largeur; il pouvait contenir 6800 spectateurs. A la planche XLI de l'ouvrage de Caristie se trouve une étude comparative du théâtre d'Orange et des principaux théâtres antiques.

Septembre 1890.

LA COMÉDIE EN FRANCE AU MOYEN AGE

Lorsque, il y a quinze ans, M. Charles Aubertin publia le premier ouvrage français offrant dans un tableau complet le résultat des travaux poursuivis, depuis le XVIIe siècle jusqu'à nos jours, sur l'histoire de notre littérature au moyen âge[1], ce livre reçut un accueil très différent des deux classes de lecteurs auxquelles il s'adressait. Les simples lettrés l'accueillirent avec empressement : ils pouvaient enfin se faire une opinion motivée sur une époque dont l'admiration leur était prescrite d'un ton impérieux, mais sans preuves suffisantes à l'appui, par les érudits qui en avaient fait leur domaine. Ceux-ci, au contraire, loin de savoir gré à l'auteur de ses efforts pour mettre leurs études en lumière, laissèrent percer quelque mauvaise humeur et le critiquèrent avec rudesse. Le livre blâmé par ceux-ci et loué par ceux-là était aussi bien fait qu'utile ; fruit d'un vaste labeur, il résumait une quantité confuse de travaux partiels avec une science et une justesse fort rares à ce degré et dans cet ordre d'études ; professé à l'École normale supérieure avant d'être écrit, il se distinguait par un caractère de clarté et de méthode dont un auditoire d'élite avait fait à l'auteur une loi. Sans doute, il

---

1. Charles Aubertin, *Histoire de la langue et de la littérature françaises au moyen âge*, 1876-1878.

y avait des erreurs de détail et assez nombreuses, mais elles étaient inévitables, car, dans un sujet si vaste, il eût fallu un spécialiste par chapitre, et, somme toute, elles ne diminuaient guère la valeur de l'ensemble.

La sévérité des purs médiévistes envers ce travail tenait à plusieurs causes. L'érudit n'aime guère qu'un simple lettré domine le sujet où lui-même s'absorbe et il est porté à voir en lui un plagiaire; il est peu lu et il a quelque rancune contre celui qui s'adresse à de nombreux lecteurs. Dans le cas particulier, les fervents du moyen âge, très complaisants pour l'objet de leurs études, s'en exagéraient l'importance; or le nouveau venu, esprit juste et bien muni de comparaisons, ne pouvait partager leur enthousiasme; par le fait même d'une exposition impartiale, il ramenait cet objet à sa valeur, considérable au point de vue historique, beaucoup moindre au point de vue littéraire. Les intéressés regardaient cette critique impartiale tout à la fois comme une irrévérence envers l'érudition, une erreur de jugement et une faute contre le patriotisme.

L'accueil fait à M. Aubertin n'a pourtant pas découragé un autre lettré, M. Petit de Julleville[1]. Dans le sujet traité d'ensemble par son prédécesseur, il a repris une partie pour l'étendre dans des proportions considérables. Ce qui, dans l'*Histoire de la littérature française au moyen âge*, ne forme qu'un cinquième environ de l'ouvrage, a fourni, cette fois, la matière de trois volumes, uniquement consacrés au théâtre comique, et précédemment M. Petit de Julleville avait déjà publié un

---

1. *Les Comédiens en France au moyen âge; la Comédie et les mœurs en France au moyen âge; Répertoire du Théâtre comique en France au moyen âge*, par M. L. Petit de Julleville, 1885-1886; *le Théâtre en France*, par le même auteur, 1889.

ouvrage complet sur les mystères. Le sujet est assez vaste pour se prêter à un pareil développement et il n'y a qu'à se féliciter de cette concurrence. D'autant plus que le nouvel auteur a les mêmes qualités d'esprit que l'ancien : absence d'engouement, méthode et clarté.

Je voudrais, sans oublier ce que nous devons à M. Aubertin, examiner les conclusions essentielles que M. Petit de Julleville tire de son enquête, c'est-à-dire rechercher ce qu'elle nous apprend sur le développement du génie comique dans notre pays[1]. J'aurai à les contredire tous deux, car, si dégagés qu'ils soient de préjugés sur leur sujet, une étude aussi complaisante leur en a forcément laissé quelques-uns. Simple lecteur, il m'a suffi de me faire une opinion d'après les pièces du procès, rassemblées et éclaircies par eux. Au demeurant, cette divergence de vues n'enlève rien à ma reconnaissance et elle ne semblera pas, je l'espère, diminuer la valeur des travaux qui l'ont provoquée.

I

M. Aubertin regarde avec raison comme « fort vagues et fort lointaines » les ressemblances que l'on peut, à la rigueur, découvrir entre la vieille comédie et celle du XVIIe siècle. Cependant il accorde que, si les soties et les moralités finirent complètement avec le moyen âge, la farce traversa la Renaissance pour se combiner, dans la première moitié du XVIIe siècle, avec la *commedia dell'arte*, et que son esprit, « perpétué à travers la série des imitations et des essais par où débuta pendant un siècle la comédie moderne, passant des

1. Je reprends ici, au seul point de vue du théâtre comique, une question déjà traitée de façon générale, pour tout le développe-

formes gothiques aux formes savantes et les animant, tour à tour, de sa verve originale », vint inspirer « la vraie comédie française, nationale et classique tout ensemble », et qu' « on peut le reconnaître, dans les chefs-d'œuvre qui la représentent, à côté de l'influence antique et de l'élément étranger ». Cela est vrai, mais en partie seulement et avec de sérieuses réserves. Reprenant une idée déjà exprimée par Génin[1], M. Petit de Julleville, lui, est beaucoup plus affirmatif : « L'histoire de la comédie en France, dit-il, n'est pas, comme celle du drame sérieux, coupée par la Renaissance en deux moitiés distinctes. Entre le mystère et la tragédie, il n'y a véritablement rien de commun.... Au contraire, l'histoire de la comédie, quoiqu'on puisse y distinguer des périodes et des tendances successives, ne présente pas une seule interruption bien tranchée de la tradition originale. Depuis le XIIIᵉ siècle jusqu'à nos

---

ment poétique du moyen âge, par M. F. Brunetière, dans ses *Études critiques sur l'histoire de la littérature française*, 1880 (*l'Érudition contemporaine et la littérature française au moyen âge*), et ses *Nouvelles Questions de critique*, 1890 (*la Poésie française au moyen âge*). Je renvoie le lecteur à ces deux travaux, qui posent la question avec une singulière précision et qui me semblent la résoudre avec une égale justesse. Le second répondait, en l'appréciant à sa grande valeur, au livre de M. Gaston Paris, *la Poésie du moyen âge*, 1885, qui résumait, avec toute l'autorité nécessaire, la thèse la plus favorable à l'originalité, à l'importance historique, à l'intérêt moral et à la valeur littéraire du moyen âge. Il est désormais impossible d'aborder le même sujet sans suivre les deux auteurs sur le terrain qu'ils ont nettement circonscrit et il n'est que juste d'en prévenir le lecteur.

1. « C'est de la farce, disait Génin, qu'est sortie la gloire réelle et durable du théâtre français, la comédie d'intrigue aussi bien que la comédie de caractère. Je doute un peu que *le Cid* et *Cinna* descendent du mystère de la Passion; mais je suis bien sûr qu'il y a filiation directe entre *la Farce de Patelin* et *le Légataire* et *Tartuffe*, et même *le Misanthrope*. » Introduction à son édition de *la Farce de Patelin*, 1854.

jours, on peut suivre, dans cette histoire, l'éclosion, puis le développement et les modifications nombreuses, mais lentement ménagées, d'un même genre littéraire toujours identique à lui-même, sous des formes diverses, pendant six cents ans. Ainsi s'explique, en grande partie, l'incomparable perfection où s'est élevé le genre comique en France ». Ceci me semble erroné, mais spécieux et, par conséquent, digne d'être discuté de près.

Si l'on peut admettre avec M. Aubertin que l'esprit de l'ancienne comédie, c'est-à-dire le genre d'observation auquel elle s'appliquait et le genre de ridicule qu'elle en faisait sortir, a passé dans la comédie classique, il n'en résulte pas que cet esprit soit l'inspiration principale de celle-ci. Il semblerait, au contraire, que, comme tendance et comme objet, la comédie classique s'écarte complètement de celle du moyen âge, qu'elle agrandit le champ de l'observation primitive au point de la déplacer et que, en fin de compte, l'esprit du moyen âge ne fut qu'une part, et la moins considérable, comme la moins bonne, de son inspiration. Quant à la forme de la comédie classique, elle ne doit rien à celle du moyen âge ; or la forme d'un genre, c'est-à-dire ses limites et ses moyens, n'est-elle pas ce qui lui donne son existence et sa raison d'être? Mais, loin d'admettre, avec M. Petit de Julleville, que la comédie du moyen âge a traversé la Renaissance pour se continuer au XVIIe siècle et devenir la comédie classique par une série de modifications qui n'ont pas altéré son essence, je crois que la réforme de Ronsard et de ses amis n'a laissé passer qu'une part de l'ancienne comédie ; que, s'il n'y a pas eu ici comme ailleurs rupture complète avec le passé, il y a eu, du moins, transformation radicale ; enfin que le genre, au lieu de rester identique à lui-même, n'a survécu qu'à la condition de devenir tout autre chose que ce qu'il était. Ce qui revient à dire que la perfection où s'est élevée la comédie dans notre pays, au lieu de s'expliquer par la fidélité de ce genre à ses vieilles origines, se mesure au contraire à l'énergie avec laquelle il s'en est séparé pour se rattacher à un autre point de départ.

Pour établir ce que j'avance, il me suffira d'examiner avec MM. Aubertin et Petit de Julleville ce qui constitue l'esprit, la nature d'observation et les formes de la comédie au moyen âge et de rechercher ensuite ce qui en est resté dans la comédie du XVIIe siècle. Si je trouve que celle-ci n'a rien retenu de ce qu'il y avait d'essentiel dans ces divers éléments et qu'elle l'a remplacé par des éléments non seulement nouveaux, mais différents, non seulement différents, mais opposés, ma démonstration sera faite.

L'inspiration de la comédie au moyen âge est sensiblement la même, dans les trois formes principales de cette comédie, moralités, soties et farces, et nous pouvons déjà remarquer en passant que, si le théâtre est fait d'invention et de variété, il n'y en eut jamais de plus pauvre que celui de ce temps-là. C'est un esprit de raillerie grossière, inspirée par un lourd bon sens, et dont l'obscénité est un des moyens d'expression favoris. Le sentiment de la délicatesse et de l'élégance, comme de la poésie, y est absent, ou peu s'en faut. Il n'y a guère que deux pièces dans tout ce théâtre, *le Jeu de la Feuillée* et *Robin et Marion*, d'Adam de la Halle, qui accusent un effort heureux pour s'élever au-dessus des basses trivialités ; encore ces deux pièces sont-elles une exception par leur date, comme par leur objet. Elles remontent, en effet, au milieu du XIIIe siècle, alors que toute l'évolution comique du moyen âge est comprise dans les limites du XVe et du xvi⁰ siècle[1]. Dans tout le reste, l'observation comique se borne à décrire ce qu'il y a de plus bas dans la vie et dans les mœurs, dans le fond permanent de l'homme et dans les habitudes particulières de son existence en ce temps-là. Quant aux idées morales qui inspirent cette observation, elles sont courtes, pauvres et laides[2]. La comédie, forme particulière de la satire, repose, comme la satire elle-même, sur un double contraste ; celui qui est dans les choses et celui qui existe entre les choses et notre esprit. Un vice s'ignore, agit et parle comme s'il était une qualité : contraste plaisant dans l'objet de la comédie ; mais ce contraste n'est saisi qu'au moyen d'un autre contraste, savoir le mépris que nous avons pour ce vice et qui est un sentiment élevé, en opposition avec la bassesse de ce vice. De là vient que la peinture exacte d'un vice bas peut dénoter chez celui qui l'a tracée une âme généreuse ; telle est même l'impression que produisent sur nous les vrais et grands comiques, comme un Aristophane ou un Molière. Il peut arriver, au contraire, que, tout en se moquant d'un vice, un auteur dénote, par les sentiments qui inspirent sa raillerie, une âme médiocre-

1. Il importe de dire que, d'après les meilleurs historiens de notre ancienne littérature, le vrai moyen âge aurait fini dans les premières années du xiv⁰ siècle. M. Gaston Paris dit expressément (*la Littérature française au moyen âge*, 1888, avant-propos) que la littérature du moyen âge « s'arrête, à peu près, à l'avènement des Valois (1327), au moment où va s'ouvrir la guerre de Cent Ans » ; dès lors, « le fond et la forme ne sont plus les mêmes : une longue période de transition s'ouvre, qui va du vrai moyen âge à la Renaissance ». Ainsi l'on est encore obligé de restreindre la part d'une littérature comique qui n'est déjà pas trop riche, si la richesse consiste plutôt dans la qualité que dans la quantité.

2. Voy., sur les sujets et les idées de la comédie au moyen âge, Ernest Renan, *la Farce de Patelin*, dans ses *Essais de morale et de critique*, 1859.

ment élevée au-dessus de son objet. Dans les deux cas, comédie à inspiration supérieure et comédie simplement imitatrice, le spectateur est solidaire de l'auteur, c'est-à-dire qu'il se laisse juger lui-même par le genre de spectacle auquel il se plaît; le public, aussi, qui a fait la fortune d'une pièce nous donne, par cela même, sur ses propres idées morales, des renseignements qui ne trompent pas. Or comédies, auteurs et spectateurs du moyen âge rentrent, malheureusement, dans la seconde catégorie; ils dénotent une moralité très médiocre, lorsqu'elle n'est pas répugnante.

Le moyen âge eut des sujets permanents auxquels il revenait toujours, et d'autres accidentels. Parmi les premiers, les plus fréquents sont la satire de l'amour, des femmes, du mariage, des divers états et conditions de la société; parmi les seconds, la satire de l'organisation sociale elle-même et celle des vices ou travers généraux. Ce qui ressort, avant tout, de ces deux catégories de sujets, c'est la singulière dureté de cœur et d'âme avec laquelle ils sont traités. Les mésaventures dans lesquelles peuvent nous entraîner nos erreurs volontaires ou involontaires, les vices du caractère, les difformités physiques, la souffrance n'excitent guère au moyen âge la pitié de l'auteur comique, même lorsqu'elles sont excusables. Il en rit d'autant plus fort que la victime est plus malheureuse; c'est la cruauté inconsciente des enfants et de tous les êtres sans réflexion. M. Petit de Julleville essaye d'expliquer et d'excuser cette infériorité morale : « L'époque, dit-il, sans être plus méchante qu'une autre, était dure à la souffrance et peu accessible à l'attendrissement. Cette facilité à rire des misères de l'homme, le moyen âge l'a transmise, adoucie, mais non diminuée, d'abord à la Renaissance, ensuite au xviie siècle. Il y a chez Molière, il y a chez Regnard des situations comiques qui, sur la scène, dans notre siècle, deviendraient purement pathétiques. Est-ce à dire que nos cœurs soient plus sensibles, ou notre sensibilité plus emphatique?» La première alternative serait, je crois, la plus acceptable. Entre le moyen âge et notre temps, il s'est produit un grand progrès intellectuel et moral; nous avons plus d'esprit et plus de cœur que nos aïeux, et notre comédie s'en ressent, comme bien d'autres choses.

Dès le xvi° siècle, en effet, cette cruauté n'est déjà plus ce qu'elle était au moyen âge; au xvii° siècle, elle s'est si bien transformée qu'elle a disparu. Lorsque Rabelais nous montre Panurge faisant noyer Dindenaut, pour se venger de simples railleries, il n'y a là que plaisanterie pure; outre qu'il s'agit ici de fantaisie et non de comédie, l'auteur s'amuse et amuse le lecteur; mais l'exagération est si évidente que personne ne prend l'aventure au sérieux. De même pour l'histoire des Chicanoux et celle du sacristain écartelé par Villon, sur laquelle s'appuie M. Petit de Julleville; de même, à divers degrés, mais de façon encore plus évidente, le tour joué par Panurge à la dame de Paris, la noyade des badauds parisiens devant Notre-Dame par Pantagruel, la mort du prêtre Tappecu, etc. Au demeurant, la pitié et l'humanité, le respect de la souffrance et le sentiment de la solidarité humaine, absents au moyen âge, sont déjà dans Rabelais et assez sensibles. S'il y a, dans Molière, des spectacles dont il ne songe qu'à rire et qui sont vraiment pénibles pour nous, d'abord, ils sont assez rares : je ne vois guère en ce genre que l'aventure d'Amphitryon et celle de George Dandin. Mais, pour Amphitryon, l'éloignement mythologique et l'évidente invraisemblance du sujet, comme aussi la délicatesse de l'exécution, atténuent considérablement l'impression pénible qui pourrait en résulter. Quant à George Dandin, il est malheureux et il souffre ; mais, outre que son malheur est mérité par sa sottise, nous sentons, derrière la raillerie, quelque pitié pour le pauvre diable, assez nettement indiquée pour que, de nos jours, l'acteur croie servir la pensée du poète en s'efforçant de la faire sortir et, pour cela, de tourner le sujet à la tristesse. Quant à Regnard, il s'amuse et nous amuse avec des invraisemblances, qu'il ne prend pas au sérieux et que nous n'y prenons pas plus que lui : la persécution barbare infligée par Lisette et Crispin au vieux Géronte, qui en meurt, dans *le Légataire universel*, n'est qu'imagination plaisante, et si, en ne s'arrêtant pas devant la mort, elle accuse une faute de goût, elle ne dénote pas un manque de cœur, car le poète n'a cru un instant ni à la réalité, ni à la possibilité de son sujet ; c'est de la fantaisie plus ou moins délicate, mais de la fantaisie pure. Ainsi, cette dureté du moyen âge, cette cruauté dans l'observation comique, que rien n'atténue ou n'explique, lui est-elle bien propre, et lui est-elle restée. Nous ne la retrouvons ni au xvi° siècle, ni au xvii° siècle, encore moins au xviii° siècle, le siècle de l'humanité.

Il en est de même pour la grossièreté de l'amour, le mépris des femmes, la satire du mariage. Est-il même possible de trouver l'amour dans la littérature comique du moyen âge ? Il y a certes, et largement, l'exercice de la bonne loi naturelle, presque toujours poussée jusqu'à l'obscénité dans les idées, sinon dans les actes qu'il inspire, et encore plus dans les termes qui le désignent et les plaisanteries qu'il provoque ; mais l'amour lui-même, c'est-à-dire ce que, pour son honneur, la nature humaine tire de son esprit et de son cœur pour l'ajouter à l'instinct, c'est-à-dire le choix et la tendresse, ne se trouve pas plus dans les farces que dans les moralités et les soties. Quant aux femmes, le moyen âge ne les voit guère d'un autre œil que le vieux Caton ; c'est toujours pour lui l'animal indomptable, trompeur, malfaisant, incapable de raison, dont on ne vient à bout, relativement, que par la contrainte et les coups. Il n'est pas de mon sujet de rechercher si, vraiment, les chansons de gestes et les romans les idéalisent, comme l'amour, autant qu'on l'a dit ; il me suffit de constater qu'au total la littérature épique ou sentimentale du moyen âge, lorsqu'elle n'est pas subtile et pédante, est singulièrement positive et grossière. Quant à la comédie, elle est d'avis, et très sincèrement, « que les femmes ne valent rien ». *Faire-bien* n'en peut rien tirer ; leur seul maître est *Fol-conduite*. Incapables de science, « Vérité est leur adversaire » ; intarissables bavardes, aigres, avides de divertissement, inconstantes, dépensières, elles réservent à leurs maris querelles, fausseté, jalousie, ruine, et les malheureux ne tirent de leur sort que cette réflexion mélancolique, éternellement justifiée : « Mauldit soit l'heure que jamais mariez je fus ! » S'ils se résignent et acceptent l'amant, il y aura peut-être pour eux tranquillité, et profit par surcroît ; c'est le conseil que semble donner, de façon toute naturelle, l'auteur de « Colin qui loue et dépite Dieu en un moment à cause de sa femme ». Entre une femme honnête et acariâtre et une coquette enjôleuse, mieux vaut la coquette avec laquelle il suffit d'être complaisant. Foncièrement rusées et perfides, tout chez elles, paroles aimables, bons procédés, caresses, n'est que piège et doit mettre en défiance. Dans *la Pipée*, une des rares pièces de ce théâtre qui s'élèvent au-dessus de la platitude et dénotent quelque finesse d'invention, l'héroïne de la pièce, Plaisante-folie, n'a qu'un but :

prendre et plumer les oiseaux qu'attirent ses chansons.

Tel est pour la comédie du moyen âge le rôle éternel des femmes, et la morale présentée ici d'une façon ingénieuse, quantité d'autres pièces la présentent de façon grossière. Si le mari se soumet, par faiblesse de caractère ou amour de la paix, le plus souvent son existence devient un enfer; les exigences de sa femme lui font de la vie le plus intolérable et le plus humiliant des martyres; ainsi pour le Jaquinot du *Cuvier*. Mieux vaut les battre, car, si le bâton ne parvient pas à changer leurs défauts en vertus, du moins les maintient-il dans une soumission relative. A peine si M. Petit de Julleville peut relever, dans tout ce répertoire comique, quatre ou cinq exceptions à cette philosophie pessimiste des femmes et de l'amour. La tendresse maternelle et la reconnaissance qu'elle doit inspirer aux hommes sont décrites en cinq jolis vers, sans plus, dans la farce *le Vieil Amoureux et le Jeune Amoureux*. Il signale encore une gracieuse idylle de jeunesse, à la fois railleuse et sincère, plaisante et doucement émue, dans le dialogue des *Deux Amoureux récréatifs et joyeux*, de Clément Marot; mais n'est-ce pas sortir à la fois du domaine de la comédie et de celui du moyen âge? Avec *Maistre Mimin*, qui appartient encore au XVIe siècle, la farce avoue que l'amour vaut mieux qu'une science pédante pour faire l'éducation d'un homme et le polir. C'est, enfin, au temps de François Ier, dans une vieille pièce de Marguerite d'Angoulême, reine de Navarre, que l'on trouve une fine et profonde apologie de l'amour, qui ne donne jamais le bonheur qu'il promet, et qui passe vite, mais dont les souffrances mêmes sont délicieuses, et des femmes, qui, dans leurs fautes, sont plus à plaindre qu'à blâmer.

On le voit, c'est surtout le xvie siècle qui ménage les transitions pour amener la littérature comique à une autre conception de l'amour. Telle que nous la trouvons au siècle suivant, de Scarron à Regnard, à travers Molière, cette conception est radicalement différente. L'amour, qui tenait si peu de place dans les pièces du moyen âge, est maintenant le cadre obligé, souvent le fond de toute comédie. Il intéresse par lui-même ou prête son intérêt aux autres sentiments. Dans chaque comédie nouvelle, il y a une intrigue amoureuse, indiquée dès le début, développée à travers l'action et vers le dénouement de laquelle marche toute la pièce. L'amour est contrarié ou favorisé par les autres sentiments, mais toujours il exerce sur eux son action, au moins autant qu'il reçoit la leur. Il s'agit de nous faire connaître deux amants, de nous intéresser à eux, de nous faire désirer leur bonheur; les passions diverses qui s'agitent autour d'eux reçoivent d'eux leur raison d'être et leur intérêt. Non seulement le rôle et l'importance de l'amour ont changé, mais sa nature même. L'instinct, qui le dominait, est réduit à un rôle secondaire par le sentiment, c'est-à-dire par la passion et la galanterie. Il est délicat, respectueux, ingénieux, source de toute élégance et de toute politesse. Les femmes qui l'inspirent conservent les traits permanents de leur nature, la finesse ou même la ruse; elles ne sont pas toujours très franches, mais elles ont de la délicatesse, une réserve relative, souvent de la sincérité. On les flatte, on les respecte, on les adore et elles sont dignes de ces égards. Avec leurs traits communs, ces amoureuses forment une galerie variée et charmante de figures féminines, vraie d'une vérité générale ou particulière, riche de types généraux et de physionomies individuelles, alors que celles-ci sont tout à fait absentes de la littérature co-

5

mique du moyen âge, qui n'a su peindre aucun caractère de femme ; ingénues ou coquettes, sentimentales ou hardies, elles représentent vraiment la femme française, une époque déterminée de son histoire et de notre civilisation. Dans le mariage, beaucoup d'entre elles sont déplaisantes et vicieuses, puisque la comédie est consacrée surtout à la peinture des ridicules et des vices, mais un aussi grand nombre présentent la vie avec elles comme supportable, ou même agréable, parfois délicieuse, malgré le mot de La Rochefoucauld. Elles ont des qualités sérieuses : le dévouement à leur famille, le ferme bon sens, la dignité du caractère et de la conduite, relevés de charme ou d'agrément par leur esprit naturel de finesse, d'habileté et de mesure, par leur sentiment de l'élégance et le charme qui se dégage d'elles. Aussi n'est-il plus besoin de les rudoyer ni de les battre, sauf exceptions assez rares et qui, dans *le Médecin malgré lui* par exemple, n'atteignent que la femme du villageois resté vilain et grossier.

Cette notion nouvelle de l'amour, des femmes et du mariage n'est-elle pas complètement opposée à celle du moyen âge et peut-on dire, à ce point de vue, qu'il soit rien resté de la comédie de ce temps dans la comédie du XVIIe siècle, populaire, bourgeoise ou aristocratique ?

II

Pour la satire des conditions sociales, il y a lieu d'abord de remarquer qu'elle est singulièrement pauvre et il est difficile d'admettre, avec M. Petit de Julleville, que l'on y trouve le « tableau animé et vivant » d'une société. Il estime d'abord qu'elle nous offrirait, en rassemblant les traits épars dans les moralités et les soties, « le mot de l'opinion nationale, ou, du moins, de l'opinion publique, sur les choses de l'État ». Certes ce serait là une originalité inconnue à l'époque classique, partant une supériorité du moyen âge. Essayons cependant de rassembler les éléments de ce témoignage.

Dans la « farce morale de Métier, Marchandise, le Berger, le Temps, les Gens », représentée aux environs de 1440, — c'est-à-dire peu de temps après la guerre de Cent Ans et aussitôt après la révolte de la Praguerie, dirigée par les grands seigneurs, ayant à leur tête le dauphin Louis, le futur Louis XI, contre Charles VII et ses utiles réformes (organisation nouvelle du Parlement, Pragmatique-Sanction, réunion des États généraux, création d'une armée permanente), — Marchandise se plaint que le commerce ne va pas et Métier fait chorus. Berger porte sa misère en chantant, le Temps annonce, par son costume et quelques mots à double entente, qu'il y a des troubles et des tempêtes dans l'air, et, tout en s'étonnant qu'on se plaigne de lui, ce qui est illogique, il se plaint lui-même des *Gens*, c'est-à-dire de tous les esprits faux, brouillons et ambitieux. On peut supposer que ces Gens désignent les conspirateurs ligués contre le roi, mais ils ne sont pas autrement spécifiés. Les Gens, toutefois, changent assez vite d'humeur et de costume : « Dieu et le roi » les ont transformés ; ils vont rester tranquilles et travailler au bonheur commun. Ils prennent donc sur leurs épaules Métier, Marchandise et le Berger, et les élèvent en l'air ; « pensée démocratique », dit M. Petit de Julleville. Et c'est toute la pièce ; bien faible d'invention, comme on le voit, et singulièrement pauvre en renseignements sur l'état des esprits. Pas un détail topique, pas un trait frappant dont un historien puisse faire son profit ; pas une allusion claire à un événement déterminé. J'en dirai autant de la bergerie *Mieux-que-devant*, qui se rapporterait aux vexations exercées sur les paysans par les gens de guerre ; de la « farce nouvelle de Marchandise, Métier, Peu-d'acquêt, le Temps-qui-court et Grosse-dépense », provoquée par les nouveaux impôts qu'exigeaient les réformes de Charles VII ; du monologue du *Pèlerin-passant*, qui raille innocemment les travers de Louis XII, bon, mais avare ; de la sotie du *Nouveau-Monde*, dirigée contre la Pragmatique-Sanction, et qui est un pur galimatias ; de la farce de la *Résurrection de Jenin Landore*, et même de la grande sotie de Pierre Gringoire, *le Jeu du Prince des Sots*, inspirée, sinon commandée, paraît-il, par le roi lui-même, pour préparer l'opinion à la guerre contre le Saint-Siège. Dans tout cela, avec la pauvreté ordinaire de l'invention, l'observation est si superficielle qu'elle ne nous apprend rien que nous ne sachions par ailleurs ; ou, plutôt, au lieu que ces pièces éclairent pour nous l'histoire, c'est par l'histoire seule que nous parvenons à les comprendre.

Mais, si peu qu'il y ait de satire sociale dans la comédie du moyen âge, la comédie classique n'en devait rien prendre. Il est trop certain que, se voyant interdire tout sujet politique par l'autorité de plus en plus forte et répressive des rois de France, elle ne nous a donné rien de semblable à la comédie d'Aristophane ; même aux époques de trouble et de révolte, c'est par d'autres moyens, la chanson et le pamphlet notamment, que la satire politique s'exerçait dans notre pays.

La satire des conditions sociales devait forcément être moins timide. Que nous apprend-elle et s'es lle continuée aux siècles suivants ?

« La plus célèbre et la plus piquante » des soties, *le Monde, Abus, les Sots*, nous présente Abus, faisant naître Sot dissolu, habilié en homme d'Église, Sot glorieux, habillé en gendarme, Sot corrompu, habillé en juge, Sot trompeur, habillé en marchand, Sot ignorant, qui ne vise expressément aucune condition, mais représente, bien entendu, la sottise ignorante, et Sotte Folie, qui personnifie les femmes. Ce n'est rien moins que la traduction sensible et complète de l'idée philosophique, qui avait donné naissance aux confréries de sots et à leurs pièces, savoir que la sottise mène le monde; idée trop générale et insuffisamment motivée, au moins comme preuves tirées des sujets, par cette part de notre ancien répertoire comique. L'ambition d'un tel sujet se justifie mal; les personnages ainsi dénommés agissent peu et parlent sans intérêt[1]; ils multiplient les abstractions et les entités dont ils sont sortis eux-mêmes, bâtissant un nouvel édifice social avec les vices et les travers que chacun d'eux personnifie, jusqu'à ce que ce Monde nouveau s'écroule sur leurs têtes et qu'ils disparaissent pour rentrer dans le sein de la Confusion, laissant au Vieux-Monde le soin de relever l'édifice primitif et de tout remettre en place. Je n'insisterai pas sur l'absence de vie, de mouvement, d'action, partant d'intérêt, qui est la même pour ces pâles fantômes; avec eux rien ne monte sur le théâtre que la subtilité stérile et la puérilité d'esprit, qui sont les deux vices intellectuels du moyen âge. Remarquons seulement que l'inspiration d'où ils sortent disparaît aux siècles suivants ou ne s'y retrouve que transformée. D'abord, la conception des soties, trop générale à la fois et trop simple, sur la sottise fondamentale du monde, fait place à une notion plus réfléchie et plus variée de l'homme et de la

---

1. M. Petit de Julleville estime qu'ils lancent « cent traits acérés » contre la société du temps : je n'en vois pas un seul à relever dans ce qu'il cite, pas plus que dans ce que j'ai lu moi-même.

vie. Scarron, Molière et Regnard exaltent la nature, chacun à sa manière, et montrent le ridicule de ceux qui veulent la contrarier ou l'altérer; Le Sage, Marivaux et Beaumarchais s'attachent de préférence à quelque vice social, comme la cupidité, aux complications ou aux déviations d'un sentiment naturel, comme la lutte de l'amour contre lui-même; à la satire générale de l'organisation sociale, comme celle de l'ancien régime finissant. Mais, si le XVIIIe siècle a sa conception à priori de la nature humaine, comme la sienne est différente! Il n'y a de sots que les gens en place, selon Beaumarchais; il considère le reste de ses contemporains et lui-même comme pleins de raison et capables d'exercer immédiatement tous les droits que cette qualité suppose.

Les pièces moins ambitieuses d'objet ne nous apprennent guère plus et ne se survivent pas davantage. Soties, farces et moralités donnent une large place à la satire non de la foi, universellement respectée, mais de l'Église et de ses dignitaires avides, de ses curés licencieux, surtout de ses moines paresseux et gourmands. Ainsi dans la moralité de *l'Église, Noblesse et Pauvreté qui font la lessive*, dans les farces des *Trois Brus*, des *Pauvres Diables* et du *Meunier*. Les faux braves sont raillés dans les farces de *l'Aventureux*, de *Colin fils de Thenot le maire*, du *Franc-Archer de Bagnolet* et du *Franc-Archer de Cherré*; les chevaliers d'aventure dans le dialogue de *Messieurs de Mallepaye et de Baillevent*; les gueux populaires, dans les farces du *Pâté et de la Tarte*, du *Porteur d'eau*; les charlatans, dans le monologue de *la Fille batelière*; les valets vicieux et facétieux, dans le monologue du *Clerc de Taverne* et la parade de *Maistre Mimin le Goutteux*; les avocats faméliques et les marchands peu scrupuleux, dans *la Farce de maistre Patelin*. Partout de très petit monde et de très petites gens; on a justement remarqué que cette comédie ne donne, pour ainsi dire, aucune place aux classes élevées ou moyennes, et cette lacune n'est pas une des moindres causes de sa bassesse [1]. Dès le XVIᵉ siècle, ces sujets disparaissent ou se transforment en s'élargissant. Ainsi, la satire contre les gens d'Église ne produit plus guère que *Tartuffe*, soit que fortement appuyée sur la royauté, qui s'appuie également sur elle, l'Église jouisse de la même immunité, commandée par le respect ou la crainte, soit que, par la réforme de sa discipline, elle ne prête plus aux mêmes attaques. Quant à *Tartuffe*, c'est un chef-d'œuvre unique, auquel rien ne se peut comparer, à aucun point de vue, dans la littérature dramatique, jusqu'au Basile du *Mariage de Figaro*, autre exception, dont la hardiesse annonce des temps nouveaux; et, tout au moins dans *Tartuffe*, l'inspiration de la satire est non seulement différente de ce qu'elle était au moyen âge, mais opposée : en effet, c'est moins aux vices des personnes qu'elle s'attaque, quoi qu'elle en dise ou en pense, qu'au dogme et à la morale. Pour les autres sujets, s'ils subsistent, c'est qu'ils sont le fonds permanent et éternel de la comédie, comme de la nature humaine elle-même; mais ils ne sont plus traités de la même manière ni au même point de vue. Le faux brave du XVIIᵉ siècle, moitié espagnol, moitié français, n'a point le même genre de vantardise ou de peur, la même allure, le même langage que le franc-archer ou le routier; les chevaliers d'aventure sont devenus des chevaliers de cour ou d'antichambre et parlent le langage du bel air; les gueux populaires se sont transformés en valets à la façon latine ou italienne; les gens

---

[1]. Voy. Ernest Renan, *la Farce de Patelin*, dans ses *Essais de morale et de critique*.

de loi ne sont plus des friponneaux en quête d'une robe, mais des hommes d'affaires étourdissant leurs dupes par leur jargon de basoche.

Si les caractères généraux ont été employés par la comédie du moyen âge, c'est toujours pour la même raison : ils font partie du fonds nécessaire et permanent de la comédie, qui sans eux cesserait d'exister; celle du moyen âge eut donc des avares, des jaloux, des envieux, des hypocrites, etc. Mais quelle pauvreté constante dans l'invention comme dans l'observation, dans les sujets comme dans la mise en œuvre! Le *Sermon joyeux des fous*, reprenant l'idée favorite de la sotie, que tous les hommes sont fous, énumère les diverses sortes de fous et cherche à les caractériser : il y a les fous par jalousie qui ont « femme honnête, plaisante et mesnaigère fort diligente », innocente surtout, et qui, cependant, la soupçonnent; il y a les amoureux qui errent la nuit, par les rues, affrontant la pluie, le vent et le froid, pour entrevoir leurs belles à travers une fenêtre; il y a des fous de contrée et de région, les Allemands et les Angevins, qui sont ivrognes, les Picards, coureurs de femmes, les Gascons, fous légers, les Poitevins, fous rusés, etc.; enfin les fous de profession. Aucune espèce, du reste, n'est caractérisée en traits plus expressifs ni plus profonds et c'est à cette sèche nomenclature que se borne l'observation comique du moyen âge. La farce des *Bâtards de Caux* combine la comédie de caractère avec la comédie de mœurs; elle met en scène le droit d'aînesse, mauvaise loi, qui « à l'un donne tout le bien », et aux autres « rien tretous »; d'où l'avarice chez l'aîné, qui, libre de pourvoir ses frères et sœurs à sa guise, les traite de façon dérisoire : de l'un, il fait un marchand d'allumettes; à l'autre, qui veut être prêtre, il dit des injures; à sa sœur, qui veut s'établir, il donne quelques légumes, une ceinture, deux couteaux et deux chemises. Et voilà une étude de l'avarice, déterminée par un milieu et des institutions particulières. La sotie de la *Folle Bombance* met en action cette vérité qu'il ne faut pas tout sacrifier au luxe, au plaisir et à la bonne chère, et nous donne, par surcroît, comme une esquisse du *Bourgeois gentilhomme*, avec le marchand qui vend ses bœufs pour s'habiller à la mode, « vestir le velours, porter robes fourrées, des pourpoints de satin à grandes manches, des chemises blanches de Hollande et des collets à la mode napolitaine ». C'est tout, et tel est le degré d'exactitude et de finesse avec lequel, au temps de Louis XII, la comédie prétendait représenter un ancêtre de M. Jourdain.

Ces pièces informes nous sont pourtant offertes comme les premiers essais, sinon les premiers modèles, de la grande comédie en France. Mais il est d'autant plus difficile de partager cette opinion qu'elle s'appuie sur des analyses exactes et détaillées, qui sont chacune autant de preuves à l'appui de l'opinion contraire. Par là, M. Petit de Julleville nous conduit à cette conclusion que les sujets étant les mêmes, parce qu'ils ne pouvaient pas être différents, et la comédie puisant autrefois, comme aujourd'hui, dans le fonds de nos vices et de nos travers, la comédie classique n'a laissé des œuvres intéressantes et durables que parce qu'elle traitait ces sujets et exploitait ce fonds tout autrement que la comédie du moyen âge. Ce que le moyen âge se contentait d'apercevoir et d'indiquer d'un trait vague et mou, l'époque suivante l'a profondément étudié et reproduit avec vigueur[1]; où il s'appesantissait, elle passait; où il

---

1. M. Aubertin dit très justement : « Un des caractères de la comédie au moyen âge, c'est de rester à la surface des objets

ne s'arrêtait pas, elle insistait longuement; mais surtout, où il ne savait ni inventer, ni combiner, répétant à l'infini des types élémentaires, elle a créé des formes et des genres, avec leurs règles nécessaires, et se développant avec une force personnelle et durable de vie et de fécondité; c'est-à-dire qu'elle a fait œuvre littéraire.

III

Mais c'est justement ici et sur le sens de ce mot « littéraire », que porte le vif du débat. En effet, une opinion volontiers reprise par les historiens de la littérature française au moyen âge, pour en tirer un éloge de leur objet, c'est la spontanéité et l'absence de réflexion propres à cette littérature, en opposition avec l'artifice et les procédés voulus de l'époque classique. M. Petit de Julleville n'est pas, sur ce point, d'un autre avis que la majorité des médiévistes : « Nos farces, nos moralités, nos soties, dit-il, ne sont pas des œuvres littéraires. La comédie, au moyen âge, composée pour plaire au peuple, non pour plaire aux lettrés, s'est développée au hasard, sans nul souci de style et d'arrangement ». D'où l'absence de cette convention, chère aux époques classiques, la distinction des genres : « La distinction absolue des genres, ajoute-t-il, est une conception, je n'ose dire fausse, mais factice, qui n'appartient qu'aux époques de littérature polie et savante ». La Renaissance et le xviie siècle auraient donc fait perdre ces précieuses qualités à notre littérature dramatique? M. Petit de Julleville ne le dit pas expressément; il regrette toutefois, en

observés, de ne voir que les gros traits, les ridicules courants et saillants, de prodiguer sans étude, avec une verve irréfléchie, l'esquisse joyeuse de ce qui frappe le regard ».

se défendant d'exprimer un regret, que la conception dramatique du moyen âge ait été remplacée par une autre, et, justement à propos de la Renaissance, il écrit : « L'entreprise de fonder en France un théâtre national animé, pathétique, original, qui ne dût rien à l'antiquité [1], rien aux nations voisines, avait, dès lors, définitivement échoué. Sans doute, la perfection de notre théâtre classique ne laisse place à aucun regret ; mais qu'on n'oublie pas qu'entre la moralité de *l'Empereur qui tua son neveu* et *le Cid*, il s'est écoulé plus de cent ans ; un long siècle, tout plein d'inutiles efforts, de tentatives avortées ; et vide, ou bien peu s'en faut, d'œuvres dramatiques dignes de mémoire ». Voici qui est encore plus explicite : « La comédie du moyen âge n'avait jamais imité ; elle est souvent médiocre, mais elle est toujours elle-même. Au contraire, la comédie de la Renaissance (et c'est par là surtout qu'elle se distingue de ceux à qui elle succède) a puisé largement aux sources anciennes ou étrangères, surtout chez les Latins et les Italiens. Ces derniers lui ont fourni tout l'*imbroglio*, inconnu au moyen âge, déjà complexe, mais encore monotone à l'époque de la Renaissance. Un peu plus tard, la comédie, croyant avoir épuisé Plaute, Térence, l'Arioste, empruntera aux Espagnols ; et ce procédé avoué d'imitation, de traduction, autorisé par d'heureux exemples, régnera sur la scène française et dans le roman, jusqu'à la fin du XVII° siècle ». Ce qui n'empêche pas M. Petit de Julleville de reprendre, aussitôt après, la thèse sur laquelle repose son livre et de redire que les traces de la comédie du moyen âge se retrouvent « persistantes quoique affaiblies, en pleine Renaissance, et jusqu'au plus beau

---

1. Ceci serait à examiner de près. M. Aubertin remarque qu'il n'y eut à aucun moment du moyen âge une interruption complète de la culture et de la tradition latines.

temps de la comédie classique », que « la farce, la sotie, la moralité se survivent à elles-mêmes, sous des noms nouveaux, sous des formes rajeunies », que « les plus illustres de nos auteurs comiques modernes doivent quelque chose à la comédie du moyen âge, qu'ils n'ont jamais lue peut-être », car « l'analyse des caractères nous vient des moralités, l'esprit frondeur nous vient des soties, mais, avant tout, la franchise comique, et cette naïveté, cet effort vers le vrai dans la peinture du ridicule, qui sont les meilleures qualités de nos bonnes comédies, nous viennent en partie des farces ».

J'ai tenu à présenter au complet toute cette argumentation, parce que, à mon sens, elle contient deux ou trois des plus graves erreurs qu'une faveur excessive pour la littérature du moyen âge ait mises en circulation et qu'il importe grandement de les réfuter, si l'on tient à la juste appréciation de notre développement littéraire, comme au maintien de nos justes admirations et à la sûreté de notre goût; le goût, faculté gênante, dont les médiévistes nous recommandent de nous débarrasser pour mieux admirer l'objet de leurs préférences, et qui n'est autre chose en littérature que la justesse du sens et la liberté du jugement. Il me semble, au contraire, que ce qui empêchera toujours le théâtre du moyen âge de prendre dans l'histoire de notre littérature la place réclamée pour lui, ce qui le maintiendra toujours à l'état d'objet d'étude pour les érudits, c'est justement cette absence de réflexion dans les œuvres et de distinction dans les genres, dont on lui fait un mérite; que son originalité ne vaudrait quelque chose qu'à la condition de représenter des qualités, et que ces qualités n'existent pas; que la Renaissance et le xviie siècle, en remplaçant ce théâtre qu'ils n'ont pas tué, mais qui est mort de lui-même, ont rendu le plus grand service à la littérature française; que, s'il y a eu cent ans d'efforts entre les dernières moralités et *le Cid*, ces efforts n'ont pas été stériles, puisque le théâtre classique en est sorti; que l'imitation de l'antiquité, de l'Espagne et de l'Italie par la comédie classique fut heureuse, puisqu'elle nous donna une valeur littéraire qui nous manquait; enfin que les genres comiques du moyen âge n'ont pas persisté à travers la comédie classique.

La littérature ne doit pas son intérêt et sa durée simplement à ce qu'elle est une fonction de l'esprit humain et, à ce titre, toujours digne d'être étudiée, quelle que soit la valeur de ses résultats : à ce point de vue, elle ne relève que de l'histoire naturelle, de la physiologie, de la psychologie, c'est-à-dire de la science, mais non de la critique littéraire. Elle n'existe que lorsque l'activité intellectuelle, dont elle est le produit, réalise certaines qualités de force ou de grâce, d'émotion ou de charme, de beauté plastique surtout. Là où il n'y a point d'arrangement et de style, il n'y a pas de littérature; il n'y a style et arrangement que lorsqu'il y a réflexion; et, dès qu'il y a réflexion, il y a distinction et classification[1].

1. A propos de *la Farce de Patelin*, la seule, à tout prendre, des pièces du moyen âge qui ait mérité de durer, M. Petit de Julleville écrit : « *Patelin* est une des rares œuvres du moyen âge qui ait une valeur proprement littéraire au sens où nous entendons ce mot aujourd'hui; c'est-à-dire une œuvre dans laquelle un auteur très expérimenté se propose de produire certains effets par des moyens choisis et calculés. Rien n'est naïf dans *Patelin*; mais la profondeur du comique y est égale à l'habileté de la mise en œuvre : tout y est naturel et vrai; mais tout y est prévu avec intention, et, comme on dit aujourd'hui : *voulu*. » Il est difficile de reconnaître plus nettement, quoique de façon indirecte, l'irréflexion et l'inexpérience propres au moyen âge, comme aussi l'indispensable nécessité de procédés différents pour faire œuvre littéraire. *Patelin* condamne tout le reste de la littérature comique du moyen âge, car, s'il est excellent, c'est uniquement parce qu'il en est le contraire.

Peu importe que l'œuvre littéraire s'adresse au peuple ou aux lettrés; elle doit valoir par elle-même, et sa valeur littéraire ne dépend pas de la culture intellectuelle de ceux qui s'y plaisent. L'*Iliade* et l'*Odyssée*, œuvres puissantes et gracieuses, s'adressaient au peuple et elles le charmaient, parce que ce peuple était capable de les goûter; de même les chansons de gestes, les moralités, les soties et les farces, œuvres grossières et de médiocre valeur, plaisaient au public du moyen âge, peuple ou seigneurs, parce qu'il était grossier comme elles. Le style, est-on forcé de le redire? c'est le degré d'énergie et de clarté, de couleur et de justesse, auquel le génie ou le talent peuvent élever nos pensées, indifférentes en elles-mêmes et qui, sans lui, seraient comme si elles n'existaient pas; l'arrangement, c'est l'ordre et la lumière mis dans le résultat confus de notre activité morale, dans l'expression de nos sentiments et de nos passions, semblables comme essence, partant indifférentes, chez tous les hommes, jusqu'à ce que l'originalité d'une nature ou d'un talent, chez celui qui agit ou chez celui qui raconte, leur ait valu l'intérêt. Et c'est justement parce que le moyen âge n'a pas eu le don du style et celui de l'arrangement, qu'il a fait si rarement œuvre littéraire ; c'est lorsque, par hasard, il les a montrés qu'il a laissé quelques vers, quelques phrases dignes de durer et de faire que, somme toute, il a une littérature et une existence littéraire. La distinction des genres, c'est la notion que la littérature prend d'elle-même, de ses moyens et de son but, par l'expérience et la réflexion; c'est la forme littéraire de l'ordre et de la méthode, sans lesquels il n'y a pas plus de littérature qu'il n'y a de science. Et cette conception n'est ni fausse ni factice ; résultat de l'activité de l'esprit, elle est d'autant plus rigoureuse que cette activité est plus puissante et plus heureuse dans ses résultats ; elle atteste, en se produisant, que l'esprit prend notion de lui-même et que la virilité succède à l'enfance.

Si le xvi° siècle a pu nous rendre le style, l'arrangement et la distinction des genres, c'est que l'esprit français s'émancipait enfin, à la notion retrouvée de l'antiquité, et se fécondait à son contact. Ne regrettons pas, au point de vue du théâtre, l'effort séculaire de la Renaissance pour trouver une forme nouvelle, durable et féconde, puisque cette forme elle l'a trouvée et que, ici comme en tout, ce n'est pas la durée de l'effort qui importe, mais le résultat. Sans doute, la littérature nouvelle n'est pas sortie seule de notre sol ; il a fallu que ce sol fût fécondé par des germes étrangers ; mais l'essentiel était que cette littérature naquît, qu'elle fût riche en œuvres et que ces œuvres fussent belles. Triste originalité que celle qui consiste à demeurer stérile, à ne rien réaliser de complet et de durable, à ne présenter que le contraire de la beauté et de la force. Si, à l'action de l'antiquité pour faire naître une littérature dans notre pays, s'est jointe celle de l'Italie et de l'Espagne, c'est que ces deux pays nous avaient précédés dans le renouveau littéraire et qu'il fallait nous mettre à leur école pour apprendre ce qu'ils savaient avant nous, les égaler d'abord, les dépasser ensuite. Car tel a été le résultat : nous avons fini par ajouter aux œuvres antiques, modèles des nôtres, des œuvres qui les valaient ; élèves des Italiens et des Espagnols, nous sommes bientôt devenus leurs maîtres et ceux de l'Europe. Enfin, la littérature sortie de cette triple imitation est pleinement originale ; elle réalise une conception de la beauté littéraire qui n'existait pas avant elle ; si elle était supprimée, l'esprit humain perdrait quelques-uns de ses plus nobles titres. Et l'on veut que son avènement laisse place à des regrets; on lui oppose le bavardage enfantin ou sénile du moyen âge; on demande pour celui-ci tantôt la préférence et tantôt l'egalité, tout au moins beaucoup de place et d'attention. Il y a là une erreur et qui ne saurait durer.

IV

Voyons, du reste, ce que le moyen âge avait trouvé comme formes comiques et si la littérature classique en a retenu quelque chose.

Ces formes se ramènent à trois principales : la moralité, la farce et la sotie. La moralité est, comme son nom l'indique, une pièce à intention morale ou didactique, qui met en scène des abstractions personnifiées, représentant des vices, des vertus, des caractères et des conditions sociales. La farce ne se propose que d'exciter le rire par une satire joyeuse, encadrée dans une anecdote dialoguée, une actualité, un fait scandaleux. La sotie est une farce jouée par une confrérie de sots, c'est-à-dire de bouffons organisés en société et s'amusant à traduire l'idée de la sottise universelle, avec une hiérarchie, des emplois et des costumes traditionnels. A ces trois genres principaux se rattachent d'assez nombreuses variétés, dont les principales sont le sermon joyeux, parodie des prédications d'Église, et le monologue, genre très ancien et très fécond, qui a reparu dans ces dernières années et dont chacun de MM. Coquelin s'est cru le père, avant de l'adopter en commun[1]. Ces formes sont, à la fois, fixes et flot-

---

1. « J'aurais d'autant plus de peine, si le monologue menaçait de mourir, à lui dire le dernier adieu, que je le considère un peu

tantes, indécises et très déterminées; elles empiètent les unes sur les autres et se confondent souvent au point de rendre malaisée la classification de telle ou telle pièce; mais, en somme, il n'est pas une pièce comique au moyen âge qui ne rentre dans une de ces trois catégories ou dans les trois à la fois. C'est donc à cela que s'est bornée l'invention comique du temps; que vaut, en elle-même, chacune de ces formes?

Sortie du *Roman de la Rose*, né lui-même de l'esprit scolastique, la moralité a tous les caractères de monotonie, de froideur et de sécheresse propres à cet esprit. Les passions et les caractères qu'elle se propose de peindre, elle ne sait pas les incarner dans des personnages vivants, à la fois typiques et individuels; elle se contente de produire sur la scène des entités, toujours désignées par un nom commun, jamais par un nom propre, figures métaphysiques et abstraites, qui parlent beaucoup, agissent peu et dialoguent sur des abstractions. D'intérêt personnel, ce genre de pièces ne saurait en avoir; quant à l'intérêt général, la psychologie du moyen âge est si élémentaire, si timide, si étroitement attachée aux mots, faute d'indépendance et de pénétration pour aller jusqu'aux choses, que l'ensemble des moralités ne nous apprend rien sur la nature et le fonctionnement de notre activité. Il se peut que le souvenir d'Aristophane et de la vie intense qu'il savait donner aux êtres abstraits nous rende exigeants pour ces moralités, mais

---

comme mon fils. » Coquelin aîné, *la Défense du monologue*, dans le *Figaro* du 17 novembre 1883. — M. Coquelin cadet, plus modeste, partagerait volontiers sa gloire avec un autre : « Il faut avouer vraiment que le monologue entre de plus en plus dans nos mœurs. Je parle du monologue dont M. Charles Cros est la mère, et moi, si j'ose m'exprimer ainsi, la sage-femme ». *Le Monologue moderne*, 1881. — Enfin, nous devons à la collaboration de MM. Coquelin, aîné et cadet, *l'Art de dire le monologue*, 1884.

juger c'est comparer, et une œuvre littéraire n'a de valeur que lorsqu'elle supporte les comparaisons. Qui en connaît une les connaît toutes, et le procédé est toujours le même ; c'est la même façon d'imaginer, de nommer et de faire parler des personnages de même nature. Quant à l'action et à la progression de l'intérêt, à la marche régulière vers un dénouement prévu, il n'y en a trace ou peu s'en faut : chaque pièce se compose d'une série de dissertations, plus ou moins longues et plates, qui commencent et s'arrêtent, sans autre raison que l'auteur l'a voulu ainsi et que le temps normal d'une représentation était écoulé. Pas de sujet, à proprement parler, c'est-à-dire une action ayant un commencement, un milieu et une fin, mais un prétexte à dissertations ; pas d'intrigue, c'est-à-dire une complication d'aventures, déroulée suivant une certaine logique, mais des allées et venues sans lien nécessaire ; pas de dénouement, c'est-à-dire de conclusion acceptable, mais un arrêt quelconque de la pièce.

M. Petit de Julleville estime pourtant que ce genre est devenu « la grande comédie de mœurs, la comédie classique par excellence, où le poète s'efforce d'incarner, dans un personnage unique, un type entier, un caractère universel ». Il y aurait ici lieu de distinguer, car la comédie de mœurs et la comédie de caractère ne sont pas, il s'en faut, une seule et même chose ; mais il suffit, pour le moment, de signaler cette confusion. M. Petit de Julleville essaye donc de justifier son avis par la comparaison suivante : « Prenez le *Misanthrope*, et supposez qu'Alceste, au lieu de porter un nom d'homme, s'appelle *Misanthropie* ; que Célimène s'y nomme *Coquetterie* ; Philinte, *Optimisme* ; Arsinoé, *Prudence* ; les deux marquis, *Sottise* et *Fatuité* : le *Misanthrope* serait-il autre chose qu'une pure *mora-*

lité? » Il y a un inconvénient à cette hypothèse : c'est qu'aucun des personnages du *Misanthrope* ne peut se changer en abstraction sans devenir inintelligible et cesser d'exister : chacun d'eux, en effet, n'est pas le misanthrope idéal, la coquette abstraite, etc., mais un être déterminé, dont la nature se compose de plusieurs éléments particuliers, entre lesquels il en est un de dominant, mais qui ne supprime pas les autres et qui reçoit à son tour leur action. Par suite, si Alceste n'est pas un homme mûr, non seulement misanthrope, mais ardent, amoureux, fier, brusque et maladroit, si Célimène n'est pas une jeune femme, non seulement coquette, mais rusée, spirituelle, égoïste et fausse, etc., le *Misanthrope* disparaît tout entier ; il restera peut-être dans le sujet matière à moralité, mais l'essence même et la raison d'être d'un chef-d'œuvre se seront évanouies. Toute comédie, par ce procédé, peut devenir une moralité, à la condition de supprimer d'abord ce qui la constitue ; mais, restant ce qu'elle est et par le simple changement de noms que propose M. Petit de Julleville, elle refuse absolument de devenir une moralité. En effet, aucun des éléments de la comédie ne peut prendre place dans la moralité, et réciproquement. Outre un sujet, une action, une intrigue, un dénouement, la comédie exige des personnages particuliers, une époque déterminée, des conditions sociales : introduisez ces éléments dans une moralité, et la moralité disparaît. De même, la moralité, avec ses abstractions et ses entités, n'admet ni action, ni intrigue, car des personnages sans existence personnelle ne sauraient agir en vue d'un but déterminé ; ils ne sauraient être jetés dans une complication d'aventures, car ils manquent d'activité propre ; ils n'ont ni âge, ni sexe, ni humeur, ni fortune, ni d'autre condition que celle de leur titre et de leur costume : introduisez ces éléments dans une comédie et la comédie disparaît.

« La farce, continue M. Petit de Julleville, est devenue la petite comédie en un acte, preste, vive, amusante; cadre restreint, mais commode, où Molière a peint ses *Précieuses* et sa *Comtesse d'Escarbagnas*. » Au premier abord, ceci paraît plus acceptable. Je ne crois pas cependant qu'à y regarder de près l'assimilation subsiste. La farce du moyen âge, fort pauvre de fonds, avec cinq ou six sujets auxquels elle revient toujours, est une petite pièce rapide et libre, comme aussi la farce du xvii° siècle, mais là s'arrête la ressemblance entre les deux genres. Il manque, en effet, dans la première, ce qui est la loi générale du théâtre classique, c'est-à-dire une intrigue et une action marchant vers un dénouement. Les farces sont de simples anecdotes, des faits de la vie courante, des aventures plaisantes, des scènes de ménage ou de carrefour traduits sur le théâtre par le dialogue; les comédies classiques en un acte sont des sujets dramatiques, c'est-à-dire une combinaison d'événements imaginés et présentés dans des conditions particulières d'invention, de personnages, de développement et de terminaison. Si le nom de la farce s'est conservé pour ce genre de comédie, c'est que, au temps de Molière, on jouait encore des farces à l'hôtel de Bourgogne et que le public, trouvant dans les comédies nouvelles la même gaieté et la même liberté que dans ces farces, appelait d'un même nom les deux genres, celui qui achevait de mourir et celui qui venait de naître. Mais, aujourd'hui que nous n'avons plus les mêmes raisons de nous abuser, comparons *les Précieuses ridicules* ou *la Comtesse d'Escarbagnas* à la meilleure des farces du moyen âge, *Maître Patelin*, ou à l'une des plus amusantes, *le Cuvier* : combien peu d'analogies! Il n'y en a guère qu'une : c'est que ces quatre pièces sont courtes et gaies. Pour le reste, tout est changé. L'action de *Patelin* raconte, en vers, comment un avocat dupa un drapier et fut dupé à son tour par un berger; celle du *Cuvier*, en vers également, comment le mari d'une méchante femme en vint à bout; Molière raconte, en prose, l'aventure de deux « pecques » abusées par le jargon à la mode et d'une dame de province qui singe le bel air. Ainsi le champ de l'observation s'est agrandi et déplacé : là une simple anecdote, ici une peinture de mœurs. Dans les deux farces, pas d'autre intérêt que celui du dialogue; dans les deux comédies, le triple intérêt du sujet, des caractères et du dénouement. Et si l'on était d'avis que, dans *Patelin* tout au moins, cet intérêt se trouve, il serait juste de répondre que, si *les Précieuses ridicules* et *la Comtesse d'Escarbagnas* sont des comédies et non des farces, l'excellence de *Patelin* s'explique parce que c'est moins une farce qu'une comédie, dont l'auteur, devançant son époque, a trouvé par un coup de génie un cadre que ne lui fournissaient pas ses contemporains.

Il n'y a pas lieu d'insister sur la sotie, qui, par son cadre permanent, ses personnages immuables, avec leurs costumes, leurs noms et leur genre de plaisanterie, comme aussi et surtout par son inspiration uniforme de satire politique et sociale, a complètement disparu avec les confréries de sots et la liberté relative dont jouissait le moyen âge. Pourtant, je me demande si, dans la voie de comparaison où s'engageait M. Petit de Julleville, il n'aurait pas dû avancer, pour l'honneur de son sujet, que la sotie, perdant son inspiration, mais retrouvant un cadre du même genre, avait reparu avec la comédie italienne, où les sujets, les personnages et les costumes sont toujours les mêmes. Cette opinion n'eût guère été plus hasardée que le rattachement de la moralité à la grande comédie de caractère. En revanche, je ne fais aucune difficulté de reconnaître que le monologue, lui, a reparu, semblable à lui-même, après plusieurs siècles; mais il se doutait si peu de son origine qu'il l'a ignorée, et pas plus aujourd'hui qu'autrefois il n'appartient à la littérature dramatique : avec son uniformité, sa platitude, souvent sa niaiserie, — où l'admiration du comédien pour lui-même et pour lui seul se donne librement carrière, en lui procurant la scène entière et en diminuant le plus possible la part de l'auteur pour augmenter dans la même proportion celle de l'interprète, — il ramène aux jours de son enfance le théâtre vieillissant.

Serait-ce, enfin, le genre de style propre à la comédie du moyen âge qui aurait fourni assez d'éléments à la comédie classique pour établir entre les deux époques cette filiation que nous n'avons trouvée jusqu'ici ni dans l'esprit, ni dans le genre d'observation, ni dans les formes?

On peut d'abord se demander s'il y a vraiment un style dans la comédie du moyen âge. Pour qui accepte la définition de Buffon, d'après laquelle « le style n'est que l'ordre et le mouvement qu'on met dans ses pensées », la réponse n'est pas douteuse. Dans la façon d'écrire de nos vieux auteurs comiques, aucune préparation dans les développements, aucun rapport dans l'importance relative des parties, l'idée essentielle noyée dans les détails. Comme dans les récits d'enfants, pleins à la fois de redondances et de lacunes, il semble qu'aucun auteur du moyen âge n'ait vu clair dans sa pensée et dominé son sujet, qu'il n'ait jamais arrêté d'avance les bornes de sa composition et distribué d'après un plan réfléchi ce qu'il se proposait de dire. Comme conséquence, une longueur et une diffusion fastidieuses ; si les farces sont généralement courtes, à la fois étriquées et lâches dans leur développement, en revanche moralités et soties se déroulent à travers des milliers et des milliers de vers. Il faut aujourd'hui pour les lire une grâce d'état, une patience d'érudit, qui veut, sans aucune considération d'agrément littéraire, défricher laborieusement son champ, pour aride et stérile qu'il puisse être, se constituer maître et propriétaire de son sujet, et fonder justement cette maîtrise, comme sa tendresse pour son objet, sur la peine qu'elle lui aura coûtée. Dans les allégories surtout, lorsque ce n'est pas un flux intarissable de mots sans relief, c'est un galimatias inintelligible.

Défaut d'autant plus pénible que tout cela est écrit en vers, c'est-à-dire le genre d'écrire auquel l'art classique nous a justement habitués à demander le plus de précision, de plénitude et de relief. Ce mètre éternel de huit syllabes, en son allure sautillante et sa courte haleine, ou bien ne rend que par petites touches maigres une poésie courte comme lui, ou se trouve trop étroit pour contenir un enchaînement suivi de propositions. Au demeurant, ce qui manque le plus dans ces vers, c'est la poésie, c'est-à-dire une grâce ou une force supérieures à celles de la prose, une fantaisie plus libre, une raison plus élevée, un choix de mots plus expressifs. Jamais on n'écrivit autant de vers qu'au moyen âge, et jamais il n'y eut moins de poètes. Un des seuls en faveur de qui l'on pourrait faire une exception, c'est Pierre Gringore. La plupart de ces rimeurs mettent dans leurs compositions l'élégance, la richesse et la précision que nous montrent encore aujourd'hui les auteurs de complaintes. Ces défauts enfin sont d'autant plus pénibles qu'ils s'étalent dans des pièces de théâtre, où, par cela seul que l'auteur nous rassemble pour satisfaire notre intérêt, il nous rend plus exigeants et plus rebelles à l'ennui. Dans le style dramatique, la concentration du sens et le relief de la forme sont des nécessités du genre, et c'est parce qu'ils ne se trouvent pas dans le style du moyen âge que la vertu dramatique lui a manqué.

Les historiens du théâtre français au moyen âge savent tout cela et, pour peu qu'ils se piquent de littérature, ils sont les premiers à le reconnaître. Cependant ils plaident les circonstances atténuantes, et, à force de les plaider, ils arrivent à des conclusions inacceptables. Ils veulent nous faire passer sur cette incapacité de composition, cette platitude, cette impropriété, ce manque de précision et de relief pour nous amener à reconnaître que, malgré tout cela, ces pauvres écrivains sont des auteurs à lire, ces rimeurs sans rimes des poètes et ces pauvres faiseurs de dialogues des auteurs dramatiques. C'est vraiment trop demander. Quant à voir en eux les devanciers et les inspirateurs des vrais poètes du siècle suivant, il n'est pas nécessaire de reprendre une fois de plus le parallèle si souvent institué jusqu'ici ; il serait oiseux, après ce qui précède, de recommencer la démonstration.

V

Platitude, insignifiance, stérilité, tels sont les mots qui, par la nature des choses et la force du sujet, viennent à chaque instant sous la plume, lorsque l'on s'occupe de la comédie du moyen âge. Malgré la complaisance d'usage pour leur objet, les historiens de cette littérature ne peuvent faire autrement que de les employer eux-mêmes; à plus forte raison les simples critiques, dégagés de cette complaisance et à qui l'on ne saurait demander autre chose que des impressions sincères. Et pourtant ces historiens expriment à chaque page le regret que cette comédie n'ait pas survécu ; ils insistent sur ce point qu'elle était originale et nationale, tandis que la comédie du XVIIe et du XVIIIe siècle fut imitée et d'origine étrangère ; ils s'efforcent de trouver une filiation entre les deux périodes et de relever dans la plus récente quelques imitations de détail.

Il y a là une contradiction singulière et inacceptable. Si la comédie du moyen âge est morte, c'est qu'elle méritait de mourir, car elle n'avait rien de ce qui constitue la vie, et, stérile, comment aurait-elle pu laisser une postérité? Qu'elle ait été originale et nationale, il importe vraiment assez peu et cela ne saurait changer grand'chose au jugement d'un lecteur impartial. En littérature comme en toutes choses, les origines et les points de départ n'ont, en eux-mêmes et pour eux-mêmes, qu'un intérêt médiocre ; ce qui importe, c'est la carrière suivie et les résultats. Que la vraie comédie française, celle qui nous intéresse et qui nous donne une leçon continuelle d'observation et d'expérience, source toujours jaillissante d'esprit comique et de gaieté, soit italienne et latine d'origine, qu'elle ait commencé par l'imitation et lui ait toujours donné une grande place dans le choix de ses sujets et de ses moyens, en quoi cela peut-il augmenter ou diminuer sa valeur propre? Comme aussi d'être française et née sur notre sol, cela peut-il donner à la comédie du moyen âge l'invention, la fécondité, l'intérêt et le style qui lui manquent?

A vrai dire, cette façon de juger ne constitue pas une

exception; nous la connaissons trop pour nous en étonner. Elle est de règle chez les historiens de la littérature et de l'art au moyen âge; elle a été reprise et formulée par presque tous. Ne pouvant nous faire trouver beau ce qui est laid, riche ce qui est pauvre et attachant ce qui n'excite que l'ennui, ils s'efforcent d'intéresser notre patriotisme à la question et de nous placer dans cette alternative, de forcer notre admiration ou d'être de mauvais Français. Ainsi à Rome, au temps d'Horace, les partisans de l'ancienne littérature latine condamnaient, au nom du patriotisme, ceux qui demandaient aux Grecs des leçons de composition et de goût. C'est là, vraiment, un procédé inacceptable de critique littéraire ou artistique. Nous y résistons, lorsque Viollet-le-Duc plaide avec tant de science et de volonté pour l'architecture française, improprement appelée gothique, contre l'architecture d'origine italienne[1]; lorsque M. Gaston Paris, avec une méthode si sûre et une dialectique si vigoureuse, veut nous montrer dans les chansons de gestes une suite d'épopées aussi attachante que l'*Iliade* et l'*Odyssée*; lorsque M. Léon Gautier expose la même thèse avec un enthousiasme chaleureux; lorsque enfin M. Petit de Julleville consacre tant de travail et de conscience à nous exposer les deux formes de la littérature dramatique en ce temps-là et s'efforce d'établir que l'une des deux au moins n'est pas complètement morte. Ils déplorent tous que la civilisation française ait dévié au xv⁰ siècle et ils estiment que, sans l'influence de

1. Je n'assimile pas l'art français du moyen âge, qui a laissé des œuvres admirables, quoique fort mêlées, à la littérature du même temps, beaucoup moins heureuse dans ses résultats; je me contente de réclamer contre une théorie artistique qui prétend imposer l'admiration exclusive et complète de son objet, alors que le laid et le déplaisant y abondent, et surtout qui fait à la Renaissance le plus injuste procès.

l'antiquité retrouvée et de l'Italie, notre littérature et notre art auraient eu un développement aussi riche et plus original, aussi fécond en belles œuvres et plus flatteur pour notre patriotisme. Jusqu'ici, ils n'ont pas réussi à nous convaincre; mais, que le fait soit regrettable ou heureux, c'est un fait et ils sont obligés eux-mêmes de le reconnaître : une littérature et un art nouveau ont commencé avec le xvi° siècle. Quant au patriotisme, exige-t-il que l'on renonce à la justesse d'esprit et est-il inconciliable avec la critique littéraire? Consiste-t-il à se préférer et à se complaire dans les infirmités de sa race et de son pays ou à reconnaître ce que cette race et ce pays ont dû à l'éducation et à la culture venues de l'étranger? Pour la France, le patriotisme consiste surtout, je crois, à l'admirer dans le riche développement artistique et littéraire qui commence avec le xvi° siècle et se continue encore; le dédain de cette période et le regret de celle qui l'a précédée méconnaissent l'histoire de notre pays; ils diminuent ses plus beaux titres. Le moyen âge a, du reste, assez de grandeur et de beauté dans le domaine de l'action, et nous y trouvons assez à admirer, sans effort ni contrainte, pour qu'il soit nécessaire d'exagérer par surcroît sa valeur littéraire et d'intéresser notre amour de la France à diminuer ce qu'elle eut dans des temps voisins de nous pour lui attribuer ce qu'elle n'eut pas dans des temps plus reculés[1].

Age classique du théâtre, le xvii° siècle ignora tranquillement et complètement le drame et la comédie du moyen âge, et c'est parce qu'il les ignorait qu'il ne leur emprunta rien. Ses modèles furent, avec le théâtre

1. Sur la grandeur du moyen âge dans l'action, voy. une belle et forte page de M. F. Brunetière, *l'Érudition contemporaine et la littérature française au moyen âge*, III.

grec et latin, le théâtre italien et espagnol ; ils lui donnèrent les formes qui lui manquaient et il perfectionna si bien ces formes, qu'il les fit siennes. Au moyen âge il n'emprunta que son esprit de satire et de raillerie, ou plutôt cet esprit était celui de la nation française, qui, toujours semblable à lui-même, devait durer et se retrouver. Cet esprit balbutiait des puérilités durant son enfance; il parla net et ferme, lorsqu'il eut grandi et atteint la maturité. Là se bornent les analogies que l'on croit saisir entre les deux époques. Dans tout le reste, il n'y a que rencontre, il n'y a pas imitation volontaire, et lorsque, dans George Dandin, on est tenté de voir un souvenir de Georges Le Vau, dans la Beline du *Malade imaginaire* une reprise de la Cornette, dans Thomas Diafoirus une imitation de maître Mimin, c'est aller trop loin : les mêmes ridicules, les mêmes vices, les mêmes travers se sont retrouvés, à plusieurs siècles de distance, comme inhérents à la nature humaine et constituant toujours le domaine de l'auteur comique; le dernier venu, les rencontrant sur son chemin, se les est appropriés; mais, jusqu'à preuve du contraire, il est permis de croire que, s'il a suivi, en les traitant, l'exemple de ses lointains devanciers, ç'a été à son insu. Il y a eu, dans d'autres genres que le théâtre, des écrivains du XVIe et du XVIIe siècle qui, par une reprise plus ou moins volontaire et consciente des mêmes sujets, mais, en somme, reconnaissable, s'inspiraient du même esprit que le moyen âge : ainsi Marot et La Fontaine ; mais on ne saurait souhaiter exemple plus probant pour montrer par leur comparaison tout ce que cet esprit avait à faire pour s'élever à la dignité littéraire. Ce qui a passé du moyen âge dans la littérature du XVIIe siècle, chez La Fontaine lui-même, semble bien n'y être venu, déjà transformé, qu'à travers tout le travail de la

Renaissance sur les mêmes sujets, en France et en Italie.

Reste la langue. Ici enfin nous pouvons accorder au moyen âge sa part, et cette part est assez large pour lui constituer un titre considérable dans les origines et l'histoire de notre comédie. Pendant des siècles, l'observation comique, impuissante à peindre des caractères et à créer des sujets, réussit du moins à trouver des mots justes et des façons de dire expressives, tout un langage énergique, vivant, coloré, qui alla toujours en se perfectionnant, — surtout en s'épurant des obscénités qui y tenaient une si large et si répugnante place, — jusqu'à ce qu'il fût recueilli par les comiques du XVIIe siècle; nouveau par l'emploi qui en était fait et les idées qu'il revêtait, mais semblable à lui-même comme vocabulaire et comme syntaxe, persistant dans ses caractères généraux, assez riche et assez fort pour suffire à de grandes œuvres. La langue de Molière est vraiment la même que celle des anciennes farces, précisée, épurée surtout, mais formée des mêmes mots et des mêmes tours; entre la façon dont s'expriment les personnages de *Patelin* et ceux du *Bourgeois gentilhomme*, il n'y a que des différences de degré et de tour, mais le fond est le même. A ce titre, s'il n'était d'ailleurs très intéressant pour l'histoire littéraire — qui n'est pas, bien s'en faut, une seule et même chose que l'histoire de la littérature, — le théâtre comique du moyen âge mériterait pleinement l'étude attentive dont il est l'objet; il importerait même de pousser plus avant dans cette voie et de renoncer à une vaine exaltation littéraire — tout en se défendant avec quelque dédain d'y voir de la littérature, — pour s'attacher surtout à marquer la manière dont s'est formé l'admirable instrument d'expression dont se servirent plus tard Corneille, Molière,

Regnard, et qui, s'adaptant aux modifications de la langue et des mœurs, n'en est pas moins celui dont se servent encore nos auteurs dramatiques contemporains. En attendant, M. Petit de Julleville nous présente pour la première fois le développement complet de cette littérature comique, avec une précision et un détail où les spécialistes n'ont qu'à louer, et son livre fournit à ceux-là mêmes qui répugnent le plus à ses conclusions les meilleurs arguments dont ils ont besoin pour les combattre. Ainsi ses contradicteurs sont eux-mêmes ses obligés.

Décembre 1891.

DE MOLIÈRE A MARIVAUX [1]

Mesdames, Messieurs,

En réunissant *les Femmes savantes* et *le Jeu de l'amour et du hasard* sur le programme d'une seule matinée, le directeur du théâtre de l'Odéon n'a pas seulement voulu composer un spectacle agréable. Il existe entre ces deux pièces un rapport étroit qui se manifeste par des analogies et des antithèses frappantes. Composées par deux auteurs aussi différents que possible, elles réalisent deux conceptions opposées de l'art dramatique, et cependant elles résultent d'un même courant littéraire, elles peignent en partie les mêmes originaux. Le rapprochement devait donc augmenter l'intérêt propre à chacune d'elles.

Je voudrais rechercher les causes du double et contradictoire rapport que je signale. Si je parviens à les préciser, j'espère que les deux pièces s'éclaireront pour vous d'une nouvelle lumière, ce qui est le but de nos conférences. Vous reconnaîtrez dans ces œuvres, d'une valeur très inégale, deux aspects également intéressants

---

1. Conférence faite au théâtre de l'Odéon, le jeudi 17 novembre 1887, dans une matinée classique, avant la représentation des *Femmes savantes* et du *Jeu de l'amour et du hasard*.

de l'esprit français; vous y verrez quels moyens emploient le génie de Molière et le talent de Marivaux pour donner la forme dramatique aux mêmes objets.

I

Molière est un génie gaulois, Marivaux est un talent précieux ; *les Femmes savantes* sont une satire de l'esprit précieux, *le Jeu de l'amour et du hasard* en est l'image flattée. De là les différences et les ressemblances que vont vous offrir les deux pièces et les deux auteurs.

Pour établir ma démonstration, veuillez me permettre un peu — très peu — de théorie et d'histoire.

Vous connaissez ces bustes antiques du dieu Janus qui ont deux faces et une seule tête. L'esprit français peut leur être comparé : il est un, lui aussi ; mais il se compose de deux éléments, l'esprit gaulois et l'esprit précieux. L'esprit gaulois, c'est un esprit de naturel, de raillerie et d'indépendance, capable de dégénérer assez vite en indiscipline et en grossièreté. Molière est gaulois, mais le burlesque Scarron l'est aussi. L'esprit précieux, c'est un esprit de délicatesse et de politesse, dont les termes extrêmes sont le raffinement et l'affectation. Racine et Marivaux sont précieux, mais Quinault et Colin d'Harleville le sont aussi. On peut pencher vers le gaulois ou le précieux et écrire excellemment; ce qu'il faut éviter, c'est de tomber d'un côté ou de l'autre. Les grands écrivains sont même ceux qui parviennent, comme l'esprit français lui-même, à concilier ces deux tendances contraires. Molière est délicieusement précieux lorsqu'il fait converser des amants ; Marivaux est agréablement gaulois par la bouche de ses soubrettes et de ses valets. Malgré tout, chacun d'eux, obéissant à la direction de sa nature, marque sa préférence pour ce qu'il est lui-même et son antipathie pour ce qu'il n'est pas [1].

Le développement de notre littérature n'est autre chose que la succession alternée de l'influence gauloise et de l'influence précieuse. Au moment où Molière arrivait à Paris, la société française subissait depuis longtemps une forte poussée d'esprit précieux. Par réaction contre la brutalité de mœurs venue des guerres civiles, on s'était mis à priser très haut la distinction et la politesse; on s'efforçait de les réaliser en tout. Une femme d'esprit cultivé et de goûts délicats, la marquise de Rambouillet, avait grandement favorisé cette tendance. On causait beaucoup chez elle, on y faisait du sentiment, on y discutait les questions littéraires, on s'efforçait d'y polir le langage, et, comme il arrive toujours dans ces réunions, dont le désir de plaire est le lien, les femmes, entourées d'hommages, y donnaient le ton et y faisaient la loi.

L'hôtel de Rambouillet exerça longtemps une influence salutaire sur les mœurs, la littérature et la langue. Songez que tous les éléments supérieurs de la société française s'y trouvaient rapprochés pour leur bien mutuel. Grands seigneurs, grands écrivains, grandes dames y échangeaient leur expérience de la vie et leur connaissance du cœur humain. Il fallait que tout le monde y fût instruit, qu'on y sût penser et parler, aimer surtout, c'est-à-dire plaire aux dames. Et la pensée devait être noble, la parole élégante, l'amour épuré.

1. Indiquée par Sainte-Beuve, cette théorie a été précisée avec toute la netteté désirable par M. F. Brunetière, dans une étude sur *la Société précieuse au* XVIIe *siècle* (*Nouvelles Études critiques sur l'histoire de la littérature française*, 1882).

Nous voilà donc en pleine distinction ; nous y sommes si bien qu'un pas de plus va nous jeter dans l'affecté. Ce pas, l'hôtel de Rambouillet le franchit. La marquise et ses amies étaient instruites sans pédantisme, elles aimaient la littérature sans écrire elles-mêmes, elles causaient avec liberté, elles faisaient du sentiment avec naturel. Les femmes formées à leur image furent savantes et pédantes, elles dissertèrent, elles noircirent du papier, elles chassèrent le naturel de la galanterie : beaucoup d'entre elles nous apparaissent à distance comme des prudes orgueilleuses et d'insupportables bas-bleus.

Si grand était le prestige du noble hôtel, que nombre de sociétés secondaires ne tardèrent pas à l'imiter, et il se produisit un phénomène inévitable, que vous voyez se renouveler chaque jour dans un autre ordre de faits. Les modes parisiennes sont charmantes ; traduites par la province et l'étranger, elles deviennent souvent bizarres. Tel chapeau, telle robe qui vous ont paru de petites merveilles de goût, vous les retrouvez à l'état d'exagération choquante pour peu que vous changiez de pays, de ville ou même de quartier. On eut donc, à Paris et en province, dans la haute noblesse et dans la petite bourgeoisie, une quantité de cercles où pédants et prudes firent de la littérature subtile et du sentiment alambiqué. Le naturel et la franchise en étaient bannis ; les choses les plus ordinaires, comme le mariage, la hiérarchie de la famille, les soins matériels de l'existence, y passaient pour humiliants ; on n'y estimait qu'une littérature pauvre d'idées et prétentieuse de forme ; on y parlait un langage intelligible aux seuls initiés.

Tel était le tableau que la société polie offrait à Molière, génie fait de franchise et de bon sens, ennemi-né de l'affectation et du pédantisme, enfin auteur comique désireux de trouver pour son début un bon sujet de pièce. Avec quel empressement il se saisit de celui-ci ! Sa première œuvre parisienne, ce fut *les Précieuses ridicules*; mais, pendant quatorze ans, il continuera cette guerre au précieux, par des allusions rapides ou des scènes entières, dans *l'École des femmes, la Critique de l'École des femmes, l'Impromptu de Versailles, le Misanthrope, la Comtesse d'Escarbagnas*. Ces exécutions partielles soulagent son antipathie sans la satisfaire, et, quelques mois avant sa mort, reprenant le sujet des *Précieuses ridicules*, il le développe en cinq actes pour en faire *les Femmes savantes*.

Nous n'aurons pas à chercher longtemps de quels éléments il a composé sa pièce : dès la première scène, il les expose au complet, et je vous prie d'écouter attentivement la conversation des deux sœurs, Armande et Henriette, qui vont paraître aussitôt le rideau levé, Armande surtout, à qui Henriette ne fait encore que donner la réplique.

Armande est affectée ; elle manque de naturel. C'est là ce qui distingue la précieuse aux yeux de Molière, et voici ses principales affectations.

D'abord celle du platonisme, c'est-à-dire de l'amour immatériel. Les précieuses veulent bien qu'on les adore, mais elles ne veulent pas se laisser épouser. Lorsqu'elles se résignent à donner leur main, comme elles la font attendre ! Une des plus qualifiées d'entre elles, Julie d'Angennes, la propre fille de la marquise de Rambouillet, imposait à son futur mari, M. de Montausier, un stage amoureux de treize ans.

A ce jeu coquet, on risque de décourager les plus fidèles : lorsque Armande se résigne à parler mariage, elle se fait répondre qu'il est trop tard. Elle est encore jeune et jolie, elle peut prendre sa revanche et je crois qu'elle la prendra. Mais qu'arriverait-il si elle laissait venir la maturité, puis la vieillesse, et, malgré tout, voulait encore être aimée ? Elle deviendrait tante Bélise, c'est-à-dire le comble du ridicule par l'absurdité de la prétention.

Cette affectation de platonisme vient en grande partie d'une affectation d'orgueil et, par suite, d'indépendance. La précieuse s'estime si haut qu'elle ne veut pas accepter de maître : le mariage est une subordination, et elle entend ne relever que d'elle-même. « Une idole d'époux », comme dit Armande, détourne le culte des galants : avec lui, plus d'hommages, plus de satisfactions de vanité.

Pas « de marmots d'enfants », bien entendu, puisqu'il n'y a pas d'époux. Les enfants absorbent le temps d'une femme. Or la précieuse veut se consacrer à « de plus hauts objets », à la philosophie, et par philosophie elle entend, comme les anciens Grecs, toute la connaissance humaine. C'est encore Armande qui vous le dira : elle veut approfondir,

> Ainsi que la physique,
> Grammaire, histoire, vers, morale et politique.

Pour un tel programme ce n'est pas trop que de l'existence entière.

Si la précieuse veut être savante, ce n'est pas pour l'agrément de l'étude ou pour les qualités qu'elle donne à l'esprit. Dans la science elle voit un moyen de s'élever au-dessus de son sexe, en se rapprochant de l'homme. Cela flatte son orgueil et favorise ses goûts d'émancipation.

Même affectation dans ses préférences littéraires. La littérature de tout le monde ne lui suffit pas ; il lui faut ses poètes, patronnés par elle, écrivant pour elle, d'autant plus chéris qu'ils ont un moindre public. Trissotin est le type du genre.

Enfin, vous remarquerez de quels termes choisis se sert Armande : elle parle comme un livre, ce qui est une mauvaise façon de parler. Il faut à la précieuse un langage correct, épuré, fleuri d'ingénieuses métaphores, car l'idée toute nue lui semble vulgaire. C'est fort bien de colorer agréablement la pensée ; mais, à poursuivre par système ce qui devrait être rencontre heureuse, on tombe vite dans le jargon.

Ainsi, affectation dans les sentiments, dans les goûts et dans le langage, tel est, selon Molière, le fonds de l'esprit précieux. Pour mieux le faire ressortir, il emploie le contraste, un contraste continuel. Dès la première scène, vous venez de le voir, il oppose à l'affectation d'Armande le parfait naturel d'Henriette, et tout le long de la pièce vous retrouverez cette opposition avec Philaminte et Chrysale, Bélise et Ariste, Clitandre et Trissotin.

De cette opposition permanente ressort la thèse que *les Femmes savantes* mettent en action.

II

Ce mot de thèse sonne assez mal à nos oreilles. Permettez-moi de le maintenir. Le théâtre, nous dit-on, ne doit pas livrer bataille pour ou contre des idées abstraites ; il ne peut avoir qu'un but : plaire ; et il ne l'atteint pas s'il essaye de prouver quelque chose : toute démonstration est ennuyeuse à la scène.

Cependant Molière a souvent présenté de véritables thèses. Qu'est-ce que *l'École des femmes* et *l'École des maris*, sinon une double thèse sur l'éducation de femmes ? Et *Tartuffe* ? Une thèse sur les dangers de la dévotion fausse ou vraie. Et *le Bourgeois gentilhomme* ? Une thèse sur la hiérarchie nécessaire des conditions sociales. Et *le Malade imaginaire* ? Une thèse contre la médecine. Pour *les Femmes savantes*, c'est, de toutes ses pièces, celle où le sujet de thèse s'affirme le plus nettement.

En agissant ainsi, je ne crois pas que Molière ait dépassé les limites de son art. Puisque le but de la comédie est de peindre les caractères et les mœurs, de quel droit interdire à l'auteur dramatique d'étudier comment mœurs et caractères sont modifiés par les lois, les institutions, les questions sociales, par tout ce qui suscite des vices ou des travers, partant des ridicules ? Ce serait restreindre singulièrement le domaine de l'art que de le borner à d'éternelles complications d'intrigue, à des jeux de passe-passe, à des évolutions de marionnettes sans tête ni cœur. L'esprit du spectateur est plein de certaines questions, il en est obsédé ; sa fortune, son repos, sa vie, son honneur y sont engagés, et l'auteur dramatique n'aurait pas le droit de lui proposer la traduction vivante de ce qui l'intéresse le plus au monde ? Il doit plaire, dites-vous. Sans doute ; mais, s'il plaît en obligeant à penser, pourquoi lui supprimer une part de la nature et de la vie, la plus riche, la plus changeante, la plus capable de nourrir son art ? Depuis Molière, nombre d'auteurs dramatiques n'ont tenu aucun compte de ces interdictions. Entre Beaumarchais et M. Alexandre Dumas ils ont maintenu leur droit de traiter à leur façon des sujets de discussion éternelle ou passagère, et ils l'ont fait assez agréablement [1].

---

1. Voy. à ce sujet *le Code civil et le Théâtre* par M. F. Brunetière, dans la *Revue des Deux Mondes* du 1er novembre 1887.

Il y a donc une thèse dans *les Femmes savantes*, aussi facile à définir qu'à constater.

Cette thèse est que l'instruction des femmes doit se borner à certains objets d'étude, ne pas les occuper tout entières et leur laisser le temps d'être épouses et mères.

De nos jours, elle a été vivement reprochée à Molière. Un poète lui demande avec anxiété « s'il est toujours content de ses *Femmes savantes*, s'il trouve qu'elles soient une bonne leçon, et si, lorsque son ombre vient errer dans nos théâtres, en entendant la foule battre des mains aux vers monstrueux de Chrysale, il n'est pas navré de son succès [1] ». D'abord, un auteur dramatique n'est jamais navré de son succès. Je crois, de plus, qu'à cette question Molière répondrait par le mot de Pascal mourant, à qui l'on demandait s'il ne regrettait pas d'avoir écrit les *Provinciales* : « Si j'avais à les refaire, je les ferais encore plus fortes ». N'y a-t-il donc plus de Philamintes? Leurs ridicules se sont-ils atténués? N'ont-elles plus leurs poètes, leurs philosophes et leurs romanciers? Demandez à l'auteur du *Monde où l'on s'ennuie*, cette très agréable réplique des *Femmes savantes*, habillées à la mode du temps présent.

Molière se garde bien, au surplus, de refuser l'instruction aux femmes. Il consent, avec Clitandre, qu'elles aient « des clartés de tout » ; mais il ne veut pas qu'elles soient « savantes afin d'être savantes ». Il ne leur défend pas la littérature et la poésie; mais il voudrait que leurs littérateurs et leurs poètes en titre ne s'appelassent pas M. Vadius et M. Trissotin. Il estime surtout que l'interminable étude du pays de Tendre, le

1. M. Auguste Vacquerie. — Le même écrivain développe en prose les mêmes reproches dans une étude sur *les Femmes savantes Profils et Grimaces*, 1864, XLIII).

goût des petits vers et celui des sciences abstraites ne doivent pas leur faire oublier leur véritable destinée, qui est

>D'attacher à soi par le titre d'époux
>Un homme qui vous aime et soit aimé de vous,
>Et, de cette union de tendresse suivie,
>Se faire les douceurs d'une innocente vie.

Le défenseur de cette théorie très sensée, c'est Henriette, ce type toujours vivant de la jeune fille française ; Henriette, qui n'a, je l'accorde, ni la sentimentalité de l'Allemande, ni la libre allure de l'Anglaise, ni la coquetterie de l'Espagnole, ni la passion de l'Italienne, mais que, pour ma part, j'aime d'autant mieux. Car, en revanche, elle a le naturel et la franchise ; elle a la grâce, elle a le charme. Avec Éliante, Elmire et Angélique, elle complète la galerie de portraits où Molière a groupé les traits permanents de nos femmes, de nos filles et de nos sœurs. Pour résumer mon opinion, en la précisant sous la forme pleine et concise du vers, je demande à un de mes confrères que vous entendrez à cette même place, M. Jules Lemaître, la permission de lui emprunter le sonnet que lui inspirait Henriette, sous le titre de *Galla*, « la Française ». Tous les traits de cette douce physionomie s'y trouvent groupés avec bonheur :

>Ta grâce apaiserait le juste aux rubans verts,
>Simple et bonne Henriette, ô ma chère Française !
>Sans louche pruderie et sans candeur niaise,
>Tu regardes Clitandre avec tes grands yeux clairs.
>
>Qu'à d'autres Trissotin porte ses petits vers !
>Ton brave esprit connaît les hommes et les pèse :
>Admirable bon sens, et qui nous ravit d'aise,
>Car ta gaîté persiste et rayonne au travers.

> Acceptant sans humeu la nature et la vie
> Comme elles sont, jamais tu n'eus la moindre envie
> Ni d'être un esprit pur, ni d'être un bel esprit.
>
> O très loyale amie et très sereine amante,
> Dont le cœur va tout droit et la sagesse rit,
> Le grand Molière en toi mit son âme charmante [1].

Une fois mariées, le premier devoir des femmes, celui qui doit venir avant les amusements spirituels, les lectures en petit comité et le cailletage, Molière le définit dans des vers tout parfumés de la plus intime et de la plus pénétrante poésie, celle du foyer domestique :

> Former aux bonnes mœurs l'esprit de ses enfants,
> Faire aller son ménage, avoir l'œil sur ses gens
> Et régler la dépense avec économie,
> Doit être son étude et sa philosophie.

Cette fois, c'est Chrysale qui parle. J'avoue qu'il exagère un peu en ne permettant aux femmes que le ménage « pour tout docte entretien » et, pour tous livres, « un dé, du fil et des aiguilles ». Mais il est si malheureux au milieu de ses pédantes, dans sa maison bouleversée par la littérature ! N'a-t-il pas le droit de forcer un peu la note sans être traité de « ventre fait homme » ? Au reste, ce n'est pas lui, le sage de la pièce ; il n'a raison qu'en partie. Celui qui a raison tout à fait, c'est Clitandre, dont je rapportais tout à l'heure les propres paroles.

Je ne discute pas autrement la thèse contenue dans *les Femmes savantes* : il me faudrait, pour être complet, cinq ou six conférences et je n'ai que trois quarts d'heure.

---

1. Jules Lemaître, *les Médaillons*, 1880.

En outre, je crois m'apercevoir que nous sommes là-dessus du même avis[1].

A ce reproche fait à Molière s'en ajoute un autre, que l'on formule avec beaucoup d'aigreur. On se plaint qu'il ait humilié la littérature, en la personne de Vadius et de Trissotin, devant l'élégante nullité de Clitandre, l'homme de cour. Et pourtant la littérature !... Vous devinez tout ce que peut fournir ce thème traité par des littérateurs[2]. Mais qu'était-ce donc que Molière lui-même, sinon un homme de lettres et un artiste? Pouvait-il entrer dans son esprit de rabaisser ce qu'il aimait par-dessus tout, puisqu'il y avait consacré sa vie? Seulement, il voyait que le métier littéraire, comme toutes les occupations humaines, engendre des ridicules ou même des vices dont les moindres ne sont pas la prétention dans l'impuissance, la jalousie dans la nullité, l'orgueil dans la futilité. De quel droit ces ridicules et ces vices échapperaient-ils à la satire? Molière a dit lui-même : « Si l'emploi de la comédie est de corriger les vices des hommes, je ne vois pas pour quelle raison il y en aura de privilégiés ». Les vrais dévots méconnaissent leurs intérêts lorsqu'ils s'indignent de *Tartuffe*; les littérateurs pousseraient beaucoup trop loin la solidarité professionnelle en défendant Trissotin : il est toujours maladroit de réclamer contre Molière.

Une satire littéraire et une thèse morale, voilà donc

---

1. Pour l'opinion contraire, on peut voir notamment Paul de Saint-Victor, *les Deux Masques*, III, 1884, chap. v, et M. Théodore de Banville, *Lettres chimériques*, 1885, XXXII. — Dans une introduction au traité sur l'*Éducation des filles* de Fénelon (1885), M. Oct. Gréard concilie avec beaucoup de sens les théories extrêmes sur la question.

2. Jules Janin, *Histoire de la littérature dramatique*, V, 1858, chap. IV; Théodore de Banville, *Lettres chimériques*, XL.

le fonds des *Femmes savantes*. Comment le poète a-t-il transformé ces éléments en pièce de théâtre ?

D'abord, par ce contraste perpétuel entre les divers personnages que je vous signalais tout à l'heure et qui se retrouve, naturellement, dans les sentiments et les situations. Le contraste est la source même du comique, et les diverses causes que le rire découvre à l'analyse se ramènent presque toutes à celle-là. De plus, Molière a imaginé un sujet intéressant par lui-même, c'est-à-dire une succession logique de faits positifs, lui permettant de traduire à l'esprit et aux yeux, sous une forme vivante, les théories abstraites qu'il voulait mettre aux prises, et de passionner ainsi le spectateur pour ces théories en même temps que pour ces faits. Avant lui déjà le théâtre comique obéissait à une nécessité qui est devenue de plus en plus rigoureuse : l'intrigue devait toujours aboutir à un mariage. Le véritable objet de la pièce était plus ou moins en dehors, à côté, au-dessus de cette intrigue ; mais il fallait que le dénouement montrât deux amoureux triomphant des résistances qui leur étaient opposées. Ici l'intrigue, le sujet, c'est le mariage de Clitandre avec Henriette, malgré la jalousie d'Armande, la rivalité de Trissotin et l'opposition de Philaminte, grâce au bon vouloir de Chrysale et à l'appui d'Ariste. Molière ne permettra pas que nous perdions jamais ce sujet de vue : toutes les situations sont amenées par les conflits de sentiments qu'il soulève. En même temps, tout est combiné de manière que la peinture de l'esprit précieux et la thèse sur l'éducation des femmes se mêlent étroitement à l'intrigue ; mais non sous forme de théories abstraites ou de tirades qui soient à elles-mêmes leur propre but : cela ne serait plus du théâtre et ferait bâiller le public ; or Molière est un auteur dramatique et qui n'ennuie jamais.

Voyez, dès lors, comment se mêlent la thèse et l'intrigue. Armande et Henriette ne discutent sur le mariage en général que parce qu'il s'agit entre elles d'un mariage bien déterminé. Clitandre ne caractérise l'état d'esprit de Philaminte que parce que cet état d'esprit est un obstacle à ses désirs. Sur la faiblesse de Chrysale, ses goûts prosaïques de bien-être, sa prédilection pour Henriette, le poëte n'insiste qu'en raison du conflit qu'ils amènent, en ce qui concerne l'établissement d'Armande et d'Henriette, avec le despotisme de Philaminte, sa sublimité chimérique et sa prédilection pour Armande. Trissotin n'est mis en scène, au milieu de ses caillettes gloussant de plaisir, que pour montrer la force d'un engouement qui va jusqu'à voir en lui un gendre et un beau-frère possibles ; il n'est en querelle avec Clitandre, en explications avec Henriette, que sur cette question du mariage ou à propos d'elle. Ainsi du reste, et je pourrais appliquer à toutes les scènes la même pierre de touche.

Par là d'abord Molière se montre habile auteur dramatique. Il sait bien que, lorsqu'on a annoncé quelque chose au théâtre, il faut tenir sa promesse et que tous les hors-d'œuvre du monde ne feraient pas oublier au spectateur le plat qu'il attend. Si, par surcroît, comme il l'a fait, on mêle au sujet des questions de grand intérêt, c'est tant mieux pour le spectateur, l'œuvre et le poëte ; mais rien ne vaut contre cette nécessité première de l'art dramatique, et c'est pourquoi il l'a si bien observée.

A ce propos, je m'étonne que l'on fasse d'ordinaire si bon marché de l'intrigue des *Femmes savantes*. Elle est conduite, dit-on, d'une façon trop unie et se dénoue par trop facilement. En vérité, c'est être bien dédaigneux. Les chefs-d'œuvre s'obtiennent souvent par des moyens très simples, et celui-ci est du nombre. Molière n'a pas laissé de pièce où l'action soit plus régulière, l'intérêt et le comique mieux gradués. Le dénouement, avec ses lettres supposées, qui n'exigeaient pas, je l'accorde, un grand effort d'invention, n'offre pas la négligence trop fréquente dans son théâtre. Il est vraisemblable, il provoque une excellente scène, il achève de mettre en lumière les caractères principaux. Que demander de plus, et en quoi des tours de force d'agencement scénique ajouteraient-ils à l'intérêt ou à l'agrément de la pièce ? Il faut du métier au théâtre, même dans les chefs-d'œuvre, mais pas trop, surtout dans les chefs-d'œuvre.

Molière se montre enfin grand auteur dramatique dans *les Femmes savantes* par deux autres qualités indispensables au théâtre, la logique et le mouvement, et par la beauté scénique de la forme.

Ne perdant jamais son but de vue, il y subordonne tout et saisit l'attention d'une prise si forte qu'il ne la laisse pas s'égarer un instant. Chaque scène est un tableau achevé, et dans chacune vous sentirez un rythme, une gradation, que l'on pourrait noter, ascendante et descendante, comme dans un morceau de musique, sans arrêts, sans fioritures, sans complaisance du poète pour lui-même. Ce rythme n'est pas moins sensible dans la succession des scènes que dans chaque scène prise à part.

Quant à la langue des *Femmes savantes*, c'est, à mon avis, la plus belle qui ait jamais été parlée sur le théâtre ; c'est assurément la plus parfaite que Molière ait jamais écrite. Celle de *Tartuffe* n'est pas plus vigoureuse, celle du *Misanthrope* plus pittoresque, celle d'*Amphitryon* plus élégante. Dans la dernière œuvre qu'il dût écrire en vers, le poète s'élevait parfois au-dessus de lui-même ; il donnait toujours un modèle achevé de langue dramatique par la netteté et l'éclat, la concision et l'ampleur, l'aisance et le naturel.

De tout cela résulte un chef-d'œuvre où tout se vaut, action, caractères, peintures de mœurs, forme et fond. Je viens de nommer *Tartuffe* et *le Misanthrope* : je ne dis pas que *les Femmes savantes* aient la même portée ; mais elles sont aussi parfaites, elles vivent d'une vie aussi intense. Tant qu'on discutera sur l'éducation des femmes, tant que l'esprit de coterie et de petite littérature engendrera des ridicules, tant qu'il y aura des prudes et des pédantes, tant que l'on sera sensible dans notre pays à la plus ferme raison traduite par le plus franc comique, *les Femmes savantes* retrouveront à la scène les applaudissements et le rire dont vous allez les saluer tout à l'heure.

III

Molière frappait juste et fort. Cependant il n'a pas tué le précieux, pas plus qu'il n'a tué l'hypocrisie, l'avarice, la vanité, la coquetterie, l'égoïsme, la peur de mourir. Antérieurs au poëte, ces travers et ces vices lui ont survécu, car ils ressortent éternellement de la nature humaine. La comédie ne saurait corriger les hommes, malgré sa fameuse devise : elle ne peut que les consoler de leur infirmité en leur permettant de la juger et d'en rire. Pour le précieux, il tient, comme je vous le disais en commençant, à l'essence de l'esprit français. Intimidé par le ridicule et concentré dans quelques coteries après avoir régné sur la littérature et les mœurs, il attendait son heure pour reparaître, grâce à une de ces réactions qui remplissent l'histoire littéraire ; la réaction, dans le cas présent, était une nécessité du génie national. Le siècle n'avait pas encore pris fin qu'un nouvel hôtel de Rambouillet s'ouvrait chez la marquise de Lambert.

Avec les modifications que le temps apporte à l'apparence de certaines choses sans entamer le fond, nous voyons reparaître ici tout ce que nous a déjà montré le salon de Mme de Rambouillet. C'est la même finesse de sentiment, la même élégance de parole; les femmes y sont l'objet du même culte, ont une aussi haute idée de ce qu'elles valent, affichent les mêmes prétentions. Ce qui achève de nous prouver que ces nobles dames sont les héritières authentiques de Philaminte et d'Armande, c'est leur antipathie pour Molière. Mme de Lambert n'a jamais attaqué personne dans ses écrits — car elle écrivait un peu, — sauf Molière[1]; et Marivaux, ami de la marquise, ne cachait pas assez qu'il estimait peu son grand devancier.

Aucune question ne préoccupe autant les femmes que l'amour, surtout les précieuses. Ami des précieuses de son temps et précieux lui-même, Marivaux ne pouvait faire autrement que de donner à l'amour une grande place dans son théâtre. Il n'y a pas manqué. Chez lui, l'intrigue amoureuse et le mariage final ne sont pas seulement des moyens de conduire et de conclure des pièces dont l'intérêt principal est ailleurs : le plus souvent ils en sont le véritable et seul but. Cette importance attachée à ce qui n'était guère avant lui qu'un moyen dramatique constitue la principale nouveauté de son théâtre. Imaginez qu'on ne s'aime pas dans les grandes comédies de Molière : elles perdront, j'en conviens, une part de leur agrément; mais le reste — étude

---

1. *Réflexions sur les femmes*, 1732.

de caractères et peinture de mœurs — subsistera sans diminution trop notable. Faites subir la même suppression au théâtre de Marivaux : il disparaît tout entier.

C'est que les devanciers de Marivaux ne prenaient au sérieux que par exception les amours de leurs jeunes premiers et l'amour lui-même. Ils le traitaient à la française, comme un agréable passe-temps, et non comme chose capitale, la plus grave, somme toute, qui puisse confondre les intérêts d'un homme et ceux d'une femme. L'eussent-ils pris au sérieux, qu'ils n'en auraient rien laissé voir : esclaves de la division rigoureuse des genres, ils pensaient que la passion n'appartenait qu'à la tragédie. Marivaux, au contraire, ne traite jamais l'amour comme chose secondaire ; même lorsqu'il en badine, on sent qu'il est tout prêt à changer de ton. Il le considère comme le plus intéressant et le plus fécond des sentiments dramatiques; il le peint pour lui-même; il ne demande l'intérêt qu'à lui. Avant La Chaussée, avant Diderot, à une époque où les deux parts du théâtre n'ont pas encore empiété l'une sur l'autre, il mettra dans la comédie, lui qu'on regarde comme le peintre attitré des frivolités féminines, tout ce qu'elle peut contenir de passion.

Je ne pouvais mieux souhaiter que *le Jeu de l'amour et du hasard* pour établir la vérité de ce que j'avance. C'est bien une comédie, une vraie comédie, et qui vous fera rire; mais elle vous émouvra.

Il n'est pas de sujet plus léger ni plus piquant. Une jeune fille, au moment de se marier, hésite à la pensée de cet engagement définitif. Elle veut étudier l'homme qu'on lui destine et le voir tel qu'il est, sans qu'il puisse feindre. Elle imagine donc, lorsqu'elle apprend sa première visite, de se déguiser en soubrette. Mais son prétendu a les mêmes idées et prend la livrée de son valet. Il va de soi que soubrette et valet revêtent les habits de leurs maîtres.

Imaginez ce sujet traité par Regnard ou même par Molière. Quelle source d'équivoques hardies et de plaisanteries grasses, non seulement entre les valets changés en maîtres, mais entre les maîtres changés en valets ! Marivaux est auteur comique ; il ne s'interdira donc pas ce qu'un contraste de ce genre peut lui fournir de plaisant ; il mettra une antithèse continuelle entre l'apparence et la réalité, entre ce que ses personnages croiront être et ce qu'ils seront. Avec la soubrette et le valet surtout, il ira aussi avant dans la charge que puisse y aller un esprit délicat et mesuré comme le sien. Mais le principal intérêt de la pièce ne sera point dans les scènes, très amusantes d'ailleurs, qui nous montreront Pasquin et Lisette parodiant Dorante et Silvia. Il sera dans celles où nous verrons deux cœurs tendres, deux âmes fières, lutter contre l'incertitude, la crainte, la honte même que leur inspire un amour trompé par les apparences et craignant de s'avilir dans son objet. Au demeurant, aucune des allusions hardies que le sujet pouvait fournir en abondance à une imagination moins respectueuse de l'amour.

C'est, du reste, sur cette question de l'amour que Marivaux et Molière se rencontrent. Dès la première scène du *Jeu*, l'analogie dans le sentiment représenté et l'antithèse dans la manière de le représenter éclatent aux yeux, si l'on se rappelle la première scène des *Femmes savantes*. J'aurais voulu que la distribution des rôles dans les deux pièces vous montrât ce rapport traduit d'une manière physique, à l'aide des mêmes acteurs. Malheureusement, les forces humaines ont des bornes et il est difficile de jouer successivement deux

8

comédies aussi fatigantes. Faites donc vous-mêmes cette distribution dans votre esprit; mettez par l'imagination un costume Louis XV à l'Armande et au Clitandre des *Femmes savantes*, et vous aurez la Silvia et le Dorante du *Jeu de l'amour et du hasard*[1]. Sur quoi discutaient Armande et Henriette? Sur le mariage à conclure; Armande désirait éprouver par la constance l'homme qu'elle aimait. C'est le même sujet qui provoque une discussion entre Silvia et sa soubrette. Armande disait à sa sœur :

> Quoi! le beau nom de fille est un titre, ma sœur,
> Dont vous voulez quitter la charmante douceur,
> Et de vous marier vous osez faire fête!
> Ce vulgaire dessein vous peut monter en tête!

Et Henriette répondait par cette affirmation très nette : « Oui, ma sœur ». Maintenant, Silvia demande à Lisette : « Le mariage aurait donc de grands charmes pour vous? — Eh bien! c'est encore *oui*, par exemple! » répond Lisette avec la même netteté. Suit toute une scène où se montre, aussi marqué que dans *les Femmes savantes*, le contraste de deux natures et de deux esprits : la précieuse Silvia, pétrie de délicatesse, de réserve et de distinction; la gauloise Lisette, simple, franche et positive.

L'analogie s'arrête ici et l'antithèse commence : Molière donnait tort à Armande, Marivaux donne raison à Silvia, et, tandis que Clitandre se montrait fort pressé, Dorante ne veut conclure qu'après avoir fait son enquête. Et vous, spectateurs, après avoir été pour Clitandre contre Armande, vous serez avec Dorante et Sil-

---

1. Les quatre personnages appartiennent aux mêmes emplois : coquettes et jeunes premiers.

via contre Lisette. De cette différence de sentiments à un si court intervalle chez des gens sans parti pris, nous tirerons cette conclusion, qui nous ramène à notre point de départ, que l'esprit précieux et l'esprit gaulois sont également légitimes, lorsqu'ils ne tombent point dans l'excès.

Prise au sérieux par Marivaux et acceptée par nous, l'idée précieuse de l'amour va nous conduire à un sentiment qui ne pouvait trouver place dans *les Femmes savantes* et qui fait en grande partie le charme du *Jeu de l'amour et du hasard*. Ce sentiment, c'est la passion. Au lieu de la légèreté souriante que la galanterie affecte dans Molière, une sincérité profonde fait vibrer chez les amants de Marivaux un accent inconnu jusqu'à lui. Lorsque le travestissement montre un obstacle infranchissable à ce gentilhomme qui croit aimer une suivante, à cette fille de race qui croit aimer un valet, ils ne rient pas : ils deviennent sérieux et souffrent. Oui, ils souffrent. Notez le mot : vous l'entendrez deux fois au cours de la pièce. C'est avec une anxiété douloureuse que Silvia se débat contre elle-même, lorsque les propos de Lisette lui ouvrent les yeux sur ce qu'elle n'osait s'avouer : « Je frissonne encore de ce que je lui ai entendu dire. Je ne saurais m'en remettre ; je n'oserais songer aux termes dont elle s'est servie, ils me font peur. Il s'agit d'un valet ! Ah ! l'étrange chose ! Écartons l'idée dont cette insolence est venue me noircir l'imagination. » A mesure que l'envahit de plus en plus le sentiment dont elle rougit, quelle révolte de sa dignité, quelle noblesse dans sa défense contre elle-même ! « Que pourrais-je espérer, lui dit Dorante, en tâchant de me faire aimer ? Hélas ! quand même j'aurais ton cœur.... » Elle l'interrompt vivement : « Que le ciel m'en préserve ! Quand tu l'aurais, tu ne le saurais pas, et je ferais si bien que je ne le saurais pas moi-même. » C'est parler comme la plus noble des filles.

Même lutte dans le cœur de Dorante ; mais je ne veux pas déflorer votre plaisir et je ne pousse pas plus loin cette analyse. Je me contente de vous signaler, au point de vue que j'indique, la scène où Dorante se décide à épouser la fausse soubrette. Écoutez-la de toute votre attention, cette scène ; laissez-vous prendre à l'émotion qui s'en dégage, et demandez-vous ensuite si, dans toute la littérature française, des origines au romantisme, l'amour comique a parlé un langage aussi touchant[1].

Précieux dans les idées qui inspirent sa pièce, Marivaux l'est encore dans sa façon de les traduire. Le précieux vit d'analyse. Ne cherchez donc pas dans *le Jeu de l'amour et du hasard* l'action rapide et la marche largement rythmée des *Femmes savantes*. Marivaux va beaucoup plus lentement. D'abord, il s'est tracé à lui-même un cadre assez étroit par sa manière d'entendre l'amour. Il disait très justement : « Chez mes confrères, l'amour est en querelle avec ce qui l'environne et finit par être heureux malgré les opposants ; chez moi, il n'est en querelle qu'avec lui seul et finit par être heureux malgré lui ». On ne saurait se définir avec plus de clairvoyance.

Partout, en effet, chez Molière et ses successeurs

[1]. M. Auguste Vitu a signalé le premier cette nouveauté du théâtre de Marivaux (*Figaro* du 2 juillet 1877 ; *les Mille et une Nuits du théâtre*, cinquième série, 468). — Ainsi entendu, le rôle d'amoureux du *Jeu de l'amour et du hasard* demanderait une interprétation très différente de celle qui prévaut aujourd'hui et qui date seulement de la fin du XVIIIe siècle. Le premier interprète du rôle, Lelio Riccoboni, avait une voix chaude et profonde ; il exprimait avec un charme pénétrant la souffrance sincère et la passion. Ce sont les qualités qu'il faudrait encore pour traduire le rôle tel que l'a voulu Marivaux, tel que le montre une lecture attentive. Ainsi interprété, Dorante produirait avec Silvia un excellent contraste.

immédiats, l'amour est contrarié par des résistances extérieures. Dans *les Femmes savantes*, par exemple, si Clitandre et Henriette n'avaient à compter qu'avec eux-mêmes, ils seraient vite mariés. Presque toujours, chez Marivaux, notamment dans *le Jeu de l'amour et du hasard*, les amoureux luttent contre leur propre cœur ; ici, les parents — l'obstacle éternel aux amours de théâtre — les parents sont pour eux et ne désirent rien tant que de les voir s'accorder ; la seule résistance vient de leurs scrupules, de leur timidité, de leur fierté, de leur coquetterie, de leurs incertitudes sur la nature du sentiment qu'ils éprouvent ou qu'ils inspirent. Lorsqu'ils peuvent pousser le cri charmant que vous allez entendre dans la bouche de Silvia : « Ah !... je vois clair dans mon cœur ! » la pièce est finie ou près de finir.

De cette façon de concevoir l'amour dérive naturellement une façon particulière de le peindre. Lentement, doucement, Marivaux découvre un coin du cœur féminin, il en met une fibre à nu, il la montre et la décrit. Une femme très spirituelle disait de lui : « C'est un homme qui se fatigue et me fatigue moi-même en me faisant faire cent lieues avec lui sur une feuille de parquet ». La comparaison est jolie, mais elle n'est pas juste. Marivaux ne fatigue pas dans ses bonnes pièces ; si l'on fait avec lui beaucoup de chemin dans un petit espace, les lignes qu'il suit sont très rapprochées, mais très distinctes ; elles conduisent à un but entrevu auquel on arrive sans hâte, après une route très agréable. C'est qu'il est auteur dramatique et, comme Molière, il obéit aux deux lois premières de son art, la logique et le mouvement. Tout s'enchaîne chez lui d'une suite rigoureuse, et l'on marche même alors qu'on semble s'arrêter. Pas de bonds ni de coups d'aile ; des sauts de puce, comme on l'a dit plaisamment. Sauts de puce, si l'on veut : la puce saute bien et va fort loin.

Le style s'approprie exactement, chez Marivaux, à cette façon de voir et d'analyser. Il est tout en nuances fines, en façons de dire ingénieuses, en jolies métaphores complaisamment suivies. On épuiserait les comparaisons à le caractériser : c'est la couleur doucement fondue des vieux pastels, c'est de la poussière de diamant. Rien de ces « brusques fiertés », de ces « grands traits non tâtés » propres à Molière : le poëte des *Femmes savantes* vous expose des fresques ; l'auteur du *Jeu de l'amour et du hasard* vous montre des miniatures sur ivoire. Malgré cela, le style de Marivaux est bien un style dramatique par le mouvement et la vie du dialogue comme aussi par la variété. L'élégance et la finesse continues deviendraient monotones ; il y mêle donc la gaieté bruyante de ses valets et de ses soubrettes. Dans *le Jeu de l'amour et du hasard* surtout, il a très habilement ménagé cette opposition. Si Dorante et Silvia ne vous demandent que le sourire et une émotion douce, vous rirez, en écoutant Lisette et Pasquin, de ce bon et large rire qui, au théâtre surtout, doit être le propre de l'homme.

Je m'arrête, en vous priant de m'excuser si j'ai trop longtemps retardé votre plaisir. Je voudrais, pour prix de l'attention dont vous m'avez honoré, l'avoir rendu plus complet et plus vif. Je souhaiterais aussi que vous emportiez de cette matinée, avec l'admiration que Molière excite toujours, la sympathie que mérite Marivaux. Au théâtre surtout, il faut être éclectique, c'est-à-dire savoir tout comprendre et tout goûter. Certes je ne compare pas nos deux auteurs ; mais, si l'un est la gloire universelle de notre théâtre, l'autre en est la parure exquise. Dans le domaine du rire, l'étranger ne peut rien opposer à Molière ; dans celui du sourire, il ne trouverait pas l'égal de Marivaux. Ils sont tous deux bien français ; ils représentent d'une manière sublime ou charmante les deux aspects éternels de notre génie national.

Novembre 1887.

SHAKESPEARE ET LE THÉATRE FRANÇAIS[1]

Mesdames, Messieurs,

Au mois de septembre 1886, la Comédie-Française représentait *Hamlet*, de Shakespeare, traduit par Alexandre Dumas et M. Paul Meurice ; au mois de décembre dernier, le second Théâtre-Français nous offrait une adaptation de *Beaucoup de bruit pour rien*, du même poète, par M. Louis Legendre. Ces deux tentatives réussissaient pleinement : *Hamlet* se joue encore, et vous allez assister à la cinquante-huitième représentation de *Beaucoup de bruit pour rien* ; ces deux dates marqueront : il n'a pas fallu moins d'un siècle et demi

---

1. Conférence faite au théâtre de l'Odéon le jeudi 9 février 1888, dans une matinée classique, avant la représentation de *Beaucoup de bruit pour rien*, comédie en cinq actes et en vers, d'après Shakespeare, par M. Louis Legendre. — Au même théâtre, le jeudi 23 janvier 1890, avant la représentation de *Shylock ou le Marchand de Venise*, traduit en vers par M. Edmond Haraucourt, M. Eugène Lintilhac a traité cet autre sujet : *Shakespeare et le public français* ; c'est-à-dire les résistances et les concessions du goût français au théâtre de Shakespeare, depuis les traductions et adaptations qui en ont été faites à la suite de Frédéric Soulié (*Roméo et Juliette*, 1828) et d'Alfred de Vigny (*Othello*, 1829). La conférence de M. Lintilhac a été publiée dans le *Journal des élèves de lettres*, du 16 février 1890.

pour attirer le public français aux pièces de Shakespeare et l'y retenir.

Avec ses matinées du jeudi, M. Porel se proposait de faire passer devant vos yeux le développement complet de notre génie dramatique, représenté par ses œuvres capitales. En attendant de vous offrir un *Macbeth* ou un *Othello*, il a cru bon de compléter son programme primitif en y joignant la comédie shakespearienne que la faveur de son public a consacrée. C'était mettre au service de vos études cet esprit d'initiative et cette largeur de goût qui l'inspirent dans la direction de l'Odéon. D'une part, l'influence de Shakespeare a été assez grande sur notre théâtre pour qu'il faille en tenir compte dans un programme comme celui de ces matinées; de l'autre, il était peut-être plus utile, pour des raisons que je dirai, de vous soumettre d'abord une comédie qu'un drame du poète anglais. M. Porel m'a demandé de vous exposer les motifs de sa tentative; j'ai répondu d'autant plus volontiers à son appel que je pense comme lui.

Permettez-moi donc de vous retracer l'évolution dramatique dont le succès d'*Hamlet* chez notre illustre voisine de la rive droite et celui de *Beaucoup de bruit pour rien* sur la scène où je parle sont, jusqu'à cette heure, les points d'arrivée. Cette revue vous semblera peut-être un peu aride; mais, si je vous aide à mieux sentir l'œuvre charmante reproduite avec tant de bonheur par M. Legendre, si je vous laisse quelques idées justes sur un point capital d'histoire dramatique, nous n'aurons pas à regretter moi ma peine, vous votre patience. Quant à votre bienveillance, je l'ai déjà éprouvée.

I

Toutes les pièces de notre répertoire classique, qui ont été ou qui seront représentées dans ces matinées, résultent d'une convention qui a régné en maîtresse, durant deux siècles, sur le théâtre français. Cette convention, c'est la séparation rigoureuse de la tragédie et de la comédie, du sérieux et du plaisant, du rire et des larmes. Symbolisées par les deux masques peints au-dessus de vos têtes et qui marquent l'un l'extrême tristesse, l'autre l'extrême gaieté, la tragédie et la comédie avaient des limites bien définies et n'empiétaient pas l'une sur l'autre. A la tragédie, l'héroïsme et la grandeur jusque dans le vice et le crime, à la comédie toutes les petitesses, toutes les bassesses de notre nature.

Convention très légitime. Si la vie réunit d'ordinaire ce que l'ancien théâtre séparait de la sorte, l'art, qui choisit dans le vrai, a le droit de faire ce que notre âme fait elle-même très souvent. Combien de fois, au milieu d'une grande douleur, nous n'apercevons même pas les incidents familiers et bas qui viennent la traverser ! Combien de fois, tout entiers à des impressions joyeuses, nous écartons les sujets de tristesse qui pourraient les diminuer ! Imaginez un homme qui accompagne au cimetière le corps d'un être aimé ; il traverse un champ de foire où des saltimbanques font la parade : prêtera-t-il l'oreille au boniment du pitre ? Il ne l'entend même pas. Imaginez un homme en aimable compagnie devant un bon repas : songera-t-il que, dans la rue, passent des êtres tourmentés par la faim et absorbés dans leur désespoir ?

A cette première convention, le théâtre classique en

ajoute d'autres qui en sont la conséquence. Entre les caractères et les actions que lui offre la vie, il choisit encore.

Avec les traits généraux qui le rattachent à la famille humaine, chacun de nous a ses traits individuels qui constituent sa physionomie propre. Brave ou lâche, généreux ou avare, il réalise les traits permanents et abstraits de la bravoure ou de la lâcheté, de la générosité ou de l'avarice, mais il y joint les traits passagers et concrets qu'il tire de sa nature à lui. Ces traits permanents, le théâtre classique les élève à leur plus haute puissance et les met en pleine lumière ; ces traits passagers, il ne les ignore pas, mais il les laisse dans l'ombre. Il peint des caractères plutôt que des individus.

Appliquez cette remarque aux théâtres de Corneille, de Racine et de Molière. S'il reste encore dans *le Cid* des traces de comédie, vous n'en trouverez guère dans *Cinna* ou dans *Horace*. L'Harpagon de Molière, c'est autant l'avarice incarnée dans un homme qu'un homme avare ; l'Hermione de Racine, la jalousie incarnée dans une femme qu'une femme jalouse.

Ces caractères généraux se développeraient mal dans la réalité ordinaire ; aussi nos classiques les élèvent-ils au-dessus d'elle. Peu soucieux des époques et des costumes, des nécessités vulgaires de l'existence, ils cherchent plutôt à rendre leurs personnages contemporains de tous les âges, citoyens de toutes les nations, qu'à leur assigner une date et une patrie ; ils donnent le moins possible à ce que nous appelons la couleur locale.

Enfin, ils concentrent dans le temps et l'espace, ils ramènent à une rigoureuse unité les sujets où ils font agir ces caractères généraux. Ils prennent les passions au moment où une crise suprême va éclater entre elles, et, comme une crise est, de sa nature, chose rapide et violente, une durée de vingt-quatre heures leur suffit à l'exposer ; pour ne pas éparpiller l'action, ils l'enferment en un seul lieu ; pour la rendre plus saisissante, ils écartent tout ce qui ne s'y rattache pas étroitement ; ils concentrent l'attention sur elle seule.

De là les fameuses règles dites d'Aristote ; de là les trois unités de temps, de lieu et d'action. On les traite souvent d'étroites et d'arbitraires, ces règles ; on y voit le résultat fâcheux de l'ignorance et du caprice de quelques pédants, une entrave aux libertés du génie. En réalité, elles sont une des plus nobles formes de l'art, le résultat heureux d'un travail séculaire : elles ont favorisé le génie de nos anciens poètes plus qu'elles ne l'ont contrarié ; adoptées par le génie français, elles convenaient exactement à ses qualités comme à ses défauts[1].

Ce génie, dans ses caractères essentiels, est ami de

1. Il est singulier que cette règle des trois unités, fondement et raison d'être de notre théâtre classique, n'ait pas encore été, en France, l'objet d'un travail impartial et complet. On ne les a longtemps étudiées qu'à un point de vue esthétique et l'histoire serait indispensable pour en comprendre l'évolution et la raison d'être. Nous sommes, aujourd'hui, assez éloignés de la tragédie classique comme du drame romantique, assez dégagés des vieilles querelles, pour étudier ces règles au calme point de vue que j'indique.

A l'étranger, ce point de vue a provoqué un court travail de M. H. Breitinger, *les Unités d'Aristote*, Genève, 1879, qui ajoute un très utile appendice à l'ouvrage allemand de M. Ebert sur la tragédie française. Deux livres récents (1887), l'un de M. Ch. Arnaud, *l'Abbé d'Aubignac et les théories dramatiques au XVIIe siècle*, et l'autre de M. G. Lanson, *La Chaussée et la comédie larmoyante*, s'ils arrivent tous deux, surtout le premier, à des conclusions peu acceptables sur les trois unités, ont du moins le mérite original d'appliquer la critique historique à la question.

Pour la conformité naturelle de l'esprit français avec la règle des trois unités, il faut lire, après les pages irréfutées de Nisard, le livre de M. E. Krantz, *Essai sur l'esthétique de Descartes*, 1882, en y joignant l'article de M. F. Brunetière sur ce livre dans la *Revue des Deux Mondes* du 15 septembre 1882.

la logique et de la mesure ; la poésie n'est pour lui que la raison élevée jusqu'au sublime et parée d'harmonie ; au théâtre, surtout, il redoute la fantaisie et ses écarts ; il y veut la logique serrée et le mouvement rapide. Héroïque ou railleur, il peut s'élever très haut ou descendre très bas, mais il est plus à l'aise dans les régions moyennes ; il aime les routes nettes et bien tracées. Dans les limites des trois unités il se trouva si à l'aise qu'il n'en sortit que malgré lui, lorsque, au contact des littératures étrangères, il dut subir l'influence d'un art nouveau.

En attendant, jamais il ne fut plus semblable à luimême et mieux inspiré qu'au temps où l'art ancien lui suffisait. Art admirable, que la reconnaissance nationale ne nous permet pas de méconnaître ; moment unique, où les facultés de notre race, arrivées à leur plénitude et à leur parfait équilibre, trouvaient leur expression dans des œuvres qui égalent ou surpassent toutes les œuvres rivales. Cet art est mort, ce moment ne reviendra plus ; mais, si nous ne pouvons égaler les modèles désespérants qu'ils ont produits, si l'imitation de ces modèles serait stérile, leur contemplation est féconde. Voilà pourquoi, dans ces théâtres nationaux qui sont les musées de notre art dramatique, nous devons maintenir l'exposition permanente des chefs-d'œuvre classiques comme un objet d'étude pour les artistes, d'émulation pour les écrivains, d'admiration pour nous tous.

Pendant que cet art se développait en France, un art différent produisait ailleurs des œuvres qui offrent avec les nôtres un contraste complet. Cet art, opposé au nôtre, ne connaissait pas la séparation de la tragédie et de la comédie ; il prenait la vie telle qu'elle est, mêlant comme elle le rire et les larmes, le beau et le laid. Il ne voyait entre les deux genres d'autre différence que le degré des passions et la gravité de leurs conséquences. Il ne s'inquiétait pas de ramener les caractères à leurs éléments essentiels ; il songeait plutôt à peindre des individus qu'à créer des types ; il voyait tout d'une façon concrète, dans la variété du décor et du costume. Il n'enlevait pas l'homme aux influences extérieures qui s'exercent sur lui et qui tiennent à l'état sain ou malade de ses organes, au pays, au climat, aux habitudes physiques ; il ne mettait pas dans les sujets cette unité rigoureuse qui n'est pas dans la vie. Parmi les facultés qui l'inspiraient, ce n'était pas la raison qui exerçait la suprématie, mais plutôt la sensibilité. La poésie était pour lui d'autant plus puissante qu'elle était plus spontanée et que rien ne la dominait, surtout la raison, trop sensée pour n'être pas souvent prosaïque.

L'Espagne, avec laquelle nous fûmes longtemps en relations de tout genre, nous avait révélé cet art. Mais, à cette époque, nous étions trop forts de nous-mêmes pour subir profondément l'influence étrangère et y prendre autre chose que ce qui s'accordait avec notre esprit national ; l'évolution de cet esprit marchait d'un pas trop sûr et trop ferme pour être détournée de son but. Mais, lorsque notre grand siècle eut pris fin, lorsque notre art à nous eut épuisé son fonds et en fut réduit à la nécessité de sortir de lui-même sous peine de se copier, alors nous fut révélé un génie dramatique par lequel l'art contraire au nôtre s'était réalisé d'une façon plus puissante qu'il n'avait fait encore. Nous connûmes l'Angleterre, longtemps dédaignée par nous, et Shakespeare, dont nous ne soupçonnions même pas l'existence[1].

1. Constatant l'ignorance où tout le XVIIe siècle fut de la littérature anglaise, Villemain ajoute (*Littérature française au XVIIIe siècle*, t. III, XLIVe leçon) : « Quant à Molière, j'imagine, et c'est une

Cette révélation fut, pour l'art dramatique français, un événement aussi considérable que, pour la vieille Europe, la découverte de l'Amérique; et comme la marche de la civilisation changea du jour où Christophe Colomb aborda dans l'île de San-Salvador, de même notre théâtre prit avec Shakespeare une route nouvelle [1].

II

Celui dont les Anglais eux-mêmes ne devaient connaître toute la valeur que par deux siècles d'étude est, je ne crains pas de le dire, le plus grand nom de la poésie universelle depuis Homère. Compatriotes de Corneille, de Racine et de Molière, nous pouvons lui rendre cet hommage sans diminuer notre propre gloire; nous reprenons par ailleurs notre égalité ou même notre supériorité. Je n'essayerai pas de définir Shakespeare en quelques mots. Voici, simplement, ce qu'il offre à première vue comme poète dramatique.

D'abord une originalité sans pareille, un instinct de

curiosité philologique dont vous ne vous inquiétez pas beaucoup, qu'il a mis à profit deux ou trois plaisanteries de Shakespeare, qu'on lui avait contées sans doute et que je retrouve dans une des moindres pièces de notre grand poète comique; mais elles ne valent guère la peine d'être citées ». La preuve d'une assertion aussi piquante serait aujourd'hui la bienvenue, et le dédain de Villemain pour la « curiosité philologique » est regrettable; mais, en l'absence de cette preuve, on peut regarder comme aventureux le rapprochement qu'il indique.

1. Nous n'avons que des travaux partiels sur les rapports du théâtre français avec Shakespeare. On connaît trop peu, en France, le travail belge de M. Albert Lacroix, *Histoire de l'influence de Shakespeare sur le théâtre français*, Bruxelles, 1856. Diffus, incomplet et assez pauvre d'idées, il est difficile à lire, mais instructif à parcourir. On peut consulter aussi une étude de Blaze de Bury sur ce sujet, dans la *Revue des Deux Mondes* du 15 août 1879.

liberté sans frein, une passion de curiosité universelle. Il se sert des autres poètes et puise à pleines mains dans leurs œuvres; il ne les imite jamais, même lorsqu'il les copie, car dans les sujets qui lui viennent d'ailleurs, dans les mots même qu'il emprunte, il met une conception, un sens, qui lui appartiennent. Il ne connaît ni règles ni barrières; il ne souffre pas que les théories abstraites influent sur son génie; il fait comme si elles n'existaient pas. Il estime que la nature appartient tout entière à celui dont le regard est capable d'en embrasser l'étendue, que l'âme humaine est un livre ouvert jusqu'à la dernière page pour qui sait y lire. Tout ce que lui inspirent l'imagination la plus forte et la plus ardente sensibilité qui furent jamais, il le combine sans nul souci des genres consacrés; semblable à la vie, il mêle laideur et beauté, tristesse et joie, grandeur et petitesse, élégance et vulgarité; il multiplie les contrastes. Il ne cherche pas, comme nos poètes classiques, la vérité universelle sous la vérité particulière; il ne s'élève pas de l'individu au type; comme la nature, il crée les êtres à profusion, donnant à chacun les traits particuliers de l'individu; comme la vie, il combine des actions très complexes, ne choisissant pas plus dans la trame des événements que dans les éléments des caractères. Rêveur et pratique, ironique et ému, précieux et burlesque, il unit la force et la grâce, l'énergie et la douceur, la fantaisie la plus capricieuse et la raison la plus ferme, l'extrême élégance et l'extrême mauvais goût. A nous autres Français il rappelle Rabelais et Montaigne, aux Espagnols Cervantes, Lope et Calderon, aux Italiens Dante et l'Arioste; si original, qu'il triomphe de toutes les comparaisons; si universel, que chaque peuple se reconnaît en lui.

Tel était le génie dramatique qui nous fut révélé au

cours du XVIII° siècle. Et par qui ? Par Voltaire, auquel un des premiers incidents de sa vie venait de faire passer la Manche et qui étudiait à la hâte tout ce que l'Angleterre offrait à sa curiosité.

Si quelqu'un était peu fait pour comprendre Shakespeare et le goûter pleinement, c'était bien l'auteur de *la Henriade*. Plein d'admiration pour Corneille et Racine, qu'il espérait égaler en les imitant, il avait au plus haut degré les qualités et les défauts de l'esprit français : un goût vif et sûr, mais délicat, dédaigneux, antipathique à tous les extrêmes, un bon sens très ferme, mais superficiel et sans beaucoup d'élévation, le besoin de la simplicité et de la clarté, le respect de la tradition et des règles. Il fut donc plus surpris que charmé par Shakespeare, plus choqué qu'attiré ; il se dit qu'un pareil poëte ne pénétrerait jamais en France tout entier, que son art ne s'y acclimaterait pas. Mais, comme il avait trop l'instinct du théâtre pour méconnaître cette puissance dramatique, il se dit en outre qu'il y aurait profit à lui prendre quelques petites choses ; croyant, du reste, lui faire beaucoup d'honneur et trop égoïste pour déclarer franchement ses emprunts.

Donc, aussitôt revenu d'Angleterre, il signale Shakespeare à la France comme une des curiosités du pays qu'il vient de découvrir, plutôt pour se glorifier lui-même de ce qu'il a vu que pour rendre hommage à un grand poëte. Il l'appelle « un génie plein de force et de fécondité, de naturel et de sublime, sans la moindre connaissance des règles » ; puis il prend dans *Jules César* le sujet de *Brutus*, il transporte le spectre d'*Hamlet* dans *Eriphyle*, la jalousie d'*Othello* dans *Zaïre*, etc. Lorsqu'il est conduit à l'apprécier de nouveau, il accompagne ses éloges de restrictions de plus en plus étroites; son opinion est, en somme, celle qu'il formule de la sorte dans l'*Essai sur les mœurs* : « C'est dommage qu'il y ait beaucoup plus de barbarie encore que de génie dans les ouvrages de Shakespeare ».

Mais voilà que les compatriotes de Voltaire ne consentent pas à le croire sur parole et à ne connaître Shakespeare que par un intermédiaire. Tandis que lui, Voltaire, reste obstinément fidèle aux idées de sa jeunesse, le siècle marche et le goût français s'élargit. Les œuvres du poète anglais pénètrent dans notre pays avec les traductions partielles de La Place ; les tentatives de La Chaussée et de Diderot pour créer un genre nouveau, le drame, intermédiaire entre la tragédie et la comédie, préparent les esprits en sa faveur ; la curiosité s'éveille de plus en plus à son sujet. Voltaire s'inquiète : l'esprit national va-t-il donc se gâter ? Il n'admet pas que l'on rapproche le poète anglais de nos grands tragiques, à plus forte raison qu'on l'égale à eux. Il publie, sous un pseudonyme, un factum pour prévenir l'engouement et maintenir les distances ; il compare *Jules César* à *Cinna* et conclut : « Le génie de Corneille est à celui de Shakespeare ce qu'un seigneur est à un homme du peuple né avec le même esprit que lui ».

Ceci est encore de la discussion, mais, avec Voltaire, l'impatience de la contradiction arrive vite. On suit dans sa correspondance les progrès rapides de sa colère ; il en est déjà aux boutades violentes, il va prodiguer les gros mots : « Shakespeare qu'on oppose à Corneille, s'écrie-t-il, c'est Mme Gigogne qu'on met à côté de Mlle Clairon ! » Il le traite de « Gilles de la foire », de « farceur très au-dessous d'Arlequin », du « plus misérable bouffon qui ait jamais amusé la populace ».

Dès lors, tout concourt à l'exaspérer : Ducis fait représenter *Hamlet*, imité de très loin, mais enfin imité de Shakespeare; Letourneur commence une traduction complète du poète anglais, et le public accueille ce travail avec empressement. C'en est trop. Voltaire éclate; il écrit à son fidèle ami d'Argental une lettre qu'il importe de citer au long :

Il faut que je vous dise combien je suis fâché, pour l'honneur du *tripot* — le nom que Voltaire donnait volontiers à la Comédie-Française, — contre un nommé Tourneur, qu'on dit secrétaire de la librairie, et qui ne me paraît pas le secrétaire du bon goût. Auriez-vous lu les deux volumes de ce misérable, dans lesquels il veut nous faire regarder Shakespeare comme le seul modèle de la véritable tragédie? Il l'appelle *le dieu du théâtre* ! Il sacrifie tous les Français sans exception à son idole, comme on sacrifiait autrefois des cochons à Cérès. Il ne daigne pas même nommer Corneille et Racine; ces deux grands hommes sont enveloppés dans la proscription générale, sans que leurs noms soient prononcés. Il y a déjà deux tomes imprimés de ce Shakespeare, qu'on prendrait pour des pièces de la foire, faites il y a deux cents ans. Ce barbouilleur a trouvé le secret de faire engager le roi, la reine et toute la famille royale à souscrire à son ouvrage.

Avez-vous lu son abominable grimoire, dont il y aura encore cinq volumes? Avez-vous une haine assez vigoureuse contre cet impudent imbécile et souffrirez-vous l'affront qu'il fait à la France? Vous et M. de Thibouville, vous êtes trop doux. Il n'y a point en France assez de camouflets, assez de bonnets d'âne, assez de piloris pour un pareil faquin. Le sang pétille dans mes vieilles veines, en vous parlant de lui. Ce qu'il y a d'affreux, c'est que le monstre a un parti en France et, pour comble de calamité et d'horreur, c'est moi qui, autrefois, parlai le premier de ce Shakespeare; c'est moi qui le premier montrai aux Français quelques perles que j'avais trouvées dans son énorme fumier. Je ne m'attendais pas que je servirais un jour à fouler au pied les couronnes de Racine et de Corneille, pour en orner le front d'un histrion barbare.

Tâchez, je vous prie, d'être aussi en colère que moi, sans quoi, je me sens capable de faire un mauvais coup.

Vous avez compris la vraie cause de cette fureur comique, qui revêt d'un style de grand écrivain les sentiments d'un Trissotin ou d'un Vadius. Certes Voltaire était sincère dans ses craintes comme dans ses répugnances, il redoutait pour le théâtre français l'influence anglaise, il entendait maintenir Corneille et Racine au premier rang, parce qu'il les en croyait infiniment plus dignes que Shakespeare. Mais dans sa défense de ses maîtres entrait un mobile égoïste et dominant. Si Racine et Corneille étaient détrônés au profit d'un étranger barbare, qu'allait-il devenir, lui, leur successeur, et il le croyait bien, leur égal? Et, comme jadis Scudéry dans sa querelle avec Corneille, il en appelle à l'Académie française, au corps institué pour faire la police des lettres; il lui adresse deux lettres pressantes, véhémentes, où, malgré ses quatre-vingt-deux ans, il défend avec une énergie juvénile la tragédie nationale contre le drame étranger, moins âpre et moins sottisier que dans sa correspondance, mais tout aussi irrité contre l'intrus auquel il a ouvert la maison et qui prétend s'y installer en maître [1].

Ni un Voltaire, ni même une Académie ne peuvent rien contre l'opinion et la force des choses. Shakespeare était entré dans notre pays; il devait y rester et pénétrer de plus en plus dans notre théâtre. La gloire de Corneille et de Racine, sinon celle de Voltaire, n'avait rien à craindre; mais la forme théâtrale qu'ils

---

1. *Lettres philosophiques*, dites *Lettres anglaises*, 1731; *le Théâtre anglais*, par P.-A. de la Place, 1745; *Essai sur les mœurs*, 1754 et 1775; *Du théâtre anglais*, par Jérôme Carré, pseudonyme de Voltaire, 1761; traduction de *Jules César* par Voltaire et parallèle avec *Cinna*, 1762; lettre à Duclos, 7 juin 1762; *Dictionnaire philosophique*, article ART DRAMATIQUE, écrit en 1765; imitation d'*Hamlet* par Ducis, 1769; lettre de Voltaire à d'Argental, 19 juillet 1776; lettres à l'Académie, 1776.

avaient illustrée et dont Voltaire voulait le maintien exclusif, cette forme était devenue stérile et rien ne pouvait plus lui rendre son ancienne fécondité.

Cependant la tragédie ne céda point sans combat; vous savez combien elle avait la vie dure : cinquante ans après sa mort, elle remuait encore. Elle essaya donc de tourner à son profit l'invasion shakespearienne, de faire comme ces peuples qui absorbent leurs conquérants et s'infusent une vitalité nouvelle avec le sang des barbares.

A vrai dire, le bon Ducis, qui fut l'homme de cette tentative, n'y voyait pas tant de malice. Classique et Français, ne sachant pas un mot d'anglais, mais naïvement séduit par les fortes beautés qu'il devinait à travers les traductions de La Place et de Letourneur, il essaye de plier à la simplicité tragique le sujet complexe d'*Hamlet*, l'idylle sanglante de *Roméo et Juliette*, de « purger » de leur excès d'horreur *le Roi Lear* et *Macbeth*; il met deux dénouements à *Othello*, l'un semblable à celui de Shakespeare, l'autre adouci pour les âmes sensibles. Pâles copies d'originaux pleins de couleur, ombres exsangues de corps pleins de vie; mais c'était le nom de Shakespeare de plus en plus répandu, exalté, entouré d'attention ; c'était l'esprit français, lentement familiarisé avec l'image lointaine du grand poète, en attendant qu'il pût supporter la vue directe de l'original.

La Révolution arrive. C'est alors qu'un homme de courage et d'initiative aurait dû surgir de notre peuple si profondément remué et lui présenter le vrai Shakespeare. Aux horreurs qui scandalisaient Voltaire dans le drame anglais, à ces explosions de passions sauvages, à ces scènes de carnage, on n'aurait pu opposer encore le reproche d'invraisemblance. La vie de chaque jour se fût chargée de le commenter et de l'éclairer. Mais, à travers la Révolution comme à travers l'Empire, malgré le drame et l'épopée qui étaient partout, sauf dans la littérature, l'art tragique resta dans son ornière deux fois séculaire. Il fallut une révolution littéraire succédant à la révolution sociale, il fallut le romantisme pour faire sortir de l'influence shakespearienne la rénovation théâtrale dont elle avait apporté le germe.

Parmi les maîtres ou les disciples de la nouvelle doctrine, c'est à qui exaltera Shakespeare. Mme de Staël l'apprécie avec sa fécondité de vues et sa largeur d'esprit ordinaires, Stendhal lui immole Racine, Alfred de Vigny traduit *Othello*, avec une fidélité relative, très courageuse pour le temps, et le fait représenter à la Comédie-Française, dans le sanctuaire même de la tragédie, sur la scène où elle s'efforçait encore de produire et de donner l'illusion de la vie. Mais déjà la préface de *Cromwell* avait paru et Victor Hugo y couronnait Shakespeare de ce même titre qui avait tant indigné Voltaire : il l'y appelait « le dieu du théâtre ». C'est autour de ce nom que tournait l'argumentation novatrice dans ses circuits les plus larges; c'est la conception shakespearienne du théâtre que reprenait à son compte le jeune réformateur. De fait, *Cromwell, Hernani, Marion Delorme, le Roi s'amuse,* tous les drames de Victor Hugo, ce sont des drames inspirés par Shakespeare, avec l'originalité du plus grand lyrique de tous les siècles et cet équilibre dans les extrêmes, cette symétrie dans l'antithèse, cette mesure dans l'ampleur, cette sobriété dans la force, qui sont les qualités permanentes de l'esprit français et qui montraient une fois de plus que l'imitation littéraire, trop souvent servile et stérile, est libre et créatrice, toutes les fois que le génie s'en mêle.

Dès lors, je n'ai plus à énumérer les imitations plus ou moins directes de Shakespeare tentées par nos poètes dramatiques. Sur tous il exerce son influence à travers celle de Victor Hugo. Alexandre Dumas et Émile Deschamps, MM. Paul Meurice et Auguste Vacquerie, M. Auguste Barbier et Jules Lacroix l'imitent ou le traduisent en vers; Guizot, François-Victor Hugo, M. Émile Montégut corrigent la vieille traduction en prose de Letourneur ou donnent des traductions nouvelles, fidèles et complètes. En même temps qu'au théâtre, Shakespeare s'installe dans nos bibliothèques et il n'est plus permis à un lettré de l'ignorer ou de le méconnaître.

Est-ce à dire que Shakespeare soit accepté tout entier et comme doit l'être un poète dramatique, c'est-à-dire par des représentations nombreuses et suivies? Pas tout à fait. Transportés sur nos scènes, ses plus beaux drames, les plus logiques, les moins irréguliers, les moins opposés, en un mot, au goût français, n'attirent la foule que par exception, lorsqu'il se trouve un grand acteur, comme Rouvière[1], pour les imposer; réduits aux interprétations ordinaires, ils n'obtiennent que des succès d'estime. Ici même, où *Beaucoup de bruit pour rien* devait s'acheminer vers « la centième », nous avons vu, il n'y a pas longtemps, un *Othello*, un *Macbeth*, traduits avec une fidélité pleine de force et d'éclat, montés avec grand soin, interprétés avec talent, fournir une carrière assez courte[2]. *Hamlet*, vous disais-je en commençant, s'est installé à la Comédie-Française. C'est qu'il y a trouvé, comme autrefois dans Rouvière, et à

---

1. Au Théâtre-Historique, 15 décembre 1847.
2. *Othello*, traduit en vers par M. Louis de Gramont, 15 avril 1882; *Macbeth*, traduit en vers par Jules Lacroix, déjà représenté à l'Odéon le 10 février 1863, repris le 31 octobre 1884.

un degré bien supérieur, un interprète de premier ordre qui a triomphé de notre médiocre goût pour les représentations de Shakespeare. Il n'a pas fallu à M. Mounet-Sully, dans cette tentative, moins que le génie de son art; jusqu'à présent, il était soutenu par les œuvres qu'il représentait; cette fois, il a soutenu celle de Shakespeare.

Et encore est-ce bien le vrai Shakespeare qu'Alexandre Dumas et M. Paul Meurice nous ont offert? Est-ce le véritable Hamlet que M. Mounet-Sully nous a montré? Que de suppressions et d'atténuations dans la traduction des uns, si fidèle et si hardie qu'elle voulût être! Quelle simplification du personnage dans le jeu de l'autre, qui faisait passer la clarté française à travers les brumes épaisses d'un caractère indéfinissable! Malgré tout, la critique et le public manquaient d'enthousiasme : le plus franc des juges du théâtre, M. Francisque Sarcey, déclarait s'être ennuyé; un des plus pénétrants esprits de ce temps, M. Jules Lemaître, avouait n'avoir pas très bien compris, et, au théâtre, lorsqu'on ne comprend pas très bien, on est tout près de s'ennuyer. Quant au public, il venait, il remplissait la salle, attiré par le renom de l'acteur principal et les éloges dont le comblait la critique, par l'éclat de la mise en scène, par le prestige de la Comédie-Française; mais j'ai vu de mes yeux, et plusieurs fois, que son intérêt languissait. A cette heure, si *Hamlet* continue à figurer de loin en loin sur l'affiche, il arrive ceci, que, dans les matinées, *le Cid* attire une affluence plus nombreuse.

III

Je ne vous ai parlé jusqu'ici que des drames de Shakespeare, de ses tragédies, comme elles s'appelaient à l'origine, d'un nom que Voltaire croyait profané par un tel emploi. Il y a aussi des comédies shakespeariennes, et elles ne diffèrent pas moins de nos comédies que ses tragédies des nôtres. Si je ne vous en ai pas encore parlé, c'est que, pendant longtemps, il n'en fut guère question dans les controverses au sujet de Shakespeare, que leur influence sur notre théâtre fut accidentelle ou tardive, enfin qu'elle est assez particulière pour être traitée séparément.

La comédie, pour Shakespeare, n'est pas tant, comme chez les classiques de notre théâtre, la peinture satirique, souvent âpre et cruelle, des ridicules de l'humanité, que le jeu de la fantaisie s'égayant au spectacle des choses humaines. Là où Molière et Regnard voient surtout matière à moquerie, Shakespeare voit plutôt lieu d'exercer ses caprices d'imagination et de sentiment. Dans ses drames, il traduit les fortes émotions que la nature et la vie produisent sur son âme; dans ses comédies, il se livre aux impressions tempérées qui lui viennent des mêmes objets. Certes il ne s'interdit pas la satire ou l'indignation contre ce qui est vil et bas; mais il préfère s'amuser des contradictions et des contrastes qui sont l'élément éternel de la comédie. Raillerie légère, recherche de sentiment, galanterie précieuse, émotion douce, contrastes de la haute distinction et de la trivialité, de l'héroïque et du burlesque, pardessus tout poésie capricieuse, ailée, vagabonde, voilà son domaine comique. Presque toujours, dans ses comédies, on entend sonner les grelots de Puck ou vibrer la musique lointaine d'Ariel ; presque toujours y passent de nobles figures, comme celles de Prospéro et de Léonato, de gracieuses physionomies de jeunes filles, comme Imogène et Miranda.

Ce que l'on trouve le moins chez lui, c'est la convention française d'après laquelle la tragédie se réservait les rois, les princes, les seigneurs, tous les personnages de noble origine, laissant à la comédie les êtres de moindre condition. Évoquez les personnages de Molière et de Regnard : vous voyez défiler les moyennes et petites gens de l'ancien Paris, Harpagon en pourpoint troué, Lisette et Dorine en jupon court, Argan en robe de chambre, M. Jourdain avec l'éclat emprunté de son accoutrement, Géronte et Albert, Mme La Ressource et Mme Grognac. Si l'homme de cour se mêle à eux, c'est à l'état d'amoureux ou de personnage secondaire ; il n'est point la cause et le but de l'action. Enfin, sauf exceptions rares, dont l'*Amphitryon* de Molière est la plus poétique et la plus gracieuse, les sujets sont contemporains de leurs auteurs et pris dans la vie de chaque jour.

Comme Shakespeare serait mal à l'aise dans ces limites étroites ! Il lui faut, à lui, le présent et le passé, tout le champ de l'histoire, toute la hiérarchie sociale : princes et seigneurs des cours italiennes, héros mythologiques, bourgeois et artisans de Londres, sont alternativement ou à la fois les incarnations de son génie comique. De tous les aspects de la vie humaine, il ne manque à cette partie de son théâtre que les côtés sanglants et terribles, par lui réservés au drame.

Encore, dans le domaine de la gaieté et du rire, ne s'interdit-il pas l'opposition de la tristesse et de la joie. Dans *Beaucoup de bruit pour rien*, vous allez voir un drame sortir d'une intrigue légère, la côtoyer, s'y mêler, l'envahir un moment de son ombre, la mouiller de larmes, y faire éclater le désespoir, jusqu'à ce que la joie revienne, au dénouement, dissiper ces nuages et éteindre les sanglots dans des chants de fête.

Cette différence profonde entre la comédie shakespearienne et la nôtre nous explique pourquoi l'influence du poète anglais est si lente à s'exercer sur notre théâtre comique. Jusqu'à une époque très voisine de nous, je ne vois que deux auteurs comiques français chez lesquels il soit possible de constater une ressemblance plus ou moins prochaine avec Shakespeare : Marivaux et Alfred de Musset.

La parenté de Marivaux et de Shakespeare a frappé de nombreux critiques. Théophile Gautier, le premier, l'a signalée et, après lui, Paul de Saint-Victor, M. Alphonse Daudet, M. Théodore de Banville se sont plu à reprendre ce thème ingénieux [1]. Je veux bien qu'il y ait dans leurs rapprochements un peu de mirage et de complaisance. Nourri de chroniques italiennes, Shakespeare emploie beaucoup de noms florentins et vénitiens; interprété par Lelio et Silvia, Mario et Flaminia, Arlequin et Trivelin, Marivaux appelait ses personnages comme ses acteurs. Mais, la part faite à l'illusion qui peut venir des mots, prenez les sujets eux-mêmes, les idées, les sentiments et vous verrez plus d'un trait commun aux deux poètes; car Marivaux, lui aussi, est poète, si la poésie, indépendante de la mesure et du rythme, est

---

1. Théophile Gautier, *Histoire de l'art dramatique*, t. V, 1857, chap. XVII; Paul de Saint-Victor, préface au *Théâtre de Marivaux*, 1865; Alphonse Daudet, *Journal officiel*, 15 mai 1876; Théodore de Banville, *le National*, 9 juillet 1877. Comparez les objections de MM. Ferdinand Brunetière, *Revue des Deux Mondes*, 1ᵉʳ avril 1881, et Francisque Sarcey, *le Temps*, 4 avril 1881.

faite, avant tout, de grâce, d'élégance, de finesse, d'émotion douce, d'esprit relevés par la fantaisie. Permettez-moi de me citer moi-même et de répéter ici ce que je disais ailleurs : « Dans Shakespeare et dans Marivaux les amoureux se plaisent aux escarmouches de sentiment, aux déclarations filées et retardées; les valets abusent du langage figuré, des *concetti,* sortes de beaux esprits nourris de bribes d'érudition, de philosophes d'antichambre, ne perdant aucune occasion de disserter. Les jeunes femmes surtout se ressemblent; chez elles, même mélange d'ironie et de tendresse, d'émotion et de légèreté, de grâce mutine et de pudeur, d'audace et de réserve, même goût de surprise et de déguisements. Dans *la Fausse Suivante,* Marivaux a représenté une jeune fille travestie en chevalier pour étudier à loisir un prétendant qu'elle soupçonne de fourberie; elles sont nombreuses, dans Shakespeare, les héroïnes de ce genre, qui, sous les noms de Rosalinde, de Phœbé, de Viola, d'Imogène, changent volontiers de costume, de condition, de sexe et courent les aventures pour éprouver leurs amoureux[1]. »

Marivaux savait-il l'anglais? Je suis porté à le croire; du moins avait-il des amis en Angleterre; il entretenait des relations avec ce pays[2]. Est-il possible que quelqu'un de ses amis anglais ne lui ait pas signalé Shakespeare? De fait, dans *le Jeu de l'amour et du hasard,* il y a comme un souvenir de *Comme il vous plaira,* et dans *Beaucoup de bruit pour rien* vous trouverez avec ce Bénédict et cette Béatrix, qui se méfient de l'amour et le redoutent d'autant plus qu'ils le sentent plus voi-

1. *Marivaux, sa vie et ses œuvres,* 1882, deuxième partie, chap. IV.
2. Lettre d'Horace Walpole à Horace Man, 27 juillet 1752, édit. Cunningham.

sin de leur cœur, vous trouverez, dis-je, les frères aînés de ces marquis et de ces comtesses de Marivaux, qui chicanent leur propre penchant et reculent à la pensée d'un engagement définitif, si nombreux dans son théâtre qu'on lui reproche, à tort, de ne savoir représenter que ce genre de personnages et ce genre de sentiments.

Mais voici une preuve plus frappante peut-être de ce que j'avance. Je la trouve dans deux passages de Shakespeare et de Marivaux. Je vous les soumets; vous jugerez s'il n'y a pas imitation ou, tout au moins, souvenir de la part de Marivaux.

Écoutez d'abord Shakespeare. Il fait dire par une femme à son amant :

Je ne voudrais pas être ton bourreau, et je te fuis précisément parce que je ne voudrais pas te faire du mal. Tu me dis que mes yeux t'assassinent : voilà qui est joli, ma foi, et qui se rapproche beaucoup de la vérité, d'appeler assassins, tyrans, bouchers, les yeux qui sont les organes les plus frêles et les plus doux, qui ferment leurs portes poltronnes devant des atomes! Eh bien, maintenant je te regarde avec colère de tout mon cœur; si mes yeux peuvent blesser, qu'ils te tuent maintenant. Voyons, fais semblant de t'évanouir; voyons, tombe un peu à terre; et, si tu ne le peux pas, par décence, veuille ne plus mentir et ne plus dire que mes yeux sont des assassins. Allons, montre-moi la blessure que mon œil t'a faite. Égratigne-toi avec une épingle, et il te restera quelque cicatrice, aussi petite qu'elle soit; appuie-toi sur un roseau, la paume de ta main en gardera pour un moment l'empreinte et la marque sensible; mais, au contraire, mes yeux que tout à l'heure j'ai dirigés contre toi ne te font pas de mal, et, j'en suis sûre, il n'y a pas dans les yeux de force capable de blesser[1].

---

1. *Comme il vous plaira*, acte III, scène v, traduction Émile Montégut.

A présent, voici Marivaux :

Passion ! passion ! j'ai vu ce mot-là dans *Cyrus* ou dans *Cléopâtre*. Eh ! Dorante, vous n'êtes pas indigne qu'on vous aime ;... je dirai même que vous m'auriez peut-être plu ; mais je n'ai jamais pu me fier à votre amour ; je n'y ai point de foi, vous l'exagérez trop, il révolte la simplicité de caractère que vous me connaissez. M'aimez-vous beaucoup ? ne m'aimez-vous guère ? faites-vous semblant de m'aimer ? C'est ce que je ne saurais décider. Eh ! le moyen d'en juger mieux à travers toutes les emphases et toutes les impostures galantes dont vous enveloppez vos discours ? Je ne sais plus que soupirer, dites-vous. Y a-t-il rien de si plat ? Un homme qui aime une femme raisonnable ne dit point : Je soupire ; ce mot n'est pas assez sérieux pour lui, pas assez vrai ; il dit : Je vous aime ; je voudrais bien que vous m'aimassiez ; je suis bien fâché que vous ne m'aimiez pas ; voilà tout, et il n'y a que cela dans votre cœur non plus. Vous n'y verrez ni que vous m'adorez, car c'est parler en poète ; ni que vous êtes désespéré, car il faudrait vous enfermer ; ni que je suis cruelle, car je vis doucement avec tout le monde ; ni peut-être que je suis belle, quoique à tout prendre il se pourrait que je le fusse [1].

C'est la même idée, le même tour, le même sentiment.

L'originalité de Marivaux est assez grande pour n'être pas diminuée par ce rapprochement. Voyons-y plutôt un titre d'honneur pour un écrivain si dégagé d'autre part de toute imitation. A une époque d'analyse et de sécheresse, il fit jaillir du cœur humain une source discrète de sentiment et de poésie ; quelques gouttes du flot shakespearien la colorent, mais sa pureté originelle n'en est pas altérée.

Avec Alfred de Musset, nous n'avons plus d'incertitude. Il est, lui, le disciple avéré de Shakespeare et de Marivaux ; il réunit leur double influence dans l'inspi-

---

[1]. *Les Sincères*, scène x.

ration la plus personnelle qui fut jamais. Ce sont des personnages de Shakespeare, ceux de *la Nuit vénitienne*, d'*A quoi rêvent les jeunes filles*, des *Caprices de Marianne*, de *Fantasio*; plusieurs sont des personnages de Marivaux, dans *On ne badine pas avec l'amour, le Caprice, Il faut qu'une porte soit ouverte ou fermée, Il ne faut jurer de rien*. Les amoureux de Musset ont le même tour de sentiment que ceux de Shakespeare, la même impétuosité de passion, la même fantaisie; ils rappellent la sincérité ou le scepticisme, la préciosité élégante, le badinage mondain, le goût d'analyse subtile, propres à ceux de Marivaux. Les femmes de Musset sont aussi passionnées, ses jeunes filles aussi pures que celles de Shakespeare; elles prennent souvent à celles de Marivaux leur ironie coquette ou leur candeur très éveillée. Comme Shakespeare, Musset aime les décors italiens et les costumes de la Renaissance, les jardins baignés d'ombre et les nuits étincelantes; il fait passer dans les personnages déjà baptisés par Shakespeare son génie de poète né pour l'amour et malheureux par lui, son âme et son cœur d'enfant du siècle; il promène dans la forêt de Shakespeare les muses grecques de ses *Nuits*; à Marivaux, il emprunte la poudre et les passions de ses comtesses, la soie brillante de ses marquis; dans ces têtes fines et légères, il met la passion mélancolique de son temps.

Parfois c'est à travers l'un qu'il rappelle l'autre. Vous allez entendre Bénédict railler le mariage; Valentin plaisante de même dans *Il ne faut jurer de rien*; chez Marivaux, Rosimond, du *Petit-Maître corrigé*, s'égaye sur le même ton et la même idée. Or la même surprise de sentiment atteint Bénédict, Rosimond et Valentin; ils arrivent au mariage par la même route, je veux dire la révélation dans leur propre cœur, la découverte dans celui d'une jeune fille, d'un amour naïf et désintéressé. Sujet éternel, dira-t-on. Sans doute, mais ce n'est point l'effet du pur hasard s'il a eu la préférence de trois poètes qui l'ont marqué à la fois d'une empreinte personnelle et de traits communs, frères de cœur et d'esprit à travers les âges, semblables et différents, comme il convient à des frères.

Après Marivaux et Musset, je crois que si Théophile Gautier s'était sérieusement donné la peine d'être un poète dramatique, il aurait pu joindre à la beauté plastique de sa forme française la fantaisie romanesque de Shakespeare. N'y a-t-il pas la couleur florentine qu'aimait le poète anglais dans ce délicieux *Passant,* qui révélait ici même le poète de *Severo Torelli* et des *Jacobites?* Disciple de Victor Hugo et de Shakespeare, lyrique original, assembleur de rimes étincelantes, M. Théodore de Banville a fait applaudir sur la même scène un *Beau Léandre*[1], italien d'origine, funambulesque de langage et d'action, original, un peu shakespearien; dans le reste de son théâtre, trop peu joué et dont deux ou trois pièces auront peut-être un jour, toutes proportions gardées, la fortune de celles de Musset, je retrouve encore du Shakespeare, à travers l'influence de Victor Hugo et la personnalité du poète si agréablement chimérique. Enfin, c'est dans Shakespeare que prenait son inspiration M. Auguste Dorchain, l'auteur d'un charmant *Conte d'avril,* joué à l'Odéon, lui aussi.

1. Déjà représenté au théâtre du Vaudeville, le 27 septembre 1856.

IV

C'est que le directeur de l'Odéon aime beaucoup la comédie de Shakespeare, plus peut-être que le drame. Avant *Beaucoup de bruit pour rien*, il avait monté à grands frais *le Songe d'une nuit d'été*. Le public lui donna tort et bouda; mais un homme plein d'une forte conviction ne se décourage pas aisément, et si elle est bonne, il finit par l'imposer. Le succès lui est enfin venu, avec la pièce qu'il vous offre aujourd'hui, succès dû à d'autres causes que celui d'*Hamlet*, plus méritoire peut-être et plus personnel au directeur du théâtre et au poète français qui se faisait l'interprète de Shakespeare.

Avec *Hamlet*, on avait voulu nous donner le vrai Shakespeare, à peu près complet, avec ses incohérences et ses outrances, et je crois que le goût français ne le supportera jamais que malgré lui. Il faudra toujours que nos poètes traducteurs ou imitateurs tiennent compte des exigences de notre esprit national; et il y a dans Shakespeare littéralement reproduit des grossièretés et des imperfections que nous n'accepterions qu'en cessant d'être nous-mêmes. Nos plus grands écrivains sont ceux qui réalisent au plus haut degré nos qualités nationales. J'essayais tout à l'heure de caractériser l'imitation de Shakespeare par Victor Hugo; je vous disais ce qu'il avait mis de mesure dans le gigantesque, de raison dans le lyrisme, de symétrie dans le contraste. Que nos poètes fassent comme lui sous peine de dérouter et d'éloigner le public. Ne prendre à Shakespeare que ce qu'il a d'incohérence et d'excès, c'est commettre le plus stérile et le plus vain des pastiches; il ne suffit pas pour être original de s'affubler d'oripeaux étrangers.

Sous ces réserves, ce peut être une étude féconde et une source de renouvellement que l'imitation des drames de Shakespeare, grâce à l'infinie variété qu'il a déployée dans la mise en œuvre de ce petit nombre de sujets auxquels se réduit l'invention dramatique. Personne n'a fait agir les passions humaines avec plus de fécondité que lui; personne n'a mieux montré comment le génie peut modifier l'immuable et faire passer des expressions toujours nouvelles sur la physionomie permanente de l'humanité.

Si, dans la comédie, l'imitation shakespearienne est encore plus délicate, elle peut être encore plus féconde que dans le drame. Pour nous autres Français, le champ de l'observation comique est trop limité; volontiers bourgeoise et terre à terre, notre muse comique n'est jamais plus à l'aise que dans le vaudeville, la farce, la comédie de mœurs et de caractère. Nous avons eu Molière, où il y a tout; mais autour de lui les gloires théâtrales les mieux établies, les plus conformes à nos goûts, s'appellent Regnard, Beaumarchais, Labiche. Les maîtres de la comédie contemporaine, qu'ils s'appellent Dumas, Augier, Sardou, Pailleron, avec leurs qualités de force et de courage, de franchise et de bon sens, d'agencement scénique et d'esprit, continuent glorieusement la tradition française. Leur théâtre est l'honneur durable de notre temps; mais, à côté d'eux, puisque, grâce à Dieu, nous avons des poètes, ne reste-t-il pas des places à prendre? C'est chose savoureuse et forte que la raison, mais c'est chose délicieuse que la fantaisie, et la part de cette dernière n'a pas été assez large jusqu'à présent sur nos théâtres; tâchons de l'agrandir. Marivaux et Musset ont prouvé qu'on pouvait être auteur comique et poète. C'est dans ce sens que Shakespeare exercerait une heureuse influence sur notre comédie. A la condition de lui laisser son bel esprit, ses lourdes trivialités, son manque de logique, ses excès de tout genre, nous pouvons lui prendre sa poésie comique, l'habiller d'une forme française et rivaliser avec elle.

L'imitateur français de *Beaucoup de bruit pour rien*, M. Louis Legendre, va nous offrir l'image de Shakespeare traduite comme nous désirons qu'elle le soit, par les qualités propres à l'esprit français. Fidèle et original, il montre sa propre nature de poète derrière son grand modèle. A cette tentative, M. Porel s'est piqué de joindre son dévouement de directeur et sa rare habileté de metteur en scène. Il a fait de cette représentation le charme simultané de l'esprit, de l'oreille et de l'œil; il nous a offert une forme vraiment complète de l'art dramatique. Vous verrez donc l'idée traduite et servie par l'emploi combiné de toutes les ressources matérielles du théâtre : décors aussi poétiques que les vers, cadre étincelant faisant valoir le tableau sans empiéter sur lui, musique lointaine baignant la scène d'harmonie, rapport exact de l'œuvre et de l'interprétation, mesure délicate.

Je n'ai pas à faire l'éloge des auxiliaires du poète et du metteur en scène, mais vous goûterez avec eux ce plaisir si complet et si rare de l'ensemble théâtral, de la convenance exacte entre l'acteur et le personnage. Vous ferez à chacun sa part mieux que je ne le puis faire; vous apprécierez à leur valeur l'élégance ou la finesse, la grâce ou la force, le talent héroïque ou comique de chacun. Je me bornerai donc à vous dire que, sous les traits du vieux Léonato, vous applaudirez le frère d'Hamlet; vous verrez comment le talent de l'acteur, sans forcer la note, sans prendre plus que sa part, peut mettre en pleine lumière un personnage qui n'est ni une femme ni un amoureux. Ainsi, par une rencontre heureuse, les plus grands succès que Shakespeare ait obtenus en France sont dus à deux frères étroitement unis par l'art et l'amitié.

Et maintenant, je vous laisse en face des interprètes de Shakespeare; oubliez ce que j'ai pu vous dire pour goûter cette fête d'art et de poésie. Lorsque le rideau se lève sur une pièce, elle doit se suffire à elle-même. Ma seule ambition est de vous avoir préparé une impression plus complète et de vous faire souhaiter, la représentation finie, de voir d'autres pièces semblables à celle-ci, c'est-à-dire des chefs-d'œuvre étrangers vraiment adaptés au génie français.

Février 1888.

BEAUMARCHAIS

L'HOMME ET L'ŒUVRE

Si Beaumarchais est le plus inégal et le plus mêlé de nos auteurs dramatiques, c'est aussi l'un des plus originaux et peut-être le plus amusant, dans ses œuvres comme dans sa vie. Il n'a donc cessé d'exciter l'intérêt du public et de ramener vers lui l'attention des biographes et des critiques. Son ami Gudin de la Brenellerie lui consacrait, le premier, une copieuse et complète histoire, longtemps inédite et récemment publiée, avec une exacte critique, par M. Maurice Tourneux[1]. Ce livre est un des moins ennuyeux, entre les livres mal écrits, que le dernier siècle nous ait laissés. Gudin a connu son héros mieux que personne, et, en dépit d'une admiration sans réserves, il nous le fait bien connaître. S'il se trompe et nous trompe, c'est qu'il a été abusé lui-même; mais ses erreurs sont aujourd'hui faciles à rectifier. Écrivain sans originalité, il se complaît dans les habitudes de son temps : sensiblerie, emphase, suffisance philosophique, nobles circonlocutions; mais, par

[1]. *Histoire de Beaumarchais*, par Gudin de la Brenellerie, mémoires inédits publiés sur les manuscrits originaux par Maurice Tourneux, 1887.

cela même, il marque avec précision une date de mauvais style dans l'histoire de la littérature française. Ce qu'Edmond About devait faire, en manière de plaisanterie, avec *l'Homme à l'oreille cassée*, pour le pathos du premier empire, Gudin le fait sérieusement, et avec la même perfection, pour la seconde moitié du xviii° siècle. Au demeurant, c'est un esprit judicieux, malgré ses naïvetés prudhommesques; un conteur agréable, malgré les plus inutiles, les plus verbeuses et les plus prétentieuses digressions; un caractère intéressant et ferme, malgré des puérilités sottes, et tout cela passe dans son livre.

Beaucoup plus récemment, mis en possession des papiers personnels de l'un des hommes qui, la plume à la main, ont fait le plus de confidences sur eux-mêmes, L. de Loménie tirait un tel parti de cette bonne fortune qu'à cette heure quiconque aborde le même sujet doit s'autoriser d'un nom qui se rappellerait tout seul comme un reproche, si l'on ne s'empressait de le prononcer comme un remercîment. M. d'Arneth expliquait ensuite, à l'aide des archives impériales de Vienne, un épisode aussi obscur que piquant dans la vie de notre auteur. Avec sa curiosité universelle, très largement informée, si elle n'est pas toujours bien clairvoyante, Édouard Fournier ajoutait quelques détails à ceux que l'on connaissait déjà. Au point de vue de la simple critique, Saint-Marc Girardin, Sainte-Beuve et Nisard, c'est-à-dire trois maîtres du genre dans la première moitié de notre siècle, portaient, sur sa valeur d'écrivain, une série de jugements qui comptent parmi les meilleurs de ces excellents juges[1].

---

1. *Beaumarchais et son temps*, études sur la société française au xviii° siècle d'après des documents inédits, par Louis de Loménie,

Enfin tout près de nous le mouvement d'études sur Beaumarchais recommençait de plus belle. M. Henri Cordier nous donnait une première et exacte bibliographie de ses œuvres. M. E. Lintilhac, reprenant le travail de Loménie d'après les mêmes sources et se piquant de mettre en lumière ce que, à tort ou à raison, son devancier avait oublié ou négligé, réussissait souvent à le rectifier en le complétant. L'Académie française faisait de Beaumarchais l'objet d'un concours dont M. de Lescure remportait le prix, avec un discours où se retrouve l'élégance habituelle de sa plume ; deux de ses concurrents, MM. Trolliet et Bonnefon, publiaient aussi tout ou partie de leurs essais. A l'étranger, un critique allemand, M. Bettelheim, lui consacrait un ouvrage de longue haleine où il profitait largement des travaux français, surtout de celui de Loménie, en y ajoutant le résultat de ses propres recherches en France et en Espagne[1].

L'abondance même de ces travaux m'est un prétexte et, s'il en est besoin, une excuse pour solliciter une fois de plus l'attention en faveur de Beaumarchais, car ils sont si nombreux qu'il en résulte un peu d'incerti-

---

1856 ; *Beaumarchais und Sonnenfels* von Alfred Ritter von Arneth, Vienne, 1868 ; *Beaumarchais en Allemagne*, révélations tirées des archives d'Autriche, par Paul Huot (traduction et amplification de l'ouvrage précédent) ; *Œuvres complètes de Beaumarchais*, avec une introduction par Édouard Fournier, 1876 ; *Essais de littérature et de morale*, par Saint-Marc Girardin, 1876, t. I, *Beaumarchais*, étude datée de 1827 ; Sainte-Beuve, *Causeries du Lundi*, t. VI, trois articles datés de 1852 ; D. Nisard, *Histoire de la littérature française*, liv. IV, chap. VI, § 5.

1. *Bibliographie des œuvres de Beaumarchais*, par Henri Cordier, 1883 ; *Beaumarchais et ses œuvres*, précis de sa vie et histoire de son esprit, par E. Lintilhac, 1887 ; *Étude sur Beaumarchais*, par M. de Lescure, 1887 ; Émile Trolliet, *Beaumarchais, ses drames et sa théorie du drame*, dans la *Revue d'art dramatique*, 1887 ; *Beaumarchais*, par Paul Bonnefon, 1887 ; *Beaumarchais, eine Biographie* von Anton Bettelheim, Francfort-sur-le-Mein, 1886.

tude. Je viens de les lire ou de les relire, et je me suis demandé ce qui en résultait, au total, pour la connaissance de l'homme et de l'écrivain. Je voudrais donc tracer rapidement son image telle qu'elle ressort, à mes yeux, d'une enquête si longuement poursuivie par trois générations, et très différentes, de critiques et de biographes. J'avais un dernier motif pour entreprendre un pareil travail. Nous venons de traverser les fêtes du Centenaire, et, dans un dessein d'exaltation ou de dénigrement, les principaux résultats de la Révolution française ont été mis en discussion. Beaumarchais est de ceux qui l'ont le plus activement préparée, et il mérite d'apporter sa part d'arguments dans le débat. Soucieux avant de tout de littérature en un tel sujet, je n'abuserai pas de cette manière de voir ; mais je devais du moins l'indiquer et m'en autoriser.

I

La physionomie de l'homme nous est connue surtout par la belle estampe d'Augustin de Saint-Aubin, d'après Cochin, un des petits chefs-d'œuvre de la gravure française au XVIIIe siècle. Toutefois, si l'on veut avoir une vive impression de ce que fut Beaumarchais, je conseillerais de la demander à une œuvre plus moderne, qui emprunte à son milieu un puissant effet. Je veux parler du buste placé au foyer public de la Comédie-Française[1]. Malgré le redoutable voisinage de Houdon et de Caffieri, il frappe aussitôt l'attention. Le modèle a si bien servi l'artiste, le port et l'ajustement ont un caractère si original que les plus distraits s'arrêtent et regardent.

1. Ce buste est signé Mathieu-Meusnier et porte la date de 1852.

Posée sur un corps svelte, que revêt un habit trop riche et plus convenable, semble-t-il, pour un financier que pour un homme de lettres, la tête se dresse, fière et droite, comme au bruit de quelque réflexion malsonnante. L'œil, bien ouvert sous un front large, les narines mobiles, la bouche ferme et dédaigneuse, tout semble répondre, avec une assurance voisine de l'effronterie : « Je suis de la maison, quoi qu'on dise ». Le premier aspect a donc quelque chose d'agressif. Si l'on regarde encore, l'impression se modifie en se complétant. Ces yeux sont pleins de vie, ces traits de finesse, et sur ces lèvres, où l'ironie voltige, la bonté se cache, prête à revenir. Assurément, l'homme dont voici l'image ne fut pas de la même espèce que ses voisins : Dancourt, large face de Crispin et de bohème, conservant le pli du masque comique ; Le Sage, observateur narquois, revenu des vaines ambitions, mais toujours très attentif ; J.-B. Rousseau, physionomie louche et fausse, comme le caractère de l'homme et le talent de l'écrivain ; Marivaux, peintre des élégances mondaines, rappelant, par sa toilette et son port de tête, les grâces apprêtées de son style ; Sedaine, honnête et sensible, naïvement amusé par son art ; de Belloy, « le poète citoyen », à qui l'exploitation du patriotisme tint lieu de talent, tout ravi de son éphémère apothéose. On se doute que celui dont la manière d'être contraste si fort avec ce qui l'entoure ne fut pas seulement un homme de cabinet et de théâtre ; qu'il vécut pour l'action beaucoup plus que pour la littérature et poursuivit la fortune autant que la gloire ; que ses pièces — car il en a fait, puisqu'il est là — ne furent pas coulées dans un moule banal. Et lorsque, enfin, on lit le nom gravé sur le socle, non seulement on n'éprouve pas la déception causée par bien des portraits, mais on trouve, au contraire, que la physionomie de l'homme répond entièrement à l'impression produite par ses ouvrages.

L'accord fut aussi complet entre le caractère de l'écrivain et l'esprit de son temps. Miroir fidèle et mobile, Beaumarchais refléta tout ce qui l'entourait en de vives et rapides images; passionnant l'opinion, passionné par elle, il en recevait des impressions qu'il lui rendait aussitôt plus fortes et plus profondes. Sans être un Voltaire ou un Jean-Jacques, il termina leur œuvre; il lança l'esprit du temps, d'une impulsion décisive, vers le but marqué par ses devanciers. De leurs prémisses, il tira des conclusions et, comme l'a dit Saint-Marc Girardin, « il appliqua les idées aux choses ». Ses confrères étaient bien de leur temps, eux aussi, mais ce n'étaient que des auteurs. Plus ou moins cantonnés dans leur profession, ils avaient un champ d'observation restreint, et, les yeux fixés sur des modèles mal compris, ils songeaient plutôt à égaler en imitant qu'à créer des modèles nouveaux. Beaumarchais, au contraire, homme universel, fit dans la littérature des incursions de conquérant, mais il ne s'y établit jamais à demeure. S'il imita, ce fut d'une manière originale et, puisant surtout dans son propre fonds, il mit au théâtre lui-même ses aventures, les idées du jour. De cette poétique inconsciente, il tira des chefs-d'œuvre sans précédents.

Telle est la première idée qu'éveille la comparaison de son image avec le souvenir de ses écrits. Elle se complète et se précise à mesure que l'on pénètre dans l'histoire de sa vie, l'étude de son caractère et l'examen de ses œuvres. Ce mélange de vigueur intellectuelle et de relâchement moral, de lassitude et d'activité, d'enthousiasme et d'égoïsme, de scepticisme et d'illusions, qui constitue l'état d'esprit de la société française au xviiie siècle, se retrouve au complet dans la nature de

Beaumarchais. Il parcourut tous les étages de la société de son temps; il appartint plus ou moins à tous les mondes. Non seulement les idées de ses contemporains furent les siennes, mais son expérience très complète de la vie et la souplesse de son intelligence lui permirent de les amener à un degré de clarté dont seul, peut-être, il était capable. Car ce n'était pas un Protée sans consistance, se transformant au gré du hasard et des milieux. Outre qu'une pareille souplesse serait déjà un caractère, il restait lui-même au milieu de ses transformations.

Né le 24 janvier 1732, d'un père horloger, rue Saint-Denis, Pierre-Augustin Caron passe sa jeunesse au cœur du Paris populaire, « entre quatre vitrages », qui lui laissent voir tous les spectacles et entendre tous les bruits de la rue. Dans cette famille d'artisans on trouve des goûts relevés et une culture intellectuelle très étendue. Sans mépriser un état qu'il regarde, au contraire, comme particulièrement honorable, le père s'occupe de mécanique, et le bruit de ses talents va jusqu'en Espagne ; ses filles aiment les vers, font de la musique et jouent la comédie. Avec cela, une stricte probité et des mœurs très pures. Cette famille n'était pas alors une exception; beaucoup d'autres lui ressemblaient : faut-il s'étonner qu'à la longue, en se comparant aux degrés supérieurs de la hiérarchie sociale, la bourgeoisie ait fini par souhaiter un rôle plus digne de ses vertus et de ses talents ? Le travail et l'épargne lui avaient donné la richesse ; le commerce et la finance étaient entre ses mains, et l'estime venait peu à peu à ces occupations longtemps méprisées. Mal gouvernée, cette bourgeoisie souffrait également dans ses intérêts et dans son amour de la justice. Elle discutait le pouvoir, mais avec plus de bon sens que les philosophes et les nobles. Malgré sa vieille humeur frondeuse, elle aurait voulu réformer sans détruire; elle se croyait encore tenue au présent par des liens solides; mais ces liens étaient usés et ses premiers mouvements achèveront de les rompre.

Le « fils Caron » sera un jour l'interprète de ces aspirations encore confuses. En attendant, il ne tarda pas à sortir de la boutique paternelle, et il lui fut donné de faire de près, avec des yeux très clairvoyants, la comparaison que les gens de sa classe faisaient de loin et par à peu près.

Dès l'âge de vingt-quatre ans il avait accès à la cour, d'abord comme simple horloger; puis, avec une industrie digne d'un Gourville, il devenait, dans le cercle de Mesdames de France, une sorte de « conseiller pour la musique ». L'influence des femmes sur sa destinée fut toujours considérable. Dès la première jeunesse il avait joué près d'elles, au naturel, ce rôle de Chérubin dont il fera la plus aimable de ses créations dramatiques. Ses bonnes fortunes d'adolescent étaient assez nombreuses et assez bruyantes pour que son père, qui conservait d'une origine protestante un tour d'esprit puritain, eût à se fâcher et dût même l'exiler quelque temps, tandis que ses sœurs, honnêtes et rieuses, tiraient vanité d'un frère aussi brillant. L'une d'elles, Julie, sa préférée et la plus spirituelle, disait dans des vers écrits pour la fête de son frère :

> A peine avait douze ans
> Faisait des vers charmants
> A ses jeunes maîtresses;
> Il était d'un tel prix
> Que pour lui les tigresses
> Devenaient des brebis.

Par le mariage, sa première femme lui apportera le droit de s'appeler M. de Beaumarchais, une autre les premiers éléments de sa fortune, tandis qu'une ennemie fantasque sera sur le point de causer sa perte et qu'une protégée indolente, arrachée par lui aux persécutions d'un mauvais mari, lui vaudra les plus rudes attaques qu'il ait jamais subies. Entre temps, il aima beaucoup, ou, du moins, il fut très galant, à la fois sceptique et naïf, infidèle et tendre, positif sans grossièreté, professant que « toute femme vaut un hommage », mais « que bien peu sont dignes d'un regret », les prenant au sérieux néanmoins, indulgent pour leurs faiblesses, leur gardant toujours de la reconnaissance et jamais de la rancune, alternativement occupé à leur rendre service et à se défendre contre elles, habile enfin à ne pas les compromettre. Elles l'adoraient, même lorsqu'elles avaient à se plaindre de lui. Gudin porte à ce sujet un étonnant témoignage : « Il fut aimé avec passion de ses maîtresses et de ses trois femmes » ; et cet autre, qui n'est pas moins digne d'attention : « Il réconcilia plusieurs ménages et n'en brouilla aucun[1] ». Au demeurant, depuis les princesses de théâtre jusqu'aux petites bourgeoises, depuis les grandes dames jusqu'aux bonnes fortunes de la rue — qu'il eut le tort de prolonger beaucoup trop tard, — il leur dut le bonheur domestique, toutes les joies de la galanterie, du sentiment ou même de la passion, des occasions de gloire et de for-

1. Le même Gudin dit encore, en traçant de son ami un portrait dont je me suis servi plus haut : « Dès que Beaumarchais parut à Versailles, les femmes furent frappées de sa haute stature, de sa taille svelte et bien prise, de la régularité de ses traits, de son teint vif et animé, de son regard assuré, de cet air dominant qui semblait l'élever au-dessus de tout ce qui l'environnait et de cette ardeur involontaire qui s'allumait en lui à leur aspect... Un des plus grands torts que je lui ai connus, c'était de paraître tellement aimable aux femmes, qu'il était toujours préféré; ce qui lui faisait autant d'ennemis qu'elles avaient d'aspirants à leur plaire. »

tune ; il leur dut surtout une expérience du cœur féminin qui lui permit d'imaginer ces délicieuses figures de Rosine, de la comtesse Almaviva et de Suzanne, où la femme française du xviiie siècle revit avec un charme que Marivaux lui-même n'a pas mieux saisi.

Vif et exubérant, Beaumarchais porte son assurance trop au dehors. De là des jalousies et des épigrammes. Il répond vertement à celles-ci, méprise celles-là, déploie dans l'occasion une bravoure brillante et gaie qui ne l'abandonnera jamais, faisant aussi fière figure sur le terrain que dans un cercle de courtisans hostiles, et s'habituant, dans une série d'escarmouches heureuses, à prendre les grands seigneurs, non pour ce qu'ils semblent être, mais pour ce qu'ils sont. Il y joint un clair bon sens, un esprit de décision et, comme il le dit lui-même, « un instinct de raison juste et net qui le saisit dans le danger, lui fait former un pronostic rapide sur l'événement qui l'assaille et le conduit toujours au meilleur parti qu'il faut prendre ». Avec le courage, la gaieté est déjà le trait essentiel de son caractère, en attendant qu'elle soit sa muse, une gaieté qui laisse place à des accès de mélancolie rêveuse, avec une sensibilité vive, facile et superficielle qui l'égarera souvent, dans sa vie comme dans ses œuvres. La poésie élevée et l'idéal lui manquent, mais jamais esprit ne fut plus souple, plus pratique et plus avisé, avec une sorte d'ivresse légère qui le transportait et l'excitait. Nature pleine de contrastes, à la fois épicurienne et stoïque, franche et rouée, mélange de don Juan et de Grandisson, faite pour l'action et le plaisir, aussi à l'aise dans la défaite que dans la victoire, douée d'une intensité de vie que l'histoire d'aucun écrivain et de peu d'hommes offre à un tel degré.

Le premier service que lui rendent sa faveur et son

aisance mondaine est de l'introduire dans la finance. Il oblige un homme qui remue des millions, Pâris-Duverney. Quelle aubaine pour lui! Car il aime l'argent. Non pour des satisfactions de luxe ou de vanité : s'il le dépense royalement, il sait, quand il le faut, porter gaîment la misère ; mais comme la plus puissante des armes, le levier universel. En cela, non seulement il est de son siècle, mais il le devance. Le voilà donc spéculateur, et il le demeurera toute sa vie, tour à tour marchand de forêts, de livres, de fusils, armateur et commissionnaire, prêteur et banquier; il voudra même un instant, malgré l'affectation d'une philanthropie sujette à de singulières défaillances, perfectionner la traite des nègres. Cette préoccupation de l'argent, il la portera jusque dans la littérature ; il aura le premier la conviction nette que la propriété littéraire est une propriété, et que la gloire ne perd rien à savoir s'administrer. Un siècle auparavant, Boileau se croyait obligé de plaider les circonstances atténuantes en faveur de Racine, qui tirait quelque argent de ses pièces. Il faudra du temps encore pour persuader au public, voire aux écrivains, que ne dépendre que de ses œuvres, c'est l'indépendance, par suite la dignité ; si Beaumarchais ne sut pas toujours conserver ces biens précieux, il les assura du moins à ses successeurs; il est le vrai fondateur de la Société des auteurs dramatiques, qui, entre autres services, rend aux écrivains de théâtre celui de veiller très attentivement et très fructueusement sur leurs intérêts [1].

Beaucoup d'autres, une fois riches — et il le fut de

1. Chacun sait que Beaumarchais, le premier, eut le courage et l'habileté nécessaires pour obtenir, contre l'avidité des comédiens, le règlement équitable des droits d'auteur et la consécration légale de ces droits; Loménie donne à ce sujet d'intéressants détails (t. II, XIX), complétés par M. Jules Bonnassies, *les Auteurs dramatiques et la Comédie-Française aux* XVIIe *et* XVIIIe *siècles.*

bonne heure, — n'auraient songé qu'à vivre tranquillement des faveurs du sort. « Cette philosophie médiocre n'est pas la sienne. » Il n'aime pas seulement l'action, mais le bruit; il veut entendre autour de son nom comme une rumeur continuelle. Enfin, il a ou croit avoir tous les talents, et il prétend les exercer tous. Or, au temps où il vit, de toutes les sortes de gloire, celle du théâtre est la plus enviée. Dans ce Paris amoureux de spectacles elle passionne toutes les classes : chaque soir la rajeunit et la renouvelle ; on n'est un homme connu qu'après avoir fait une tragédie [1].

Mais, si la tragédie conserve encore son rang dans la hiérarchie des genres, on commence à la discuter ; on vante une forme plus large et plus souple, le drame, qui mêle le rire aux larmes et admet toutes les conditions au privilége d'attendrir. Il y a, dans ces idées de Diderot, de quoi tenter un esprit aventureux ; Beaumarchais compose donc *Eugénie*, puis *les Deux Amis*, en reprenant, dans une longue préface — étonnant mélange d'esprit pratique et d'utopie, avec plus de celle-ci que de celui-là, — la thèse soutenue par l'auteur du *Père de famille* [2].

---

1. Sur cette nécessité, au dernier siècle et même au début du XIXe, de commencer toute carrière littéraire par une tragédie, Alexandre Duval a écrit un passage bien curieux, dont l'effet plaisant est d'autant plus vif que la conviction et la candeur de l'écrivain sont plus sincères. Je le citerais, s'il n'était pas trop long pour être reproduit ici. On peut le lire dans Sainte-Beuve (*Premiers Lundis*, t. 1, p. 297), comme un tableau très instructif des mœurs littéraires en France, et pour apprécier quelle révolution allaient produire ceux qui entendaient la littérature à la façon de Beaumarchais, c'est-à-dire comme un moyen d'action, de bruit et de fortune rapide.

2. Je n'insiste pas autrement sur les théories de Beaumarchais en matière de drame, malgré l'importance qu'y attachent plusieurs critiques, parce qu'elles me paraissent peu originales et de médiocre effet sur l'évolution théâtrale au XVIIIe siècle ; La Chaussée, Diderot,

Et, comme il ne peut se dispenser de mêler à toutes ses œuvres un peu de son histoire, *Eugénie* met en action les souvenirs amplifiés et embellis d'une délicate affaire de famille qu'il était allé poursuivre jusqu'en Espagne ; *les Deux Amis* sont empruntés à son expérience des affaires d'argent. La première des deux pièces réussit à moitié, la seconde échoue, mais toutes deux font retentir le nom de l'auteur. Ainsi le but est en partie atteint, la voie préparée, et tout ce qui sortira de la même plume soulèvera désormais une grande attention.

Cet ami de la gloire bruyante va, du reste, être servi à souhait, beaucoup mieux même qu'il ne l'eût désiré ; et il n'aura pas trop de tout son courage et de tous ses talents pour ne pas succomber dans la terrible aventure qu'une misérable chicane d'héritier lui prépare. Les calomnies, les dénonciations pleuvent sur lui ; et, tandis qu'il se défend en désespéré, une querelle avec un grand seigneur, le duc de Chaulnes, le fait jeter en prison, au mépris de toute justice, car le duc a tous les torts. Libre enfin, il se voit déshonoré et ruiné par les intrigues de M. de la Blache, autre grand seigneur, et les conclusions de Goezman, magistrat inaccessible aux plaideurs pauvres ou médiocrement généreux. Triste complément de son expérience de Versailles : du même coup, il n'a plus rien à apprendre sur la noblesse et il fait connaissance avec la justice des parlements. Tout autre fût resté écrasé : il se redresse et entame une lutte sans merci avec ceux qui veulent le perdre. Seul, il tient tête à un corps dont la redoutable organisation et les habitudes barbares ont de quoi faire trembler. Sans autre ressource

---

Mercier et Sedaine me semblent être les vrais initiateurs de ce mouvement. A un point de vue opposé, M. Trolliet étudie avec détail les drames de Beaumarchais ; voy., dans la *Revue d'art dramatique*, son travail déjà cité.

que la plume, privé du prestige de l'éloquence parlée, il oblige la raison d'État à céder devant son droit. On s'efforce à le déshonorer : il répond en démasquant ses adversaires, les frappe au visage et les montre ridicules ou odieux. Le courage n'aurait pas suffi dans cette lutte effrayante, il y fallait de l'héroïsme : à l'héroïsme il ajoute le génie et, par ses *Mémoires*, se révèle grand écrivain.

II

Pour trouver à ces *Mémoires* un terme de comparaison, on s'adresse d'habitude aux *Provinciales* et l'on va jusqu'à les leur égaler. C'est leur faire un excès d'honneur, car il y a des rangs même parmi les chefs-d'œuvre Malgré des ressemblances sur lesquelles je reviendrai, les deux livres ne diffèrent pas moins que les deux auteurs : Pascal, âme ardente et droite ; Beaumarchais, tête fumeuse et compliquée. Tous deux furent spirituels et habiles, mais l'esprit de l'un n'était que l'ironie d'une raison supérieure, son habileté qu'une forme de la droiture ; l'autre plaisantait d'une façon qui eût indigné Pascal, il y avait de l'équivoque dans sa dialectique, et, luttant contre des fourbes, il ne s'interdisait pas de les battre avec leurs propres armes. Pascal n'avait d'intérêt personnel dans le débat qu'un attachement passionné pour ses croyances ; il était l'homme d'un parti, mais, outre qu'un parti est plus qu'un homme, le sien croyait confondre dans sa cause les plus chers intérêts de l'humanité. Beaumarchais ne défendait que lui-même, et, au fond, de quoi s'agissait-il dans son procès ? De quelques louis offerts par un plaideur à la femme d'un magistrat, avec l'espoir que le magistrat en saurait gré au plaideur.

Mais il manœuvra si bien que le principal de la cause n'en fut bientôt plus que l'accessoire; dans ce misérable débat, il sut engager la dignité du premier corps judiciaire de France et l'intérêt supérieur de tous les Français à obtenir justice.

Le seul procédé de Pascal où l'on puisse voir une tactique, ce fut de déplacer le tribunal dont ses amis étaient justiciables et de porter la cause devant tous ceux que l'on appelait alors « les honnêtes gens ». C'est en cela, et en cela seulement, que Beaumarchais lui ressemble tout à fait. Peut-être dut-il à son illustre devancier l'idée de cette manœuvre; peut-être aussi lui vint-elle par le seul effet d'une situation à ce point compromise que, faute de couvrir son intérêt de l'intérêt général et de le renouveler en l'élargissant, il était perdu sans ressources : le Parlement tenait à le condamner, et le public ne tenait pas encore à ce qu'il fût absous.

Il fallait d'abord rendre la cause attachante, et ce n'était pas facile. Où pouvait se prendre la curiosité dans une ennuyeuse complication de chicanes? Beaumarchais eut l'art de transformer ses adversaires et lui-même en acteurs d'une vraie comédie et de faire désirer le dénouement de la pièce avec passion. Sa prompte intelligence s'était vite orientée dans les obscurités de la procédure; mais il dissimula sa science avec autant de soin que d'autres en eussent mis à l'étaler, et, abandonnant le grimoire à ses adversaires, il s'attacha de tout son pouvoir à être clair. Le public une fois alléché et retenu par son plaisir même, il lui fit comprendre que cette cause était celle de tous, car chacun a plaidé, plaide ou peut plaider un jour.

La surprise et la colère grandissaient dans le public à mesure qu'avançait cette étonnante représentation. On savait bien, depuis Rabelais et Racine, que magistrats et gens de loi, tantôt grotesques, tantôt sinistres, étaient souvent très dangereux ; mais, en somme, Grippeminaud comme Dandin, figures imaginaires, enlaidies à plaisir. Ici, au contraire, des personnages vivants, plus ridicules que toutes les inventions de la comédie et de la satire, plus dénués encore de pudeur et d'honnêteté. Leurs procédés apparaissaient comme un odieux mélange de cruauté et de perfidie, avec un effet d'autant plus grand que le courageux plaideur conservait une convenance exemplaire. Au lieu d'invectiver ses juges, il leur portait des coups terribles avec les marques du plus profond respect. Son attitude, enfin, achevait de lui concilier la sympathie. La plupart des accusés ne trouvent guère que deux moyens de défense : l'arrogance qui indispose, l'humilité qui répugne. Tranquille et souriant, ferme sans bravade, Beaumarchais, dans cette poursuite déshonorante, sauvegardait sa dignité. Les formes surannées et la solennité barbare de l'appareil judiciaire, il n'y voyait qu'un utile décor pour la mise en scène de sa pièce, et il en tirait le pathétique ou le comique latent.

Comme le moi est monotone et que l'intérêt se retire vite de qui prétend l'accaparer, il se gardait bien de rester au premier plan. Après un monologue, où il avait donné seul, il présentait sa famille en un groupe sentimental, tel que Greuze aurait pu le disposer : au centre, son père, respectable vieillard, qui s'étendait avec effusion sur les mérites de son fils ; ses sœurs, courageuses filles, qui, paraît-il, le secondaient dans la lutte. On s'aimait vraiment beaucoup dans cette famille, et il faut reconnaître à Beaumarchais presque toutes les vertus de l'homme privé. Les adversaires défilaient ensuite : à la cantonade, le conseiller Goezman, invisible et présent, couvert par son titre, semblait-il, en réalité, le plus maltraité de tous ; le gazetier Marin, Provençal infatué, auquel manquait le sens du ridicule et d'autant plus comique, car, en faisant éclater le rire, il continuait à s'admirer ; Lejay, petit marchand de Paris, affolé de terreur, essayant de se tirer d'affaire par des témoignages de complaisance et n'arrivant qu'à se compromettre encore plus ; le grand cousin Bertrand, niais et colérique ; Baculard d'Arnaud, sensible et perfide, solennel et sot, dévoré de jalousie. Enfin, M⁽ᵐᵉ⁾ Goezman, jolie femme coquette et mobile, hors d'elle pour une épigramme, calmée par le moindre compliment, tantôt effrontée, tantôt tremblante, oubliant la gravité de la situation pour faire des grâces, menaçant, au début d'un interrogatoire, d'arracher les yeux à Beaumarchais, et, à la fin, acceptant la main qu'il lui offrait pour la reconduire. Ces êtres, pris dans l'ordinaire de la vie, sans grande originalité naturelle, étaient marqués dès lors d'un signe inoubliable : ils passaient au rang de types.

Élevé à cette puissance, le talent d'observer et de peindre devient celui de créer, c'est-à-dire la qualité maîtresse de l'auteur dramatique. Gêné par des théories excessives ou fausses, Beaumarchais avait échoué au théâtre ; l'expérience sincère et l'observation sans parti pris lui donnèrent ce qui lui manquait à ses débuts. Lorsqu'il abordera de nouveau la scène, il devra le meilleur de son succès à la reprise des moyens employés dans l'affaire Goezman.

S'il se montrait auteur dramatique par le don de créer des personnages, il ne l'était pas moins dans l'art de les faire parler. Certains passages des *Mémoires* sont des scènes de comédie toutes faites ; ainsi la grande confrontation avec M⁽ᵐᵉ⁾ Goezman : tout le reste y converge ou en découle, et, comme dans une pièce bien conduite, cette scène explique, résume ou prépare tout ce qui précède et tout ce qui suit. Enfin, le style est déjà celui du théâtre; il suffira de le serrer un peu et de l'émonder çà et là pour l'y approprier exactement. Car, s'il ne lui reste plus rien à gagner comme éclat et souplesse, il y a excès de verve, du mauvais goût, de la pétulance, une gaieté qui s'enivre d'elle-même. On voit que l'inspiration arrive tumultueuse et que l'auteur ne se donne pas la peine de choisir dans le flux des pensées et des mots. Plusieurs pages sont, visiblement, très travaillées: ce sont les meilleures; d'autres ont coulé de source, et le jet exubérant n'en est pas très pur. Parfois les défauts du temps apparaissent, ainsi l'emphase et la sensibilité déclamatoire. Ailleurs c'est l'auteur lui-même qui met trop de son caractère dans son style. Il a des insolences de page incapable de tenir sa langue, des effronteries de valet comique, des bouffées de satisfaction personnelle dont la bonne humeur ne corrige pas la fatuité.

Ce qui le sauve partout et de tout, c'est l'esprit, dont il use à profusion; esprit de mots, de situation et de caractère. Au total, cet esprit est d'une forme toute nouvelle, reprise au point où Voltaire l'avait laissée, avec ce tour net, rapide et incisif qui, grâce à tous deux, est devenu de plus en plus l'expression favorite de l'humeur nationale. Outre cet esprit, dont il se sert presque toujours avec beaucoup d'à-propos, il a sa gaieté naturelle; il possède enfin le don de l'expression vive, neuve, colorée d'images pittoresques. Un torrent de verve et d'éloquence, qui va jusqu'au lyrisme, emporte les défauts; on ne les trouve qu'en les cherchant; au contraire, les qualités de premier ordre frappent et séduisent dès l'abord. Beaucoup étaient sans exemple avant lui. Sa rhétorique a des effets neufs et puissants que Démosthène ou Cicéron lui eussent enviés ; ainsi la fameuse prière, où, faisant l'énumération de ses ennemis, une même formule lui suffit pour les écraser l'un après l'autre. Quant à l'invention, il n'y en eut jamais d'aussi fertile en un sujet plus restreint. De mémoire en mémoire, la matière, toujours la même, semble renouvelée ; il y a progression d'intérêt comme d'éloquence, et le dernier est, sans contredit, le plus attachant. C'est là qu'une allusion perfide à son voyage d'Espagne lui fournit le prétexte de le raconter lui-même et d'en faire non plus une comédie, mais un drame, où parlent et agissent avec l'éloquence de la passion sa sœur Marie-Louise et lui-même, protecteur de l'innocence abusée, vaillant dans la lutte, généreux dans la victoire. Terminer de la sorte était une suprême habileté, car l'arrêt allait être rendu et l'homme qui avait joué un si beau rôle ne pouvait plus, décidément, être traité comme un plat fripon et un simple intrigant par ceux qui avaient le plus d'intérêt à le présenter comme tel.

III

L'effet de cette éloquence ne fut pas seulement littéraire. Si, en parlant au seuil du prétoire la langue de Voltaire échauffée par la flamme de Rousseau, les *Mémoires* contribuèrent à en chasser l'emphase et le pathos, ils eurent de plus graves conséquences, présentes ou lointaines, funestes ou heureuses. Ils achevèrent de discréditer le parlement Maupeou, mais ils ruinèrent le respect de la justice, déjà bien ébranlé. Les anciens magistrats avaient applaudi aux coups dirigés contre des intrus[1], sans prévoir qu'eux-mêmes, le jour où ils remonteraient sur leurs sièges, en trouveraient la dignité avilie. Ils voudront reprendre et continuer leurs rôles au point où la révolution de 1771 les avait obligés à quitter la scène, c'est-à-dire revendiquer contre un pouvoir absolu des « droits » dont l'exercice était un non-sens, puisqu'ils le tenaient de ce pouvoir même ; ils espéreront entendre encore les acclamations populaires qui les accompagnaient jadis aux lits de justice. Mais l'opinion ne verra plus en eux que les arbitres des plaideurs, et de mauvais arbitres. Parmi ceux qui demanderont bientôt la destruction des anciens parlements, un très grand nombre avaient désappris, en lisant Beaumarchais, le respect de la magistrature. En revanche, après ces retentissants débats, la lumière portée à fond dans l'antre de la chicane avait éclairé les vices de la procédure et montré la nécessité des garanties dont les codes de la Révolution entourent l'accusé, le plaideur et le magistrat. Comme l'a dit justement Saint-Marc Girardin, ces « modèles de plaisanterie et d'éloquence » contiennent à chaque instant « le germe de quelques-uns des grands principes de justice ou d'humanité, qui depuis ont passé dans les lois ».

Pour l'auteur, l'admiration fut unanime et le triomphe éclatant. Blâmé par le parlement, le plaideur gagnait son procès devant l'opinion. Elle avait un moment abandonné Beaumarchais, elle lui revint avec une fureur d'enthousiasme ; elle vit en lui « l'homme de la nation », celui qui incarnait en sa personne les griefs et les droits de ses concitoyens. Un prince du sang, de grands sei-

---

1. « Toutes les familles qui tenaient à l'ancien parlement exaltaient les *Mémoires* de Beaumarchais et son courage ; toutes celles qui tenaient au nouveau déchiraient l'auteur, exécraient son audace, rugissaient à la vue de ses *Mémoires*. » (Gudin.)

gneurs, aussi aveugles que les anciens parlementaires, applaudissaient comme eux. Le bruit fut tel que Voltaire s'inquiétait à Ferney de cette explosion de gloire, et remarquait, non sans dépit, qu'il n'y avait pas là de quoi faire oublier *Mérope*.

Il pouvait se rassurer : Beaumarchais atteignait l'apogée de la faveur. Malgré de nouveaux triomphes et d'éclatants retours de gloire, l'auteur des *Mémoires* ne devait plus connaître l'unanimité d'admiration qui se fit un moment autour de lui. Il avait alors quarante-deux ans, un âge critique pour les natures comme les siennes, où de graves défauts se mêlent à de rares qualités. A cet âge, en effet, l'équilibre jusqu'alors maintenu se rompt souvent et l'on verse du côté où l'on penche. Grisé par le succès, il compta trop sur lui-même et voulut trop entreprendre. Son activité va devenir agitation, son audace effronterie, sa souplesse intrigue pure. Jusqu'à présent nous n'avons vu en lui qu'un ambitieux très remuant, mais dont les talents égalent l'ambition ; désormais nous aurons affaire à un aventurier, qui usera largement de toutes les libertés familières à ses pareils.

Passe encore pour la mission secrète en Angleterre qu'il obtient de Louis XV dans l'intérêt de Mme du Barry. Le *blâme* qui l'avait frappé emportait des conséquences légales très gênantes, et la faveur royale pouvait seule lui frayer les voies de la réhabilitation. Pour gagner cette faveur, il négocie avec un entrepreneur de chantage, Théveneau de Morande[1], et va être payé de ses peines,

---

1. Il s'agissait de supprimer un pamphlet, *Mémoires secrets d'une femme publique*, dont Théveneau de Morande (voy., sur ce personnage, *Théveneau de Morande, étude sur le* XVIIIe *siècle*, par M. Paul Robiquet, Paris, 1882) était l'auteur et qui, celui-là, existait réellement. Gudin vit détruire l'ouvrage, dont il ne reste plus un seul exemplaire, et il tire de cette destruction une jolie suite de

lorsque meurt son royal créancier. Il est moins facile de mériter les bonnes grâces du nouveau roi, qui n'a pas de favorites. Cependant la jeune reine, entourée de haines ardentes, est calomniée avec fureur; et le roi entend parler d'un nouveau Morande, le juif Angelucci, entre les mains duquel il faut arrêter au plus tôt un pamphlet contre la reine. Cet Angelucci, à vrai dire, semble bien n'avoir jamais existé; Beaumarchais l'aurait inventé pour les besoins de sa cause, et les efforts récents de M. Lintilhac afin de l'innocenter sur ce point n'apportent guère d'autre preuve que la sympathie du critique pour son auteur [1]. Alors commence un roman d'aventures, trop singulier pour être croyable — aussi l'a-t-on reconnu faux, — qui nous montre Beaumarchais passant de France en Angleterre, d'Angleterre en Hollande, traversant toute l'Allemagne à la poursuite de son énigmatique Angelucci, enfin venant échouer dans les pri-

métaphores : « Je vis consumer dans un four à chaux ou à plâtre plus de trois mille exemplaires de calomnies, dont les cendres emportées par les vents, en détruisant l'espoir des instigateurs du libelliste, engendrèrent de nouveaux ennemis à Beaumarchais et firent pleuvoir sur sa tête un nouveau déluge de calomnies ».

1. Pour établir qu'Angelucci a existé, M. Lintilhac (*Beaumarchais et ses œuvres*, deuxième période, chap. II) s'appuie simplement sur une lettre de Beaumarchais, où il est dit ceci : « Faites-moi le plaisir de dire à l'ami qui vous rend ma lettre que, si par hasard il lui survenait une lettre de change de moi à accepter de la somme de cent louis au profit de Guill. Angelucci, qu'il la refuse absolument : quoique j'aie fait cette lettre, je ne la dois pas, mon fripon ayant forfait à toutes les lois qui me l'ont arrachée ; mais, s'il en arrive à mon père, au domicile que je me suis choisi au Marais, que mon ami le prévienne qu'il accepte ; car elles sont dues légitimement et il sera juste que je les acquitte à mon retour. » Il est impossible de voir la moindre preuve dans ce passage, peu clair, du reste : rien n'est plus commun que les *billets* supposés, et Beaumarchais, en inventant Angelucci, n'en aura fait son créancier que pour ajouter une preuve à sa mystification. Quant au billet en question, le signataire prenait les précautions d'usage en pareil cas.

sons de Vienne, après avoir, dit-il, échappé par un miracle d'héroïsme et de sang-froid à une attaque de brigands soudoyés. On se rappelle l'étonnante histoire contée au chevalier de Grammont par son courrier, l'ingénieux Termes : le sable mouvant près de Calais, le cheval enlisé, le portemanteau englouti, etc.[1], et l'on s'étonne que M. de Vergennes, diplomate et ministre, ait été plus crédule que le chevalier. Le ministre autrichien Kaunitz ne fut pas d'aussi bonne composition ; l'étrange courrier de cabinet qu'était Beaumarchais lui apparut sous son vrai jour : il ne vit en lui qu'un valet de l'ancien répertoire et le traita simplement de « drôle ». Les protestations indignées de Beaumarchais et de plusieurs de ses biographes[2] ne peuvent faire que ce terme énergique ne soit, dans le cas présent, d'une exacte justesse.

A partir de ce moment, il devient difficile de prendre Beaumarchais au sérieux. On peut tout au plus faire observer que, si le caractère de l'homme est entamé par ces louches aventures, l'auteur du *Barbier de Séville* y a complété l'expérience nécessaire pour imaginer Figaro. Il achevait d'y perdre ce qui lui restait encore de respect pour les puissances. La noblesse et la magistrature lui inspiraient depuis longtemps haine et mépris ; et voici qu'il faisait l'expérience des rois. Louis XVI, en effet, ne pouvait compter ni sur la reconnaissance, ni sur l'estime de son agent ; l'homme avili

---

1. *Mémoires du chevalier de Grammont*, chap. VII.
2 Gudin est, naturellement, le plus chaleureux de tous. Beaumarchais avait été gardé à vue pendant un mois : « Pour éclaircir un doute, s'écrie Gudin, ne pouvait-on employer des formes moins dures, des moyens moins dignes des Vandales, des Huns ou des Esclavons?... N'est-ce pas ce mépris des égards dus à l'humanité qui a rendu si désavantageusement célèbre l'orgueil de la maison d'Autriche? »

par certaines besognes rend à celui qui les commande le mépris qui les fait commander : « Tenez, monsieur, dira Figaro, n'humilions pas l'homme qui nous sert bien, crainte d'en faire un mauvais valet ».

Mais le plus mauvais pas est franchi dans l'histoire de Beaumarchais; en avançant, on pourra s'étonner et sourire : il n'y aura guère à s'indigner ; malgré l'éternelle poursuite de l'argent, la plupart de ses actions vont être avouables, plusieurs généreuses. La considération lui manquera toujours aux plus beaux moments de sa gloire, et il laissera souvent prise à la médisance, sinon à la calomnie, mais il ne leur donnera que rarement raison. Lorsque éclate la guerre d'Amérique, il s'avise qu'il y a là matière à des opérations aussi libérales que fructueuses. Il les conçoit sur un plan grandiose et se procure deux rois comme bailleurs de fonds, celui de France et celui d'Espagne. Il équipe de véritables flottes, contribue aux victoires du comte d'Estaing, amasse une fortune énorme, la perd, en regagne une partie. Le tout, pour n'obtenir des hommes d'État de Philadelphie qu'une parfaite ingratitude. Mais cela ne le corrigera ni du goût des spéculations, ni de celui des entreprises à effet. Après les insurgés d'Amérique, il offrira ses talents à son propre pays, et la dernière affaire qu'il entreprendra pour la poursuivre avec une obstination tantôt admirable, tantôt folle, ce sera une fourniture de fusils aux armées de la Convention.

Si la comédie exige de ceux qui veulent amuser leurs semblables d'avoir beaucoup vu et beaucoup appris, personne n'y était mieux préparé que Beaumarchais lorsqu'il l'aborda entre son retour d'Allemagne et le début de ses affaires d'Amérique. Où trouver une expérience plus complète que la sienne, une connaissance plus universelle des hommes et de la vie? Il mena tout de front : équipement de vaisseaux, composition de ses pièces, relations laborieuses avec les comédiens et le pouvoir. Car il eut certainement plus de peine à se faire jouer qu'à écrire. Sa première comédie existait en projet depuis plus de dix ans. En 1765, à la suite du voyage en Espagne, il s'était proposé de révéler à ses compatriotes, sous forme d'opéra-comique, les mœurs originales, les costumes pittoresques et la musique animée des Espagnols. Cet opéra fut médiocre, et les comédiens italiens s'empressèrent de le refuser. Alors, n'en conservant que les noms et les costumes, il en revêtit, comme d'un joyeux déguisement, des mœurs et des caractères français.

Ne regrettons pas qu'il ait si vite abandonné son projet primitif : les deux comédies que nous valut ce renoncement étaient destinées à une brillante carrière musicale. Le divin Mozart, du vivant de Beaumarchais, et Rossini, moins de vingt ans après sa mort, en tiraient deux chefs-d'œuvre, l'un de tendresse et de grâce, l'autre de verve et d'esprit. Chefs-d'œuvre inséparables de ceux qui les ont provoqués : malgré les vers des librettistes, les mélodies allemande et italienne ne cessent plus d'accompagner la prose de Beaumarchais, et la phrase française chante et rit à travers les deux partitions. Il est rare pourtant que ces adaptations de comédies ou de drames en livrets d'opéra réussissent tout à fait. Dans le cas présent, Beaumarchais semblait avoir pressenti et préparé, par une parenté de nature, sinon Mozart, du moins Rossini. L'esprit français se mariait à l'ironie italienne avec autant d'aisance que si le rythme vif et rapide de la prose de Beaumarchais avait été conduit, dès l'origine, par une sorte d'instinct, qui sollicitait l'intervention prochaine de la musique ; l'écho des sérénades entendues à Madrid y résonnait en sourdine et s'y jouait comme un orchestre invisible. Quant à Mozart, il s'est servi de Beaumarchais comme d'un prétexte pour évoquer, avec son âme rêveuse et passionnée, une sorte d'amour que l'esprit français sentait et connaissait déjà, puisqu'il avait Racine, mais qui manquait au xviiie siècle, et qui, désormais, se répandra largement à travers la littérature et l'art de notre pays [1].

IV

Enfin *le Barbier de Séville* parut devant le public parisien le 23 février 1775 ; date encore plus importante dans l'histoire de notre théâtre que dans celle de Beaumarchais, presque aussi digne d'être retenue que celle du *Cid* ou d'*Hernani*. Ce jour-là vit surgir, en effet, plus qu'un chef-d'œuvre comique, plus que le brillant tableau de toute une société : la comédie elle-même entrait dans une nouvelle voie [2].

Au premier abord, on pourrait s'y tromper. Ce qui frappe avant tout, ce sont les réminiscences de l'ancien théâtre, dont la nouvelle pièce est remplie. Les contemporains y signalaient l'intrigue d'un opéra-comique de Sedaine : *On ne s'avise jamais de tout*. Ils auraient pu remonter plus haut et retrouver dans Molière, avec les

---

1. Voy. un parallèle entre Beaumarchais, Mozart et Rossini dans *les Deux Masques* de Paul de Saint-Victor, t. III, chap. x, 1884. Le morceau est joli, quoiqu'il parte d'une exagération : « On peut dire que *le Barbier de Séville* n'appartient plus à Beaumarchais qu'à demi. La musique de Rossini lui a enlevé son chef-d'œuvre, comme les Naïades de la Fable grecque, qui entraînaient les beaux enfants dans la mer... », etc.

2. J'avais déjà développé quelques-unes des idées contenues dans les pages qui suivent, au cours d'une conférence faite au théâtre de l'Odéon, le 12 avril 1888, sur *le Mariage de Figaro*, et qui a été l'objet d'une très bienveillante discussion par M. Jules Lemaître, *Impressions de théâtre*, 3e série, 1889.

personnages de la nouvelle pièce, la vieille histoire qui en fait le sujet. *L'École des Femmes* surtout était mise à contribution. Horace n'a fait qu'échanger son brillant habit de cour contre le costume noir du bachelier Lindor; Bartholo, c'est Arnolphe sous le manteau de médecin espagnol; Agnès porte la mantille et s'appelle Rosine. Mais, avec la tendresse de l'amoureux, nous retrouvons l'égoïsme, la suffisance, l'humeur rogue du tuteur, et, si la rouerie inconsciente de l'ingénue s'est bien aiguisée, c'est le même charme de jeunesse, le même élan vers l'amour. Quant au barbier qui mène l'intrigue, il est partout dans Molière : Mascarille l'a devancé, surtout Hali, du *Sicilien*, ce délicieux petit acte, où l'on pourrait encore signaler deux des plus amusantes idées scéniques du *Barbier de Séville* : la conversation du premier acte sous le balcon et celle du troisième entre les deux amoureux au nez du tuteur distrait; et ici, un peu du *Malade imaginaire*, la leçon de chant, vient compléter *le Sicilien*. Avec Agathe des *Folies amoureuses*, Regnard a fourni plusieurs traits de Rosine, et Marivaux, avec Trivelin, de *la Fausse Suivante*, quelques-unes des meilleures répliques de Figaro. Les souvenirs de Le Sage — qui, chose amusante, a mieux peint l'Espagne sans l'avoir vue, que Beaumarchais qui l'avait habitée — sont partout dans le caractère de Figaro[1]. Enfin, il n'est pas jusqu'à Boursault qui, dans son *Mercure galant*, n'ait offert l'excellent modèle de son La Rissole au comte Almaviva déguisé en soldat[2].

1. Cette réminiscence de Beaumarchais a été relevée par M. F. Brunetière, qui l'a constatée le premier, *Études critiques sur l'histoire de la littérature française*, 3ᵉ série, 1887, *Le Sage*, iv, et ci-après.
2. Voy. une bonne étude sur les sources du *Barbier de Séville* dans le travail d'Auguste Vitu, *Beaumarchais auteur dramatique*, iv, en tête de l'édition illustrée par M. S. Arcos, dont il est question ci-après.

Ressemblances de forme; au fond tout est changé, surtout dans les deux caractères principaux, le valet et le maître. Le valet de Molière prenait son temps et son sort comme ils étaient : dans ses heures de raisonnement, il n'exprimait ni rancunes, ni espérances subversives. Il avait conscience de sa supériorité, mais il n'insinuait pas qu'un renversement des conditions serait souhaitable et conforme à la justice. On le battait souvent, on l'envoyait aux galères dans l'occasion, on le pendait quelquefois; mais il admettait tout le premier que le bâton, la rame et la potence étaient faits pour les Mascarilles, qu'il y avait entre ces choses et lui un rapport nécessaire, fondé sur le droit et la tradition. En revanche, il lui semblait légitime de faire tout son possible, d'abord pour les mériter, ensuite pour les éviter. Son destin, après tout, en valait bien un autre : ne lui donnait-il pas une liberté souveraine malgré sa dépendance, les bénéfices de l'état de guerre, le droit à la paresse, l'imprévu, la fantaisie?

Figaro n'en juge pas de la sorte. La familiarité qu'on lui témoigne, les libertés qu'on lui permet, il en use pour dire son avis sur les injustices de ce monde. S'il est valet, c'est qu'une société mal faite ne lui laisse pas d'autre usage de ses talents, et il donne à entendre non seulement qu'il est à la hauteur de tous les emplois, mais encore qu'il n'y a pas dans son maître l'étoffe d'un valet comparable à lui-même. Il espère bien que les choses ne seront pas toujours ainsi, et alors on verra ce qu'il sait faire! Ne lui objectez pas l'inégalité fatale des conditions humaines : il a lu le *Contrat social*, et il n'admet ni droits héréditaires, ni hiérarchie fondée sur le privilège : place au mérite personnel ! En attendant que s'établisse la société nouvelle, il profite du temps présent; il flatte les passions de son maître et se fait payer à son prix, c'est-à-dire très cher. L'argent, voilà son dieu : il le dit, il le répète, il le proclame.

On explique d'ordinaire cette différence entre Mascarille et Figaro, par cette raison que le premier ignorait l'histoire de sa race et que le second la connaît au mieux. Héritier de ces esclaves et de ces vilains, de tous ces fils du peuple, joyeux dans la servitude, qui peuplent la comédie grecque et latine, les fabliaux et les farces du moyen âge, le théâtre du xviie siècle, sans parler du Panurge de Rabelais, Figaro exerce, dit-on, les revendications légitimes de l'esprit humilié [1]. Gardons-nous de compliquer à l'excès un personnage qui n'est déjà pas trop simple. Par cela seul qu'il est le dernier des valets, Figaro est leur héritier légitime ; mais il représente surtout Beaumarchais lui-même ; il le représente même trop, car, valant moins que lui, il le calomnie quelquefois par cette ressemblance. Au demeurant, la plupart des traits ironiques du barbier contre les injustices du sort sont empruntés aux mésaventures de Beaumarchais. Presque toujours, dans ces accusations générales, il y a un grief personnel. Mais, ici encore, nous retrouvons la grande habileté des *Mémoires* : ces griefs sont présentés de telle façon qu'ils sont plus ou moins ceux de tout le monde, et cela suffit pour que chacun applaudisse avec transport. Figaro, du reste, est plein d'esprit et de gaieté, aimable et sensible, insouciant et brave ; toutes qualités propres à l'auteur, mais dans lesquelles un spectateur français se reconnaît volontiers.

Comme valets et maîtres sont dans un rapport nécessaire, le comte Almaviva explique et rend possible Figaro. Il tient au passé par des racines encore plus pro-

---

1. Cette filiation est développée en détail, avec quelque artifice et beaucoup d'esprit, par Marc-Monnier, *les Aïeux de Figaro*, 1868.

fondes et a pour ancêtres tous ceux qui, dans la suite des temps, s'attribuèrent un privilège de richesse et de domination, fondé sur le droit historique et sur la force. Il arrive au moment où ce privilège est ruiné par la discussion; il le sent et il en prend son parti. Toutefois il n'est pas éloigné de croire que le moindre effort de volonté lui suffirait pour retenir tout ce qui lui échappe. De là bien des contradictions dans ses actes et ses paroles. Tout à l'heure, il permettait à « mons Figaro » des réflexions très agressives; maintenant, il rétablit les distances. Il a du reste, quoi qu'en dise Figaro, des qualités de premier ordre : de la bonté, une intelligence très ouverte, une grande distinction de manières et de langage, de la race en un mot. Il semble que Beaumarchais, obligé et victime de la noblesse, hôte de Versailles et prisonnier du For-l'Évêque, n'ait pu se défendre d'un peu de reconnaissance et de sympathie envers ceux dont il se vengeait : pour mettre sa conscience en repos, il les couronne de fleurs en les sacrifiant.

Car, pour la première fois dans notre ancien théâtre, l'inspiration de la pièce emprunte beaucoup à la politique, et c'est là une grande nouveauté, indice d'un profond changement dans l'esprit public. C'est que, depuis cinquante ans, la politique était devenue le thème préféré de la littérature et des conversations. Jadis on chansonnait les ministres, mais on ne discutait pas le principe du pouvoir; on ne prononçait guère certains mots, qui désormais seront dans toutes les bouches : devoirs des gouvernants, droits des gouvernés, respect de la nation. Sous Louis XIV, un « patriote », comme Vauban, faisait scandale et personne ne prenait au sérieux la race bavarde des « nouvellistes ». Sous Louis XV, un club d'économistes s'est installé dans le palais de Versailles, on s'est paré du titre de « citoyen »; dans les cafés, dans la rue, sous les ombrages des Tuileries et du Luxembourg, on a discuté toutes les institutions avec une hardiesse que les espions de police n'intimidaient pas. Et voici que maintenant, sous Louis XVI, la comédie s'attaque à ces institutions; elle les traduit sur la scène, elle les soumet au plus redoutable des examens, celui qui recommence tous les soirs devant un public toujours renouvelé, où les sentiments de chacun se multiplient par ceux de tous, avec le grossissement nécessaire à la scène et la concentration vigoureuse qu'elle exige de la satire. Je rappelais tout à l'heure les devanciers français de Beaumarchais dans la conception de ses personnages et de son sujet; cette fois, pour lui trouver un modèle aussi hardi que lui-même, il faudrait remonter jusqu'à Aristophane.

V

Le changement est aussi profond dans la structure que dans l'inspiration de la pièce. A y regarder de près, Beaumarchais n'invente rien, mais il combine de façon si originale les éléments fournis par ses prédécesseurs, qu'il en résulte une conception nouvelle de la comédie. L'ancien théâtre lui offrait les trois genres classiques : comédies de caractère, de mœurs et d'intrigue. Mais ces trois genres peuvent se réduire à deux : les pièces demandant l'intérêt à une étude psychologique ou morale, soutenue par un effort plus ou moins heureux vers le style, pièces littéraires et faites pour durer; et les pièces où la psychologie et le style ne viennent qu'en seconde ligne, lorsqu'ils s'y trouvent, et qui s'adressent surtout par l'intrigue et le décor à la curiosité de l'esprit ou de l'œil, pièces littéraires par accident et destinées à leurs seuls contemporains. *Le Barbier de Séville* représente la combinaison merveilleusement habile de tous ces éléments : Figaro et Almaviva sont deux types, mais la peinture de leur temps ne nous attache pas moins que l'étude de leurs caractères; l'intrigue suffirait seule à retenir notre attention; l'emploi combiné du costume, du décor et de la mise en scène produit une série de tableaux qui enchantent l'œil : il n'y a pas de pièce plus facile à illustrer[1]. Le style, enfin, a sa valeur indépendante et propre. Il faudra désormais dans toute comédie la réunion de ces éléments divers, dont nos pères, moins exigeants, admettaient très bien la séparation.

Telle est la grande nouveauté du *Barbier*; mais il en offre encore d'autres, complément ou conséquence de celle-là. D'abord, la prose se substitue au vers et ne lui cédera plus la place qu'à de rares intervalles et par exception. On ne verra plus guère de grandes comédies,

1. De fait, le théâtre de Beaumarchais a inspiré de nombreux dessinateurs et graveurs, dont la nomenclature se trouve dans la *Bibliographie* de M. Cordier. Entre ces diverses illustrations, il convient de signaler cinq planches dessinées par Saint-Quentin pour l'édition originale du *Mariage de Figaro* (gravées par Malapeau et Roi), et les dessins de M. S. Arcos (gravés par M. Monziès), pour une édition du *Barbier de Séville* et du *Mariage de Figaro*, avec préface d'Auguste Vitu, publiée en 1882. Outre leur mérite propre comme œuvres d'art, les premières semblent reproduire les costumes et la mise en scène de la première représentation; les secondes, œuvre d'un artiste espagnol devenu parisien, s'efforcent, comme le dit une note de l'éditeur, de « joindre à une grande exactitude de couleur locale la vivacité toute française de l'œuvre ».

Le côté pittoresque du théâtre de Beaumarchais n'avait pas échappé aux contemporains. A. Vitu (*notice* citée) dit à ce sujet, avec un excès de sévérité pour l'esprit de la pièce : « Par les impressions que j'ai pu recueillir de longue date, en remontant par les récits des gens âgés jusqu'aux contemporains de la représentation du *Mariage de Figaro*, je sais que la pièce fut envisagée par le public, en dehors de ses allures pamphlétaires, comme une suite d'estampes licencieuses ».

coulées dans le moule du *Misanthrope* et des *Femmes savantes*; Destouches et Piron, avec *le Glorieux* et *la Métromanie*, ont donné, en ce genre, les dernières grandes œuvres du siècle. On est las de ces satires dialoguées, pleines de sentences et de tirades, générales dans leurs caractères et leur objet. Beaumarchais montre comment on peut intéresser — et de quel intérêt passionné ! — avec une observation plus superficielle, mais plus prochaine, des personnages pris dans le train habituel de la vie et parlant le langage que tout le monde parle ou croit pouvoir parler. De loin en loin paraîtront encore des comédies en vers, hommages souvent heureux à un noble genre disparu ; mais, d'habitude, les poètes qui s'y obstineront devront recourir à l'histoire et à la fantaisie pour nous faire supporter encore ce qui fut longtemps l'expression supérieure de l'expérience et de la vérité.

Et ce n'est pas au profit de l'ancienne prose théâtrale que Beaumarchais abandonne le vers ; il forge à nouveau l'instrument dont il va se servir. Comparées au *Don Juan* ou à *l'Avare* de Molière, à *la Coquette* de Regnard, au *Turcaret* de Le Sage, certaines pages de Bossuet ou de La Bruyère, de Voltaire ou de Montesquieu, n'offriront pas de différences essentielles. Telles de Le Sage ou de Regnard auraient pu entrer dans un livre de caractères ou de lettres satiriques, telles de La Bruyère ou de Montesquieu dans une comédie. Orateurs, moralistes, auteurs dramatiques employaient le style commun à tous, ample et souple, rapide sans hâte, périodique sans lenteur, les derniers se bornant à y introduire les libertés du langage parlé. Et, de même que, dans la conversation, on laissait à chacun le loisir d'étendre et d'achever sa pensée, que la politesse faisait rares les interruptions et calmes les répliques, la tirade était de règle à la scène et rapprochait encore la prose du théâtre de celle du livre. Avec Marivaux, une notable différence s'accuse. Les mœurs ont changé, et, avec elles, les habitudes de la conversation ; on disserte moins, on cause davantage ; il y a moins de calme dans les esprits, plus de vivacité dans les propos ; une fièvre légère anime les têtes et les cœurs, surtout dans les salons devenus le centre de la vie littéraire. Là, tout le monde veut avoir de l'esprit, et, comme les plus choisies de ces assemblées sont assez nombreuses, on n'y aime pas le monologue et la tirade. Chacun ne conserve la parole qu'un temps, et enferme dans ses courtes phrases le plus possible de piquant et d'imprévu. Transportant au théâtre cette façon de converser, Marivaux en avait fait le style de la comédie en prose. Bien différent de son aristocratique devancier, Diderot, malgré l'insupportable mélange de platitude et d'emphase qui distingue ses drames bourgeois, avait exercé par ses théories une influence assez grande pour achever la ruine de l'ancienne prose dramatique et imposer à la comédie l'imitation du langage parlé.

Quand Beaumarchais aborde à son tour le théâtre, il y rencontre un merveilleux accord entre les habitudes nouvelles et sa propre nature d'esprit. Vif jusqu'à la pétulance, hardi jusqu'à l'audace, familier jusqu'à la trivialité, il eût pris dans le style de l'ancienne comédie des défauts qui n'étaient pas les siens. Le style de la conversation, au contraire, lui permettait d'être tout lui-même et d'y faire entrer, avec ses qualités propres, une veine parisienne et populaire qu'expliquent son origine et son existence. Jadis on ne causait que dans des sociétés choisies ; aujourd'hui, l'opinion s'exprime partout, jusque dans la rue, et Beaumarchais ne craint pas de mêler tous les langages, dans la mesure où il en a besoin et pour l'effet qu'il veut produire. Sans être un homme de bibliothèque, il a trouvé le loisir de lire beaucoup, surtout les auteurs du xvie siècle, assez rapprochés des temps modernes pour être clairs, assez anciens pour paraître nouveaux. Il aime Marot et Montaigne, il s'est nourri de Rabelais. Aux deux premiers, il emprunte quelque chose de leur grâce fuyante pour l'enfermer, contraste charmant, en des phrases nettes et sonores; au dernier, il prend l'énergie et le pittoresque de ses accumulations d'épithètes.

De ces qualités propres et de ces emprunts divers résulte un style composite et brillant, souple et fort, alerte et ramassé, avec d'amusants cliquetis de mots, des surprises d'expression, un coloris éclatant, si heureusement rythmé et coupé qu'il a sur l'oreille et la mémoire presque autant de prise que le meilleur vers comique. La verve en est la qualité maîtresse; verve tantôt haletante, tantôt puissante et large, d'un jet saccadé ou continu, toujours vigoureux. L'auteur y jette à pleines mains l'esprit, et tous les genres d'esprit, avec une préférence marquée pour l'esprit de mots; mais il a de l'esprit de situation et de caractère assez pour amuser toujours la scène et pour atteindre parfois à la haute comédie. Le principal défaut de ce style si personnel est de l'être un peu trop; on le retrouve, en effet, dans tous les rôles de la pièce, malgré les différences de sentiments, d'âge, de sexe, de conditions. Les maîtres de l'ancien théâtre s'efforçaient d'entrer dans le caractère de leurs personnages et de les faire parler en conséquence; Beaumarchais oblige les siens à parler comme lui-même. Qualités et défauts, cette façon d'écrire aura désormais son influence sur tous les auteurs dramatiques; les plus originaux, les plus éloignés de l'imitation en retiendront quelque chose. Plus d'un siècle a passé, et il est peu de comédies où l'on ne surprenne comme un écho lointain du *Barbier de Séville*.

Si le théâtre moderne doit son style à Beaumarchais, il lui doit encore ce mouvement rapide auquel nos pièces doivent obéir. Marcher ne nous suffit plus; nous voulons courir; études de caractères et peintures de mœurs nous trouvent distraits, s'il ne s'y joint par surcroît un problème dont la solution se rapproche de scène en scène. A vrai dire, le mouvement est indispensable au théâtre et jamais on ne l'a négligé tout à fait. Mais on peut le rendre plus ou moins rapide; il semble même que nos vieux auteurs s'appliquaient parfois à le ralentir, dans ces actions, tantôt maigres, tantôt chargées d'épisodes qui se déroulent sans hâte le long de leurs cinq actes. A partir de Beaumarchais, la rapide succession des incidents ne laisse pas au spectateur un moment de répit. L'éternel Figaro est là, qui presse les personnages; seul il en prend à son aise et accapare la scène; mais il s'y donne assez de mouvement pour paraître indispensable, lors même qu'il ne sert à rien. Car la rapidité de l'action est quelquefois un peu factice chez Beaumarchais; il lui arrive de piétiner sur place. En ce cas, si le mouvement nous manque, nous en avons du moins l'illusion.

Par une conséquence nécessaire, l'intrigue est fortement nouée, et la curiosité, séduite par une amusante complication d'aventures, s'y intéresse pour elles-mêmes. Le spectateur se demande comment finira cet imbroglio, quelle porte secrète va s'ouvrir au bout de cette impasse. Encore un genre d'intérêt que l'ancien théâtre ne produisait que par exception. Le dénouement importait moins que la manière d'y arriver; et parfois la simplicité des moyens marquait de la part de l'auteur une suprême indifférence à cet égard. Avec Beaumarchais, le dénouement devient une partie essentielle de la pièce ; tout y converge et le prépare ; on compte sur lui pour faire oublier les invraisemblances de l'action, s'il y en a. Petite habileté ; mais fort utile, puisque la dernière impression au théâtre est celle qui décide du succès.

Une telle esthétique ne saurait négliger les moyens matériels ; aussi Beaumarchais est-il un metteur en scène très soigneux. Il prévoit et règle tout : entrée et sortie des personnages, position et mouvements sur le théâtre. Diderot lui avait donné l'exemple de cette sorte d'indications ; il y joint la description détaillée des costumes et des décors[1]. Enfin, il parle aux yeux et met dans chaque acte un tableau pittoresque : la sérénade sous le balcon de Rosine, le déguisement du comte en cavalier, l'orage du dernier acte et l'entrée par escalade du comte et de Figaro, en longs manteaux ruisselants de pluie. Avec cela, une profusion de jeux de scène, qui font passer sur le théâtre comme un vent de joyeuse folie.

Dernier exemple offert par Beaumarchais à nos auteurs modernes : ils peuvent lui emprunter encore d'ingénieux moyens de provoquer et de prolonger le succès. Avant la représentation, Beaumarchais entretient la curiosité publique par ses lectures dans les salons à la mode, le récit des obstacles suscités par les censeurs, l'histoire de la pièce, la distribution des rôles, les rivalités des comédiens. Le rideau tombé sur les applaudis-

---

1. Bien plus, en imprimant *le Mariage de Figaro*, il indiquera de quelle manière doit être joué chaque personnage et en profitera pour distribuer des éloges à ses principaux interprètes ; il dit, par exemple, de la comtesse Almaviva : « La comtesse, agitée de deux sentiments contraires, ne doit montrer qu'une sensibilité réprimée, ou une colère très modérée ; rien surtout qui dégrade, aux yeux du spectateur, son caractère aimable et vertueux. Ce rôle, un des plus difficiles de la pièce, a fait infiniment d'honneur au grand talent de Mlle Saint-Val cadette ».

sements du premier soir, il soutient des polémiques, écrit des lettres aux journaux et une préface à la pièce, prolonge l'agitation par tous les moyens en son pouvoir. Que n'eût-il pas fait avec une presse comme la nôtre ! Avec celle dont il disposait, ce fut un virtuose de la *réclame*; on l'a peut-être égalé, on ne l'a pas surpassé[1].

VI

Suite du *Barbier de Séville*, qu'il suivit à neuf ans de distance, le 27 avril 1784, *le Mariage de Figaro* fut le résultat d'une gageure avec le prince de Conti. Si, dans le premier, la satire avait pu sembler anodine aux grands seigneurs, le second les servit à souhait : de hardie qu'elle était, elle devenait insolente. La pièce devait par cela même avoir un succès prodigieux ; elle l'eut tel que l'histoire du théâtre n'en offre pas de pareil. Avant la représentation, on vit « les cordons bleus confondus dans la foule, se coudoyant, se pressant avec les Savoyards, la garde dispersée, les portes enfoncées, les grilles de fer brisées », les grandes dames sollicitant la protection des actrices et l'hospitalité de leurs loges; dans la salle, tout ce qui portait un nom célèbre par la naissance ou le rang, la gloire ou le scandale : le comte d'Artois et le bailli de Suffren, Mme de Polignac et Mlle Carline ; l'auteur, au fond d'une avant-scène, entre

---

[1]. Entre toutes les nouveautés contenues dans *le Barbier de Séville*, celle que la comédie du XIXe siècle a le moins reproduite est justement la plus hardie et celle que le progrès des institutions libérales semblait devoir favoriser particulièrement ; je veux parler de la satire sociale et politique. Pour retrouver cette veine, accusée par des œuvres durables, il faut descendre jusqu'aux *Effrontés* (1861) et au *Fils de Giboyer* (1862) d'Émile Augier et au *Rabagas* (1872) de M. Victorien Sardou.

deux abbés, pour l'administrer au besoin, disait-il. Puis, un triomphe irrésistible et fou, un enivrement de plaisir et de scandale[1].

Il faut bien le dire, néanmoins : la pièce n'était pas pour démentir cette règle souvent vérifiée que la suite d'un bon ouvrage lui est rarement supérieure. L'invention a beau être plus originale que dans *le Barbier*, malgré de nombreuses réminiscences d'après *la Précaution inutile* de Scarron, le *George Dandin* de Molière, *les Plaideurs* de Racine, et surtout le *Gil Blas* de Le Sage dans le rôle de Figaro[2] et le grand monologue de la fin, etc., sans parler de Vadé et de Sedaine[3]; avec de nouveaux rôles très heureux, un second acte qui est à lui seul un chef-d'œuvre, un pétillement continu d'esprit et de comique, *le Mariage*, au total, ne vaut pas *le Barbier*. L'ampleur excessive du principal rôle, l'extrême complication de l'intrigue, l'introduction du mélodrame, et surtout l'outrance de la satire en détruisent l'équilibre. Ce n'est plus, seulement, un pas vers la Révolution, c'est déjà, suivant le mot célèbre, « la Révolution en action ». Mais, comme si l'aveuglement de cette société croissait en raison même du danger, tout le monde, la reine et ses amis, la cour, les censeurs, avait conspiré pour faire éclater le brûlot. Le roi seul résistait : le désir de revoir Figaro l'emporta sur le pouvoir absolu du roi de France.

Car c'est Figaro que l'on voulait. Il répondit à l'attente générale. Déjà, dans *le Barbier*, il était presque toujours présent; cette fois, il remplit la scène et se subordonne de plus en plus tous les autres personnages. Sa situation

---

1. Voy. les *Mémoires secrets* de Bachaumont, 27 avril 1784.
2. Voy. F. Brunetière, *Études* citées.
3. Sur les sources du *Mariage de Figaro*, voy. E. Lintilhac, *Beaumarchais*, deuxième partie, chap. VII.

n'a pourtant pas changé; de barbier-*factotum*, il est devenu majordome et il s'agit de le marier, chose assez ordinaire et commune. Mais, au mouvement qu'il se donne, à l'importance dont il est plein, on dirait, pour parler son langage, qu'il a sur les bras le gouvernement de toutes les Espagnes. Tantôt monologuant, tantôt dirigeant les conversations à son gré, mettant l'irrévérence et la fatuité en formules, il se campe de face, de profil, de trois quarts, s'admire jusque dans ses maladresses, qui sont nombreuses, et, au dernier acte, dressant une véritable tribune sous les fameux marronniers, il prononce sur lui-même le plus long discours de l'ancien répertoire : ni Auguste, ni Mithridate, ni Théramène n'avaient fait couler pareils flots d'éloquence. Enfin, après avoir dit sa façon de penser au hasard qui conduit le monde, aux abus, aux gens en place, vanté l'économie politique et demandé la liberté de la presse, il tire d'un prodigieux pêle-mêle d'idées une conclusion tout à fait inattendue : il s'interroge sur la personnalité humaine et l'essence du *moi*. Malgré l'éternelle gravité de ces questions, on a plus envie de sourire que de réfléchir en voyant Figaro se draper dans le manteau d'Hamlet.

En cet endroit, comme dans bien d'autres, ce n'est pas lui qui parle, c'est l'auteur. Le défaut, déjà sensible dans *le Barbier*, saute aux yeux dans *le Mariage* : à la fois aigri et infatué par la vie et les événements, Beaumarchais s'est incarné de plus en plus en la personne de son héros favori; à chaque instant, nous reconnaissons sa voix et son visage comme au travers d'un masque transparent. Aussi, au bout de quelques scènes, Figaro n'est-il plus qu'un prête-nom; ses aventures, ses échecs mérités ou immérités, ses démêlés avec la justice, ses aspirations légitimes, son outrecuidance, sa bonté, sa rouerie, son amour de l'argent, son fonds sérieux et son incurable légèreté, tous les contrastes de sa nature, c'est Beaumarchais se racontant et se démontrant. Encore Figaro ne lui suffit-il pas. D'autres personnages ne sont là que pour lui offrir une savoureuse et publique vengeance. Ainsi l'infortuné don Guzman Brid'oison, caricature du juge Goezman en particulier et des magistrats en général, qui reçoit les verges avec tant de sérénité et assiste, impassible, à la singulière audience où Figaro conduit à son gré les débats.

Le comte, du moins, est resté dans la suite logique de son caractère. L'aventureux cavalier qui donnait des sérénades sous les balcons de Séville, devenu « grand corrégidor d'Andalousie », sauvegarde les apparences ; mais il est resté galant. Au reste, même distinction, même sentiment de sa supériorité, tempéré par un spirituel scepticisme. L'intrigue de la pièce tourne à son détriment, et, malgré tout, à côté de l'effronté valet qu'il a eu le tort de garder à son service, au milieu des aigrefins, des sots et des pieds-plats qui l'assiègent, il conserve la sympathie du spectateur, car il n'a rien de vil ni de bas, alors que vilenie et bassesse grouillent autour de lui. Son règne finit et celui de Figaro commence, mais le vaincu vaut mieux que le vainqueur. Même son intrigue avec Suzanne, même la querelle, un moment très violente, qu'il fait à la comtesse, ne parviennent pas à le rendre ridicule.

Tout autre le deviendrait vite entre ces deux femmes qui s'entendent pour le jouer : « Je ne suis plus cette Rosine que vous avez tant poursuivie, dit l'une ; je suis la pauvre comtesse Almaviva ». Pour les besoins de la cause, elle se fait un peu trop dolente ; mais elle a raison : chez elle comme chez tant d'autres, le mariage a produit une métamorphose complète. L'ingénue d'autrefois est maintenant une vraie grande dame, aussi noble que son noble époux. « Imposante », comme le dit Chérubin, digne jusque dans l'intrigue, mais toujours « sensible », elle ne retient de son ancien rôle que l'expérience de l'amour défendu et elle commence à s'en servir. Beaumarchais la définit « aimable et vertueuse »; aimable certes, vertueuse peut-être, mais dans le sens très large que le XVIIIe siècle donnait à ce mot.

Pour Suzanne, il n'y aurait pas dans tout son rôle, selon le même Beaumarchais, « une phrase, un mot qui ne respire la sagesse et l'attachement à ses devoirs ». C'est beaucoup dire, et il ne faut voir là qu'un argument en faveur d'une thèse. Admettons qu'au moment où le rideau se lève, cette soubrette, devenue la plus singulière des ingénues, ait encore tous les droits à la couronne virginale qu'elle essaye gracieusement; Figaro n'en court pas moins de grands risques. Elle est de celles, en effet, dont les résistances ne durent pas toujours, et, si le comte était moins pressé, il en viendrait à ses fins peu après la cérémonie. A défaut d'expérience, elle a trop de science, comme le prouve l'empressement avec lequel elle organise, pour l'agrément de sa maîtresse et le sien propre, un jeu très dangereux avec le petit page, et sa réflexion en le voyant sauter délibérément par la fenêtre : « Si celui-là manque de femmes.... »

Telles qu'elles sont, avec leurs qualités et leurs défauts, maîtresse et soubrette représentent bien l'idée que Beaumarchais et ses contemporains se faisaient des femmes et de l'amour : les femmes, des créatures nullement farouches, plus désireuses d'intrigue que de passion, sensibles, c'est-à-dire ne se refusant rien lorsqu'elles y trouvaient leur plaisir et laissant beaucoup espérer même par leurs résistances; l'amour, un sentiment où la tête avait autant de part que le cœur, propre à égayer l'existence, mais pas à la remplir, réaliste, rapide et sans remords. Le siècle, en effet, ne voit guère dans l'amour que ce qu'il a d'aimable et il traite les femmes avec un mélange d'adoration, d'insouciance et d'ironie. On avait affecté, sous la Régence, de les réduire au rôle d'amusement; plus tard on avait semblé les prendre plus au sérieux : grâce à *la Nouvelle Héloïse*, la passion était devenue moins superficielle, et, grâce à l'*Émile*, on leur avait su gré d'être mères et d'aimer leurs enfants. Cette mode n'avait guère duré et l'on s'était remis bien vite à leur demander seulement l'ivresse rapide du plaisir. Il était admis qu'après avoir obtenu d'elles le plus possible, on ne leur devait pas une reconnaissance trop respectueuse, encore moins la fidélité. Les entourer d'égards, les plaindre à l'occasion, chercher des excuses à leur défaite et ne pas les railler trop fort après les avoir vaincues, tels étaient les devoirs des hommes envers elles. De leur côté, elles ne se plaignaient pas du sort qui leur était fait et s'attribuaient sans scrupules le droit au changement. Somme toute, et pour les deux sexes, la philosophie de l'amour, telle que l'exprime *le Mariage de Figaro*, est contenue dans cette réflexion du comte Almaviva : « L'amour n'est que le roman du cœur; c'est le plaisir qui en est l'histoire ».

A côté des personnages de premier plan que je viens d'analyser, plusieurs autres encore mériteraient la même étude. Jusqu'aux plus secondaires, tous ont leur intérêt et contribuent à l'effet général, depuis Basile, ce cousin germain de Tartuffe tombé dans la domesticité, jusqu'au jardinier Antonio; depuis Fanchette, cette ingénue de *la Cruche cassée* animée et agissante, jusqu'à Grippe-Soleil, le petit gardeur de chèvres. Ne pouvant les énumérer tous, il me suffira de nommer Chérubin, « le page endiablé ». Non qu'il soit tout à fait une création : l'histoire du petit Jehan de Saintré et de la dame des Belles-Cousines est pour quelque chose dans son aventure avec sa marraine. Mais l'adaptation est si adroite ! On dirait un motif de la Renaissance traduit par Boucher et repris par Greuze, le premier y mettant son esprit de volupté, le second sa grâce sentimentale. Chérubin était hier un enfant, demain ce sera un jeune homme ; en attendant, il profite avec ivresse des privilèges de l'âge qu'il n'a plus. Si le rôle offre çà et là quelques mots qui en dépassent l'intention, tout le reste est délicieux. Il fait entrer la poésie, comme un charme suprême, dans un chef-d'œuvre d'esprit et de comique. Elle y était, mais extérieure, avec les costumes, le décor, les grands marronniers du cinquième acte et leurs masses bleuâtres à demi noyées dans les ténèbres transparentes d'une nuit d'Andalousie. Avec Chérubin, sa vieille romance, sa toilette aux mains de Suzanne et de la comtesse, son envolée par la fenêtre, son retour au milieu des jeunes filles, elle circule et se joue dans l'intrigue même, elle s'exhale comme un parfum subtil des paroles qu'il prononce et de celles qu'il inspire. Et cette création si poétique, où il y a de la fantaisie, du rêve, de l'idéal, n'en est pas moins vraie ; elle donne un corps à cette image fuyante et vague que le souvenir de la jeunesse évoque dans tous les cœurs ; elle fait pressentir le don Juan de Byron et le Fortunio de Musset.

VII

Et cependant, malgré l'esprit et la gaieté, la grâce et le charme de tous ces rôles, *le Mariage de Figaro* produit sur nous une impression mélancolique. Comment ne pas songer au sanglant épilogue que lui a donné l'histoire? Pendant la cérémonie du quatrième acte, lorsque le cortège nuptial de Suzanne défile en brillants habits, au son de la marche des *Folies d'Espagne*, c'est une société près de disparaître qui déploie ses élégances dans une dernière fête. On se dit que tous ou presque tous ceux qui le composent sont promis à l'échafaud, et l'on songe au célèbre et dramatique tableau de M. Müller, *l'Appel des condamnés*; on revoit, dans une salle de Saint-Lazare, ces personnages de tout sexe, de tout âge et de toute condition que le guichetier appelle et que la guillotine attend, et l'on se dit que le peintre a conclu pour l'auteur comique. Avant dix ans, le comte et la comtesse, Bartholo et Brid'oison, Basile et Double-Main, Chérubin lui-même devenu officier du roi, comparaîtront devant le tribunal révolutionnaire. A peine si deux personnages de la pièce sont à peu près sûrs d'échapper : le jardinier Antonio et Figaro. Le premier, révolté contre son maître, pillera le château d'Aguas-Frescas, puis acquerra sur ses économies un petit domaine taillé dans les terres du comte devenues biens nationaux. Quant à Figaro, il sera l'un des chefs du mouvement et pérorera les jours d'émeute dans le jardin du Palais-Royal.

Qui sait, toutefois, si, la Terreur venue, cet homme de trop d'esprit ne sera pas accusé de « modérantisme » et traité comme tel, au point d'être pour la première fois de sa vie et malgré son outrecuidante devise, « inférieur aux événements » ? La Révolution, en effet, surprit et effraya Beaumarchais ; celui qui avait été si brave devant le parlement et la cour, si familier avec les ministres et le roi lui-même, dut se cacher devant la Commune de Paris et fuir devant le Comité de salut public. Comme bien d'autres, il s'était dit que l'on pourrait réformer sans détruire, que les abus se corrigeraient peu à peu, et que tout finirait par s'arranger ; il se refusait à voir l'évidence, telle qu'elle ressortait des idées de ses contemporains et des siennes propres, de ses actes, de ses écrits judiciaires et de ses pièces de théâtre, à savoir qu'entre les institutions sociales il n'y en avait pas une seule qui ne fût caduque et condamnée. Et voici que les événements, allant jusqu'au bout de leur logique, sans timidité ni ménagements d'aucune sorte, tiraient toutes les conséquences des *Mémoires,* du *Barbier de Séville* et du *Mariage de Figaro.*

La vieillesse de Beaumarchais fut donc inquiète et attristée. Il mourut dans son lit, le 19 mai 1799, au cours d'un paisible sommeil ou de sa propre main[1] ; mais il n'avait échappé que par miracle à l'échafaud. Plusieurs fois l'émeute était venue gronder autour de la maison trop voyante qu'il avait préparée pour le repos de ses vieux jours et d'où il espérait contempler tranquillement la démolition de la Bastille. Les destructeurs de la vieille forteresse ne lui surent aucun gré d'en avoir préparé la chute et d'avoir été lui-même un prisonnier d'État. Par là se vérifiait, au détriment d'un révolutionnaire par excellence, cette loi des révolutions

1. La rumeur d'un suicide courut, en effet ; mais il semble bien résulter des preuves produites par L. de Loménie et M. Lintilhac que la mort de Beaumarchais fut naturelle.

que ceux qui les préparent ne sont pas toujours ceux qui en profitent.

En revanche, son œuvre littéraire a recueilli, dans la victoire de la cause qu'il servait, les avantages dont il ne put jouir lui-même. Bien que, par un contraste singulier, au service de cette cause, qui était celle de la dignité humaine, des droits de la pensée, de la justice sociale et de la liberté politique, il ait mis peu de sérieux et d'élévation morale, une médiocre portée de vues et parfois un rare égoïsme, son courage, son énergie et sa valeur littéraire lui méritent une place d'honneur parmi ceux à qui nous devons la Révolution. Toutes différences gardées entre les auteurs, les œuvres et les époques, les *Mémoires, le Barbier de Séville* et *le Mariage de Figaro* furent, pour le xviiie siècle, ce que les *Provinciales* et *Tartuffe* avaient été pour le xviie, c'est-à-dire des œuvres capitales, autour desquelles se continue la lutte dont elles furent d'éclatants épisodes et qui leur doit, aux yeux de la postérité, une grande part de sa signification. De même que le siècle de Louis XIV serait très incomplet sans Pascal et Molière, il manquerait presque autant à celui de la Révolution, s'il n'avait pas eu Beaumarchais. Les sentiments et les passions, les idées et les doctrines de leur temps, ces hommes les ont amenés à un tel degré de clarté et revêtus d'une telle éloquence que leurs accents nous passionnent presque autant que leurs contemporains.

D'autant plus que notre société se partage toujours entre les deux grands partis qui attaquent et défendent ce qu'attaquaient et défendaient Molière et Pascal, à côté de Descartes et de Bossuet, comme Beaumarchais à côté de Voltaire et de Rousseau. Plus voisin de nous, et dans la même position que nous-mêmes sur un champ de bataille qui s'est fort déplacé depuis deux cents ans,

Beaumarchais nous offre tout un arsenal pour nos batailles; une grande partie des abus qu'il battait en brèche dure encore, et ceux dont la Révolution nous a débarrassés ont disparu depuis trop peu de temps pour que le souvenir en soit éteint. A ces causes d'intérêt social se joint l'espèce d'intérêt littéraire à laquelle nous sommes le plus sensibles, l'intérêt dramatique; aussi l'importance de l'œuvre de Beaumarchais n'est-elle pas près de diminuer. Ce qu'il y aura toujours d'injustifiable dans les inégalités sociales, les gênes inutiles que nous impose l'autorité, l'infatuation et l'optimisme des gens en place, tout cela subsiste au milieu de nous, comme aussi l'impatience turbulente et l'injustice satirique des gouvernés, l'esprit utopique des réformateurs, l'âpre convoitise des déshérités, des déclassés et des simples ambitieux. Enfin, tant que nous serons sensibles à l'observation ironique de la vie, à l'illusion théâtrale, à l'esprit dialogué, *le Barbier de Séville* et *le Mariage de Figaro* ne cesseront pas de nous charmer.

De là vient, très diverse dans ses causes, la faveur qui ne cesse d'accueillir les deux pièces de Beaumarchais : on n'a pas besoin de les reprendre, car on ne cesse pas plus de les jouer que *Tartuffe*, et quiconque lit en est pénétré. Mêlées de vrai et de faux, d'excellent et de pire, elles sont une image fidèle de notre esprit national et de notre race à un moment particulier de leur évolution et de leur histoire. Elles ne traduisent pas seulement, comme on l'a dit et redit, le caractère ingouvernable des Français, car, si cela était, il faudrait admettre comme juste en soi tout ce qu'attaquait Beaumarchais, et ce n'est pas possible; on est même forcé de convenir que la plus grande partie de ce qu'il ébranlait avait mérité d'être renversé; que, si cette ruine a emporté bien des choses dignes de regrets, la faute n'en est pas à ceux qui l'ont causée; enfin, que les biens conquis dépassent de beaucoup les pertes. Avec tous les défauts nationaux que l'on voudra, outre ceux de l'auteur, nous retrouvons dans ce théâtre les meilleures qualités de notre race, c'est-à-dire le clair bon sens, la verve spirituelle, le courage, la gaieté; et c'est pour cela que si, dans Beaumarchais, l'homme est du second ordre, l'œuvre est du premier.

Avril 1890.

LE THÉATRE ET LA MORALE

Le livre récemment publié par M. Gaston Maugras, sous ce titre ingénieux : *les Comédiens hors la loi*[1], a le double intérêt d'une œuvre de circonstance et d'une étude sérieuse sur un sujet durable. Il mérite qu'on dise de lui en toute sincérité ce qu'on dit souvent par pure politesse, qu'il répond à un besoin et comble une lacune. Les comédiens, en effet, tiennent assez de place dans la société contemporaine pour suffire à tout un livre, et les variations de l'opinion à leur égard touchent à une des plus difficiles questions que les moralistes aient à examiner, celle des rapports du théâtre et de la morale.

Cependant, tout étendu qu'il est et malgré l'ordre chronologique auquel il se conforme exactement, ce gros livre est-il bien complet et bien ordonné? On peut, à la rigueur, étudier l'histoire des comédiens en laissant de côté celle des controverses sur le théâtre; il serait mieux de les réunir, car elles s'éclairent mutuellement. M. Maugras n'a fait que les confondre, et d'une manière assez capricieuse. Son travail pourrait aussi avoir un caractère de précision plus marqué. M. Maugras ne recule pas devant les notes; il en est

1. *Les Comédiens hors la loi*, par Gaston Maugras, 1887.

même prodigue et en offre d'assez inutiles à quiconque possède le plus simple dictionnaire d'histoire et de biographie. On préférerait qu'il en eût employé une partie à indiquer exactement ses sources. Je ne parle pas de ses erreurs : il en commet, mais pas trop ni de trop graves ; et qui n'en commettrait pas dans une enquête aussi vaste? Je regrette davantage ses omissions. Parmi tous les auteurs qu'il cite, il en néglige de première importance, et il aurait pu ajouter quelques anecdotes très caractéristiques à toutes celles qu'il raconte.

Ces réserves n'empêchent pas son livre d'être d'une lecture attachante et instructive. M. Maugras tire de son sujet l'agrément qu'il contient ; il rectifie plusieurs idées fausses, il fixe des dates capitales et met en lumière nombre de faits probants. Je voudrais profiter de ce livre intéressant et consciencieux pour examiner les deux questions qui en sont l'objet : d'un côté, les rapports du théâtre et de la morale; de l'autre, la condition des comédiens d'après les variations des mœurs et de l'opinion. Si j'écrivais moi-même un livre sur le même sujet, je tâcherais de faire marcher ces deux études parallèlement et du même pas. Il sera plus commode ici, pour l'auteur et pour le lecteur, de les poursuivre l'une après l'autre.

I

Depuis que les hommes vivent en société, ils cèdent à deux penchants également impérieux, qu'ils ont toujours essayé de concilier, sans y réussir jamais. Le premier consiste à charmer par des distractions cet ennui de vivre dont parle Pascal; l'art, sous ses diverses formes, est au premier rang de ces distractions. A ce point de vue, la définition la plus générale que l'on pourrait proposer de l'art serait peut-être la suivante : l'imitation figurée de l'homme et de la nature, avec le plaisir pour but.

Rien ne plaît davantage à l'homme que la représentation de lui-même, de ses semblables, des êtres et des choses qui l'entourent ; il combine ces diverses images d'après toutes les sortes d'action dont il est capable. D'où la littérature, la peinture, la sculpture, la musique. L'action, pour l'homme, n'est autre chose que l'exercice des passions. Il reconnaît que la plupart sont nuisibles, il les déclare coupables et il appelle vertu la résistance victorieuse qu'il leur oppose. Mais, en dépit de la vertu, les passions l'intéressent toujours beaucoup. La vertu, de sa nature, est négative et passive, la passion positive et active. Celle-ci se prête donc beaucoup plus à la représentation par l'art que celle-là. Aussi la passion est-elle le thème favori de l'art.

En même temps que l'homme cherche le plaisir par la représentation des passions, la morale intervient et lui signale les dangers de ce plaisir. Sous ses diverses formes — religieuse, civile, philosophique, — la morale n'est pas moins nécessaire à l'homme que le plaisir artistique. Or elle a formulé de nombreuses règles qui, toutes, ont pour but de réprimer les passions. Jamais ces règles n'ont atteint complètement leur but : dans les sociétés les mieux réglées, il y a toujours eu de violentes explosions de passion et il y en aura toujours. Ne pouvant détruire les passions, la morale s'efforce d'en rendre les effets aussi rares que possible, et pour cela elle interdit toutes les causes capables de les provoquer. Au nombre de ces causes elle range les représentations figurées par l'art. Elle a toujours vu celles-ci d'un œil soupçonneux, et lorsqu'elle n'ose pas les condamner en principe, elle les surveille et les interdit en détail. Le catalogue qu'elle a fait des passions d'après leur plus ou moins de danger, elle s'efforce de l'imposer à l'art; elle demande que les formes extrêmes de l'amour, de la haine, de la vengeance, de la cupidité ne soient pas représentées ou soient atténuées dans leur représentation [1].

Entre les diverses formes de l'art, il en est une, la plus complète, car elle comprend toutes les autres, la plus attachante, car elle ne s'adresse pas à chaque homme en particulier, mais aux hommes réunis, et elle multiplie les sensations de chacun par celles de tous, donnant ainsi à l'émotion artistique une incomparable intensité. Cette forme est le théâtre, qui réunit dans un même ensemble la peinture, la littérature, la sculpture, la musique, la danse, car il lui faut en même temps la parole, la forme, la couleur, le chant, le mouvement. C'est donc, en même temps que la plus goûtée par les hommes, la plus dangereuse aux yeux de la morale. Le théâtre existe chez tous les peuples, et chez tous la morale le combat, allant, selon la hardiesse des moralistes, des restrictions de détail à la condamnation générale. Les efforts de la morale contre le théâtre sont d'autant plus vigoureux et constants qu'elle est plus pure et mieux écoutée [2].

1. Sur l'antagonisme permanent de l'art et de la morale, voy. la charmante étude de M. Constant Martha dans son livre sur *la Délicatesse dans l'art*, III, 1884.
2. La partie historique de la question a été traitée avec tout l'appareil de l'argumentation scolastique, mais avec une science étendue, par l'abbé de Voisin, dans un volumineux travail intitulé *la Défense du traité de M*^gr *le prince de Conti touchant la comédie et les spectacles ou la réfutation d'un livre intitulé « Dissertation sur la condamnation des théâtres »*, 1671. C'est le plus nourri des nombreux écrits publiés au XVIIe siècle sur la question, l'un des plus nets d'idées et l'un des plus conformes à la doctrine du clergé de

C'est un lieu commun de dire que cet antagonisme entre la morale et le théâtre n'existait pas chez les Grecs. Ce peuple initiateur, qui sut concilier si heureusement les droits de la nature et ceux de la morale, aurait toujours honoré le théâtre. Il en faisait une part considérable de ses fêtes religieuses; et, comme sa religion n'était que la divinisation des forces naturelles par l'anthropomorphisme, les passions se donnaient carrière sur le théâtre grec plus librement qu'elles ne le firent jamais. Il faut reconnaître, en effet, qu'en Grèce les législateurs ont été plus larges à l'égard de la scène qu'en aucun autre pays. A Athènes, le théâtre était un service public, assuré sur les fonds de l'État; la cité tout entière y prenait part. Mais il ne s'ensuit pas que, même à Athènes, le théâtre n'ait porté aucun ombrage aux moralisateurs et aux législateurs. Assistant à une

---

France. Il est surtout très supérieur au traité de Conti dont il prend texte. — Au siècle suivant, Desprez de Boissy publie des *Lettres sur les spectacles avec une histoire des ouvrages pour et contre les théâtres*, 7ᵉ édition, 2 vol., 1779, livre diffus, confus, déclamatoire, inspiré par un esprit de secte étroit et maussade, mais plein de renseignements et suivi d'une table très utile. — Saint-Marc Girardin a traité la question en partie au chapitre IX de son livre sur *Jean-Jacques Rousseau, sa vie et ses ouvrages*, t. II, 1875. Sa discussion, favorable au théâtre, s'inspire d'un éclectisme philosophique et chrétien assez arbitraire, comme aussi d'une morale plus acceptable qu'élevée. La partie historique est faible, quoique l'auteur déclare avoir voulu surtout traiter la question à ce point de vue. — Paul Albert arrive aux mêmes conclusions dans une leçon de son livre *la Prose*, 1870; écrit pour les jeunes filles, ce morceau, d'ailleurs intéressant, ne peut être bien profond en une matière aussi délicate. — Enfin M. Charles Arnaud, au cours d'une étude sur *la Vie et les œuvres de l'abbé d'Aubignac et les théories dramatiques au XVIIᵉ siècle*, 1888, seconde partie, liv. I, chap. II, aborde, à la suite de son auteur, la question du théâtre moral et moralisateur; il conclut habilement que, « si le théâtre a le devoir absolu d'être moral, il n'a pas au même degré celui d'être moralisateur ».

représentation de Thespis, Solon s'approcha de lui et lui demanda « s'il n'avait pas honte de représenter devant une si grande foule des choses aussi fausses ». Thespis lui répondant que c'était là un jeu inoffensif, Solon frappa violemment la terre de son bâton et s'écria : « Mais ces faussetés que nous aimons et approuvons par jeu, nous ne tarderons pas à les retrouver dans le commerce de la vie ! » Socrate protestait, lui aussi, contre les leçons dangereuses du théâtre. Comme, dans une pièce d'Euripide, il entendait un acteur dire de la vertu qu'il fallait la laisser partir sans la poursuivre, il se leva et sortit en disant « que c'était une honte de croire qu'on doit rechercher un esclave fugitif et laisser échapper la vertu sans plus s'en inquiéter ». Le même Socrate décidait Platon à jeter au feu des tragédies que son disciple avait composées et se proposait de jouer lui-même : « Au secours, Vulcain, s'écriait-il ; Platon a besoin de toi ! » On trouve même, à Athènes, une prescription légale dirigée contre le théâtre : les comédies étaient regardées comme chose si indécente qu'une loi défendait aux aréopagites d'en composer. On ne s'étonnera pas que la sévère Sparte repoussât également comédies et tragédies : « Elle ne voulait pas écouter, même par jeu, des choses contraires à ses lois[1] ».

Chacun sait que Platon n'admettait dans sa république idéale ni tragédies ni comédies. Ce que l'on connaît moins, ce sont les raisons sur lesquelles il s'appuyait pour les exclure. On me permettra de citer deux

---

[1]. La plupart des passages d'auteurs grecs et latins sur la question se trouvent relevés en marge dans le livre de l'abbé Voisin et à la table dans celui de Desprez de Boissy. J'ai dû refaire ou préciser presque toutes leurs traductions ; mais, pour ne pas surcharger de notes la présente étude, je me contente de renvoyer une fois pour toutes à ces deux ouvrages, sauf exceptions motivées.

courts passages, tirés l'un des *Lois*, l'autre de *la République*, où il commence par établir la nécessité de la censure et finit par condamner formellement le théâtre[1]. Le fond et la forme en sont également curieux : on dirait, avec l'exquise ironie socratique, un mélange de Robespierre et de Fénelon. C'est l'onction de l'un, le jacobinisme de l'autre, l'obstination de tous deux, cette belle tranquillité des réformateurs utopistes qui se savent en possession de toute la vérité et veulent l'imposer tout entière au monde pour son bonheur. Dans *les Lois*, le législateur dit aux poëtes dramatiques :

> Ne comptez pas que nous vous laissions entrer chez nous sans nulle résistance, dresser votre théâtre sur la place publique, et introduire sur la scène des acteurs doués d'une belle voix, qui parlent plus haut que nous; ni de nous souffrions que vous adressiez la parole en public à nos enfants, à nos femmes, à tout le peuple et que, sur les mêmes objets, vous leur débitiez des maximes qui, bien loin d'être les nôtres, leur seront presque toujours entièrement opposées. Ce serait une folie extrême de notre part et de la part de tout état de vous accorder une semblable permission, avant que les magistrats aient examiné si ce que vos pièces contiennent est bon et convenable à dire en public ou s'il ne l'est pas. Ainsi, enfants des muses voluptueuses, commencez par montrer vos chants aux magistrats afin qu'ils les comparent avec les nôtres; et, s'ils jugent que vous disiez les mêmes choses ou de meilleures, nous vous permettrons de représenter vos pièces; sinon, mes chers amis, nous ne saurions vous le permettre.

Dans *la République*, le philosophe est plus radical et condamne toutes les sortes d'imitation théâtrale. Après avoir établi par une longue discussion que la vertu consiste dans le calme de l'âme et sa complète posses-

---

1. Je cite la traduction de Victor Cousin.

sion par elle-même, qu'il faut, par suite, se préserver de toutes les passions violentes, il continue en ces termes :

Si tu écoutes non seulement sans aversion, mais avec des éclats de gaieté, soit au théâtre, soit dans les conversations, des bouffonneries que tu rougirais toi-même de dire, il t'arrivera la même chose que pour les émotions pathétiques. Ce désir de faire rire, que la raison réprimait auparavant en toi, dans la crainte où tu étais de passer pour bouffon, tu lui donnes carrière ; et, après avoir nourri à la comédie un goût de plaisanterie, tu laisses souvent échapper dans tes relations avec les autres, même sans y prendre garde, des traits qui font de toi un farceur de profession. La poésie imitative produit en nous le même effet pour l'amour, la colère et toutes les passions de l'âme, agréables ou pénibles, dont nous sommes sans cesse obsédés. Elle nourrit et arrose en nous ces passions, elle les rend maîtresses de notre âme, quand il faudrait, au contraire, les laisser périr faute d'aliments et nous en rendre maîtres nous-mêmes, si nous voulons devenir heureux et vertueux et non pas méchants et misérables.

Voilà bien, ce me semble, formulés nettement, chez le peuple que l'on dit avec raison avoir été le plus favorable au théâtre, trois ou quatre des principaux arguments que l'on peut faire valoir, au nom de la morale, contre l'imitation théâtrale et le plaisir qui en résulte. On peut les résumer ainsi : le théâtre est dangereux parce qu'il ne vit que de la représentation des passions, et, en les représentant, il les excite ; il montre la fourberie à l'œuvre et pousse à l'imiter ; il est souvent contraire aux prescriptions formelles de la morale et de la loi ; le mieux serait de l'interdire ; mais, si cela n'est pas possible, les magistrats doivent le surveiller et le régler, comme ces maux inévitables que l'on tolère en les déplorant. Avec toutes les différences de forme que l'on voudra, toutes les divergences possibles de développement, voilà le fonds où vont puiser les adversaires du théâtre. Le christianisme y ajoutera beaucoup, mais le point de départ de toutes les polémiques futures est trouvé.

A Rome, le théâtre n'était pas, comme en Grèce, une part considérable du culte et de la vie publique. C'était un simple divertissement, très grossier à l'origine, et qui ne devint artistique que très tard, sous l'influence de l'imitation grecque. D'idées positives et courtes, les Romains ne voyaient dans ce plaisir que lui-même, et pendant longtemps ils ne songèrent pas à l'ennoblir en le raffinant. Le théâtre consista donc chez eux, durant des siècles, dans ce qu'il a de plus élémentaire, comme les jeux du cirque, les pantomimes et les sortes de farces qu'ils appelaient *atellanes*. Du jour où leurs moralistes s'en occupèrent, ce fut pour le traiter avec d'autant plus de sévérité que la grossièreté nationale en accusait plus nettement le danger.

Cicéron n'admet pas que la scène puisse corriger les vices par leur représentation et prévenir le mal en le montrant à l'œuvre : « Belle école, s'écrie-t-il, de correction et de vertu, qui divinise l'amour du mal et la cause de toute légèreté! La comédie n'existerait pas chez nous si nous n'approuvions tous les vices. Quant à la tragédie, elle ne vaut pas mieux : elle sert plus les passions que les mœurs. Voyez, en effet, tous les maux que nous causent les poètes dramatiques. S'ils représentent des hommes courageux, c'est pour leur faire verser des larmes; ils amollissent l'âme; ils affaiblissent peu à peu les mœurs domestiques; ils inspirent l'amour d'une vie oisive et délicate; ils détendent les ressorts de la vertu. » En vain lui fait-on observer que les Grecs, ses maîtres, aimaient beaucoup le théâtre, il répond :

« Nous n'eussions jamais laissé l'art dramatique étaler ses vices devant nous, s'il ne répondait à une façon de vivre semblable à lui-même. En défendant cet art, plusieurs des anciens Grecs n'ont fait qu'exprimer un sentiment vicieux comme leur propre conduite. »

Sénèque a une très mauvaise opinion de ceux qui vont au théâtre, et il l'exprime avec son hyperbole accoutumée : « Celui qui fréquente les spectacles n'est pas seulement un oisif, c'est un malade, que dis-je? c'est un mort. » Il voit surtout au théâtre le danger d'une contagion mutuelle du vice : « Il n'y a rien d'aussi funeste pour les bonnes mœurs que d'aller perdre son temps au spectacle. Là, en effet, le vice pénètre plus facilement dans l'âme à la faveur du plaisir. On revient du théâtre plus avide, plus ambitieux, plus luxurieux qu'on n'y est allé. C'est qu'on s'y est trouvé au milieu des autres hommes et personne ne peut supporter l'assaut des vices lorsqu'ils se présentent avec une si nombreuse escorte ».

Moraliste à sa manière, Ovide reconnaît qu'il n'y a rien de plus funeste pour la pudeur que le théâtre, car la corruption y est partout, sur la scène et dans l'assemblée : « Belles et parées, les comédiennes lancent l'amour comme à l'abri d'une égide brillante, tandis que les yeux du spectateur, errants de tous côtés, cherchent dans l'assistance une femme à aimer ».

Tacite attribue en partie la vertu des Germains à ce qu'ils n'ont pas de spectacles; toutes les fois qu'il prononce le mot de théâtre, il laisse éclater son indignation et son dégoût : « C'est par lui, s'écrie-t-il, que le vice et l'infamie empoisonnent nos mœurs ».

Les lois traduisent le sentiment des moralistes en frappant le théâtre avec une impitoyable sévérité. Je n'ai pas à parler encore du traitement qu'elles infligent aux comédiens; mais il va de soi que toutes les mesures prises contre ceux-ci atteignent en même temps l'art qu'ils exercent. A plusieurs reprises, les préteurs et les censeurs interdisent tous les spectacles autres que les jeux de cirque, où il s'agit non pas d'imitation plus ou moins artistique, mais de courage brutal et d'adresse meurtrière. Les empereurs agissent souvent de même, bien que la licence croissante des mœurs et le besoin impérieux du plaisir paralysent la sévérité des lois. Auguste commence par protéger le théâtre, dans une intention politique; il est bientôt obligé d'en réprimer la licence. Après lui, c'est une alternative de proscription et de protection, selon le caractère et les goûts des divers empereurs; mais il faut bien reconnaître que les meilleurs se distinguent par leur sévérité, et les plus mauvais par leur indulgence. On arrive ainsi jusqu'au moment où le christianisme, fortement installé dans la société romaine, ose élever la voix et dire son sentiment sur les spectacles.

II

Nous touchons au vif de la question et nous allons voir l'antagonisme du théâtre et de la morale, intermittent et modéré jusqu'ici, devenir permanent et aigu. Il va provoquer, de la part des moralistes, une condamnation du théâtre plus formelle, et surtout plus complètement motivée. L'effet de cette condamnation durera des siècles, et s'il a pu s'atténuer avec le temps, il ne saurait cesser qu'avec le christianisme lui-même.

A Rome comme à Athènes, la morale reposait sur une conception de la vie que le christianisme n'acceptait pas. Philosophique ou civile, elle exaltait la légitimité de l'action, la nécessité du plaisir, l'amour de la vie. Avec toutes les restrictions qu'un idéal élevé, moyen ou bas de l'existence pouvait apporter au développement des facultés humaines, les lois et les doctrines reconnaissaient au corps et à l'âme le droit de satisfaire leurs besoins ou leurs aspirations. Bien plus, le but de l'existence était l'existence elle-même ; le sentiment de l'au-delà, s'il existait, était bien vague et bien confus. La suprême récompense proposée à la vertu, c'était la santé de l'âme, c'est-à-dire un état qui devait disparaître avec elle. Le christianisme apporte une nouvelle conception de la vie. Il enseigne que l'existence de l'homme n'est pas bornée à la terre et que la vie présente doit être la préparation d'une vie future. La vraie patrie de l'homme, dit-il, n'est pas sur la terre, mais dans le ciel, et à la joie de vivre il substitue la mélancolie de l'exil. Le corps et les plaisirs matériels ne sont rien par eux-mêmes ; il n'y faut voir que des obstacles dangereux pour les vertus qui procurent le retour dans la patrie céleste, savoir le renoncement et la pureté. Le mal consiste à suivre la nature, car elle est mauvaise par essence, le bien à lui résister pour se rapprocher de Dieu. La grande pensée de l'homme, celle qui doit toujours occuper son esprit, c'est la pensée de la mort et du jugement qui la suivra. Qu'a-t-il à faire, dès lors, de distractions et de plaisirs? Le plaisir est coupable, car c'est une concession faite à la nature ; la distraction ne peut que détourner l'âme de la pensée de la mort. C'est à regret que le christianisme reconnaît à la majorité des hommes le droit de vivre et de communiquer la vie ; aux êtres d'élite il propose l'ascétisme et le célibat.

Que répondre, en faveur du théâtre, à une morale comme celle-là? Elle ne le supprimera pas, car les plus pures et les plus fortes doctrines sont obligées de transiger avec la faiblesse humaine; mais les coups qu'elle lui portera le frapperont plus sûrement. C'est Tertullien qui ouvre l'attaque, et il va du premier coup aux extrêmes limites de la véhémence. Apostrophant les chrétiens à tous les degrés de la hiérarchie: « Serviteurs de Dieu, leur dit-il, qui êtes près d'entrer au service de la divine majesté, et vous qui y êtes entrés par la confession et par la déclaration que vous en avez faite au baptême, sachez et reconnaissez que l'état de la foi, l'ordre de la vérité et la loi de la discipline chrétienne condamnent absolument le divertissement des spectacles comme les autres dérèglements du monde ». Puis commence la revue des arguments qui motivent cette condamnation : sentiments des païens eux-mêmes repris et fortifiés, preuves indirectes tirées de l'Écriture, preuves formelles tirées de la nature des choses, cruauté ou indécence des jeux, immoralité de la tragédie et de la comédie profanes : « Les tragédies et les comédies sont des représentations de crimes et de passions déréglées; elles sont sanglantes, lascives, impies, car la représentation d'un crime énorme ou d'une chose honteuse n'est point meilleure que ce qu'elle représente. Comme il n'est point permis d'approuver un crime dans l'action qui le commet, il n'est pas davantage permis de l'approuver dans les paroles qui le font commettre ». Mais un des plus grands dangers des spectacles, c'est d'éloigner de Dieu, de mettre en fuite les pensées religieuses : « Un homme pensera-t-il à Dieu dans les lieux où il n'y a rien de Dieu? Apprendra-t-il à être chaste lorsqu'il se trouve comme enivré du plaisir qu'il prend à la comédie? Comment un homme se représentera-t-il les exclamations d'un prophète en même temps qu'il sent frapper ses oreilles par les cris d'un acteur de tragédie? Comment repassera-t-il en sa mémoire quelque chose des psaumes lorsqu'il rend son esprit attentif aux vers que récite un comédien ? C'est une chose honteuse d'applaudir des histrions avec des mains que l'on vient d'élever pour invoquer le nom de Dieu ». Si l'homme est assez infirme pour ne pouvoir se passer de distractions, il en trouvera de plus vives et de plus pures dans les cérémonies du culte ; quant à la vie future, elle lui réserve le plus émouvant des spectacles, le jugement dernier.

Les Pères de l'Église reprennent ces divers arguments, en insistant sur l'un ou sur l'autre — notamment le souci de la chasteté, la vertu chrétienne par excellence, — mais ils n'ajoutent guère à l'énumération de Tertullien, car la rhétorique du fougueux apologiste est très nourrie. Ainsi saint Cyprien, et saint Chrysostome, et saint Jérôme ; saint Augustin surtout, d'autant plus acharné contre les spectacles, qu'il en a plus goûté les trompeuses douceurs. Le terrain de l'Église, dans toute cette controverse, est circonscrit et solide ; elle s'y tiendra aussi longtemps qu'une nouvelle position prise par les défenseurs du théâtre ne l'obligera pas à étendre la sienne.

Toutes les doctrines tendent à se réaliser par des faits, surtout une doctrine très pratique comme le christianisme. Dès qu'il se sentit la force nécessaire, il voulut réprimer après avoir condamné, et les conciles se mirent à porter des défenses formelles contre les spectacles[1]. L'ensemble de ces condamnations n'admettait aucune équivoque. Comment donc se fait-il qu'au XVIIe siècle, en un temps nourri de théologie, on n'ait

---

1. On les trouve réunies dans le *Traité de la comédie et des spectacles, selon la tradition de l'Église, tirée des conciles et des saints Pères*, par le prince de Conti, Paris, 1669.

cessé de disputer sur ces condamnations et d'en contester la validité ?

C'est que, selon la juste remarque de M. Maugras, les conciles qui les formulèrent n'étaient que provinciaux, et leur autorité obligatoire ne s'étendait pas au delà de la province ecclésiastique où ils s'étaient réunis. Plusieurs provinces pouvaient accepter les décisions d'un concile provincial parce qu'il comprenait des évêques de différents pays et résolvait des questions d'intérêt commun, mais elles pouvaient aussi n'en tenir aucun compte. Ni les conciles œcuméniques, ni les papes n'ont porté de condamnation générale contre les spectacles. Ce silence des autorités suprêmes de l'Église laissait aux défenseurs du théâtre une échappatoire dont ils useront avec ce mélange de bonne foi, d'entêtement et de subtilité qui est de règle en pareil cas ; mais les théologiens autorisés leur fermeront obstinément cette issue en leur opposant les principes, à défaut de textes suffisants.

Dans l'ancienne Grèce, le théâtre était sorti d'une religion indulgente et facile, où le peuple participait étroitement aux cérémonies du culte. Dans l'Europe du moyen âge, il sortit d'une religion austère et rigoureuse, où prêtres et fidèles étaient nettement séparés. Le besoin de distraction par l'art, auquel le théâtre doit sa naissance, est si puissant au cœur de l'homme que l'Église, après sa rigueur militante des premiers siècles, avait dû non seulement lui permettre de se satisfaire, mais encore le favoriser. Elle était, en effet, comme toutes les religions aux époques de foi universelle, le principe et la raison de tout : gouvernements, lois, mœurs, plaisirs ; et, prenant tout l'homme, elle devait donner satisfaction à tous ses besoins. Elle exerçait une autorité si obéie qu'elle s'épargnait les rigueurs inutiles, et, servie par des hommes, de divine qu'elle avait été, elle se faisait humaine. Durant des siècles, les mystères, suite de la tragédie, reçurent d'elle l'inspiration et restèrent sous son autorité directe; elle laissa ses ministres y prendre part comme acteurs; quant au théâtre comique, du plus haut au plus bas, il ne lui échappait pas entièrement : ici encore, prêtres et laïques se trouvaient mêlés. La liberté inséparable des représentations dramatiques se retrouvait dans celles-ci, mais sûre des âmes et très relâchée de la discipline des anciens jours à tous les degrés de la hiérarchie, l'Église la supportait avec résignation, et souvent même elle n'en sentait pas le mal[1].

Il n'est donc pas étonnant que les docteurs du moyen âge, loin de renouveler les anciennes condamnations contre les spectacles, aient été jusqu'à les déclarer inoffensifs par nature. Non qu'ils voulussent contredire les Pères : ils voyaient simplement la question d'un autre œil; et, devenus les défenseurs d'une forme de société au lieu d'en être les adversaires, ils s'accommodaient aux besoins éternels des sociétés. Saint Thomas écrivait : « Le divertissement est nécessaire à la conservation de la vie humaine. Entre toutes les choses utiles pour cette fin, on peut compter quelques métiers licites, comme celui des histrions, qui tend à soulager les hommes. Ce métier n'est pas illicite en soi, et les histrions ne sont pas en état de péché, pourvu qu'ils usent du jeu avec modération, c'est-à-dire sans paroles ni actes illicites, et qu'ils s'en abstiennent dans les circonstances et les temps où il serait déplacé ».

Ce passage a terriblement embarrassé les théologiens du XVIIe siècle. Revenus, comme on va le voir, aux idées

---

1. Voy. outre le livre de M. Maugras, celui de M. Petit de Julleville, *les Comédiens en France au moyen âge*, 1885.

de la primitive Église, ils trouvaient sur leur chemin un texte respecté, dont les défenseurs du théâtre tiraient grand parti. Ne pouvant le détruire, ils s'efforcèrent d'en atténuer le sens ou même de le tourner à leur profit, et, pour y réussir, il n'est pas de subtilité dialectique dont ils n'aient invoqué le secours. L'un d'eux, logicien très savant et très serré, l'abbé de Voisin, l'expliquait ainsi, en laissant de côté la première phrase sur la nécessité de la distraction : « Ce grand saint dit que le métier de comédien n'est pas mauvais en lui-même. Il est constant que cela ne se peut entendre qu'en tant qu'on le considère dans une spéculation métaphysique et par une abstraction d'esprit, en le séparant de toutes ses circonstances ». Bossuet reprendra le même argument, et, après une longue discussion en quatre chapitres, convaincu de très bonne foi qu'il a concilié les scolastiques et les Pères, il s'écrie triomphalement : « Que des ignorants viennent maintenant nous opposer saint Thomas et faire d'un si grand saint un partisan de nos comédies ! » Ce cri de soulagement montre surtout l'embarras du grand évêque et son vif désir d'en sortir. Mais telle est sa bonne foi, qu'il ne peut s'empêcher, par la suite, de faire cet aveu : « A la fin, il faut avouer, avec le respect qui est dû à un si grand homme, qu'il semble s'être un peu éloigné, je ne dirai pas des sentiments dans le fond, mais plutôt des expressions des anciens Pères ». Le passage de saint Thomas reste très clair pour les yeux non prévenus. Il est constant qu'au XIIIe siècle la doctrine de l'Église fléchit sur la question des spectacles.

III

Jusqu'au XVIIe siècle, les idées de saint Thomas furent généralement acceptées, et, en 1601, saint François de Sales ne faisait que les reprendre lorsqu'il écrivait : « Les jeux, les bals, les festins, les pompes, les *comédies* en leur substance ne sont nullement choses mauvaises, mais indifférentes, pouvant être bien et mal exercées[1] ». Quoique le théâtre se fût peu à peu soustrait à la tutelle de l'Église, il n'était encore ni assez glorieux ni assez puissant pour porter ombrage à son ancienne nourrice. Mais bientôt son développement et son influence croissante allaient obliger les docteurs à ouvrir les yeux.

Un grand siècle littéraire commençait et non seulement le théâtre suivait l'élan universel, mais il en prenait la direction, surtout dans notre pays[2]. Un prince de l'Église, le cardinal de Richelieu, disposait une scène dans son palais pour y jouer ses propres pièces et faisait composer une apologie du théâtre par un prêtre, l'abbé

---

1. *Introduction à la vie dévote*, I, 23. L'abbé de Voisin se donne beaucoup de mal pour expliquer ce passage dans le même sens que celui de saint Thomas.
2. Je dois maintenant borner à la France cette revue historique : la suivre en Europe me mènerait trop loin. Notre pays est désormais celui où le théâtre tient le plus de place ; mais, à l'étranger, les polémiques sur les spectacles ne cessent pas. Ils y sont fortement attaqués par l'Italien Francisco del Monaco, les Espagnols Mariana et dom Ramire, les Anglais William Law et Jérémie Collier, etc. Luthériens ou calvinistes, les protestants sont, naturellement, plus sévères encore que les catholiques, et Martin Bucer, André Rivet, Philippe Vincent, Werenfelds comptent parmi les plus notables adversaires du théâtre. Au demeurant, on n'en dit rien à l'étranger qui ne soit dit en France, car les éléments de la question sont partout les mêmes. Voy. pour ces divers ouvrages, Desprez de Boissy, à l'aide de la table.

d'Aubignac. Louis XIII rendait un édit dans lequel il déclarait que le théâtre « peut innocemment divertir les peuples de diverses occupations mauvaises », et réhabilitait le métier de comédien. Le plus grand événement littéraire de la première moitié du siècle était l'apparition d'une tragi-comédie, *le Cid*. Des troupes théâtrales étaient entretenues par le roi et les princes du sang.

L'Église pouvait-elle se taire sans renoncer à sa haute magistrature morale? Déjà la Réforme, la philosophie cartésienne, l'effort de la pensée humaine vers l'émancipation lui montraient la nécessité de raffermir son autorité. Depuis le concile de Trente, elle travaillait à rétablir dans son sein une discipline exacte et à rendre son ancien éclat à la littérature ecclésiastique[1]. Nouveaux stoïciens, mais surpassant la plus noble doctrine de l'antiquité de toute la supériorité d'un christianisme ramené à la pureté primitive, les jansénistes recommandaient et pratiquaient l'austérité en toutes choses. Dès 1658[2], leur moraliste attitré, Nicole, avait composé un *Traité de la Comédie*, où il exposait avec finesse et clairvoyance les dangers du théâtre nouveau : l'amour devenant de plus en plus le centre et le nerf des pièces, les plus coupables passions proposées à l'admiration sous couleur d'héroïsme, les salles de spectacle réunissant toutes les causes de dissipation, l'opposition du plaisir que l'on y prenait à toutes les obligations du chrétien, comme l'amour de Dieu et de sa parole, le recueillement, l'esprit de prière, de pénitence et de crainte. Dans les *Pensées*, Pascal reprendra cette thèse avec sa franchise, sa vigueur et sa pénétration accou-

---

1. Voy. Ch. Dejob, *De l'influence du concile de Trente sur la littérature et les beaux-arts dans les pays catholiques*, 1884.
2. Date indiquée par Desprez de Boissy. Le même auteur dit que le livre de Nicole « fut fait pour réfuter les écrits d'Hédelin d'Aubignac ».

tumées : « Tous les grands divertissements, dira-t-il, sont dangereux pour la vie chrétienne ; mais, entre tous ceux que le monde a inventés, il n'y en a point qui soit plus à craindre que la comédie ». Le passage est certainement le plus fort et le plus plein, dans sa courte étendue, qu'un tel sujet ait inspiré[1].

Bientôt le théâtre empiétait sur le domaine sacré. Il affichait la prétention de donner des leçons de morale ; il distinguait entre la vraie et la fausse dévotion ; il livrait celle-ci au sarcasme, sans crainte de compromettre celle-là ; coup sur coup l'on voyait paraître *Don Juan* et *Tartuffe*.

Cependant, pour des raisons que l'on va voir, l'Église fut assez longue à reprendre la lutte. Lorsque le plus grand de ses docteurs, Bossuet, jugea le moment venu de parler, il y avait vingt-quatre ans que la défense de la comédie avait été hardiment présentée par le premier des poètes comiques, Molière. La préface de *Tartuffe*, en effet, publiée en 1669, est une apologie complète du théâtre, très forte ou très spécieuse. Molière rappelait que, chez les anciens, la comédie avait « pris son origine de la religion et fait partie de leurs mystères », qu'en France elle devait naissance aux soins d'une confrérie religieuse. Il déclarait que son emploi est de « corriger les vices des hommes » et qu'elle y est particulièrement efficace, car « les plus beaux traits d'une sérieuse morale sont moins puissants, le plus souvent, que ceux de la satire, et rien ne reprend mieux la plupart des hommes que la peinture de leurs défauts : on souffre aisément les répréhensions, mais on ne souffre point la raillerie ; on veut bien être méchant, mais on ne veut point être

---

1. *Pensées*, édit. Havet, art. XXIV, 64. Voy. aussi le commentaire de Havet sur ce passage.

ridicule ». Il prenait aisément son parti des vieilles condamnations portées par l'Église contre le théâtre : « Je ne puis pas nier qu'il n'y ait eu des Pères de l'Église qui ont condamné la comédie ; mais on ne peut pas me nier aussi qu'il n'y en ait eu quelques-uns qui l'ont traitée un peu plus doucement. Ainsi, l'autorité dont on prétend appuyer la censure est détruite par ce partage ; et toute la conséquence qu'on peut tirer de cette diversité d'opinions en des esprits éclairés des mêmes lumières, c'est qu'ils ont pris la comédie différemment, et que les uns l'ont considérée dans sa pureté, lorsque les autres l'ont regardée dans sa corruption. » Molière se trompait par ignorance théologique ; mais je ne crois pas que jusqu'alors on eût renvoyé dos à dos, avec une telle désinvolture, les Pères de l'Église en désaccord. A ceux d'entre eux dont il ne partageait pas l'avis, il opposait tranquillement celui des « plus grands philosophes de l'antiquité ». Pour la théorie qui voit dans la peinture des passions une excitation à les imiter, il la raillait comme « trop délicate », et l'idéal chrétien du renoncement, il le traitait ainsi : « C'est un haut étage de vertu que cette pleine insensibilité où ils veulent faire monter notre âme ; je doute qu'une si grande perfection soit dans les forces de la nature humaine ». Il concluait par cette déclaration un peu dédaigneuse : « J'avoue qu'il y a des lieux qu'il vaut mieux fréquenter que le théâtre ; et, si l'on veut blâmer toutes les choses qui ne regardent pas directement Dieu et notre salut, il est certain que la comédie en doit être, et je ne trouve point mauvais qu'elle soit condamnée avec le reste ; mais supposé, comme il est vrai, que les exercices de la piété souffrent des intervalles et que les hommes aient besoin de divertissement, je soutiens qu'on ne leur en peut donner un qui soit plus innocent que la comédie ».

J'ai analysé tout au long cette préface de *Tartuffe*, parce que là est vraiment, pour le xviie siècle, le point central de la question qui nous occupe. Les arguments anciens en faveur de la comédie y sont repris avec une clarté qui ne laisse rien à désirer et de nouveaux y sont produits sur lesquels va se porter l'effort de la controverse. Au total, c'est la théorie du théâtre la plus large et la plus humaine qui pût être exposée dans une société où la religion et sa morale étaient des lois de l'État.

Un ancien protecteur du poëte, le prince de Conti, devenu dévot, fut le premier à répondre. Très vive et assez faible, sa réponse est intéressante en ce qu'elle montre toute l'irritation du parti religieux [1]. Ne connaissant peut-être pas le traité encore inédit de Nicole, le prince s'attachait surtout à montrer que le théâtre moderne était beaucoup plus dangereux que le théâtre ancien par la place qu'il donnait à l'amour, et, à l'appui de sa thèse, il prenait ses principaux exemples, pour les blâmer hautement, dans le répertoire de Corneille, déjà regardé, à cette date, comme l'honneur éternel de la scène française ; *Polyeucte* lui-même ne trouvait pas grâce devant lui.

Mais Conti n'était qu'un laïque. Les gardiens autorisés de la doctrine chrétienne se taisaient encore et la confusion régnait dans les esprits. Au sein de l'Église elle-même deux partis s'étaient formés, l'un favorable, l'autre

---

1. Ce traité se compose d'une courte et maigre dissertation, qui occupe la moindre partie de l'ouvrage (40 pages sur 178, plus une table très détaillée) ; tout le reste est occupé par des textes établissant la tradition de l'Église et les sentiments des Pères. Saint-Marc Girardin y voit « un des meilleurs écrits de notre langue au xviie siècle » ; c'est beaucoup dire : le fonds des idées est pauvre, la forme n'a guère d'autre mérite qu'une pureté élégante et une aisance de grand seigneur ; au demeurant, peu de vigueur et d'éloquence.

hostile au théâtre. On a vu ce que pensaient les jansénistes ; quant aux jésuites, ils continuaient à donner des pièces dans leurs collèges ; peu s'en fallait qu'ils n'en fissent jouer à la ville. L'un d'eux, le P. Folard, composait une tragédie qu'un président au parlement de Paris s'attribuait et portait à la scène[1]. Un autre, qu'on ne nomme pas, en offrait une aux comédiens de l'hôtel de Bourgogne qui l'acceptaient, et ne se décidait à la retirer que sur les instances d'un ami, lui reprochant de vouloir « accorder Jésus avec Bélial[2] ». Quant au P. de la Ruë, ses contemporains étaient bien persuadés qu'il était le collaborateur de Baron[3]. Il est à croire que les prélats n'eussent pas mieux demandé que d'intervenir pour rappeler hautement la tradition. La politique les retenait : ils étaient trop directement associés à la puissance publique pour condamner librement ce qu'elle protégeait. Le roi entretenait trois troupes de comédiens, et aux représentations de la Cour il assignait un banc aux évêques.

Enfin Louis XIV se range et fait pénitence ; les prédicateurs de la Cour peuvent parler. Entre 1686 et 1688 l'oratorien Soanen prononce devant le roi un discours trop admiré à mon sens, car il y a plus de rhétorique et de déclamation que d'invention et d'éloquence, mais qui est un réquisitoire formel contre le théâtre. Les évêques

1. *Anecdotes dramatiques*, 1775. Il s'agit d'un *Tibère*, représenté en 1716 et non imprimé. Le P. Folard était professeur de rhétorique à Lyon et le président s'appelait Dupuy.
2. Lettre de Sainte-Marthe à Pontchâteau, 4 août 1674, inédite, d'après une copie qu'avait faite une amie de Port-Royal, Mlle de Thémericourt, et que M. A. Gazier, mon collègue à la Faculté des lettres de Paris, a bien voulu me communiquer.
3. En 1733, on voit reparaître la théorie de saint Thomas dans un discours latin du P. Porée, traduit en français par le P. Brunoy. La distinction entre le bon et le mauvais usage du théâtre y est vivement défendue. Il n'est pas dans les habitudes des jésuites de renoncer aisément à des théories une fois émises par eux.

lancent d'énergiques mandements, où ils déclarent « qu'il faut ignorer sa religion pour ne pas connaître l'horreur qu'elle a marqué dans tous les temps des spectacles et de la comédie en particulier[1] ». Cependant, même dans le clergé, on résiste encore. En 1694, à la demande de Boursault, « un théologien illustre par sa qualité et par son mérite », disait son éditeur, mais que l'on sait être l'obscur théatin Caffaro, rédigeait une lettre dans laquelle, s'attachant à la doctrine de saint Thomas, il s'efforçait d'établir que la comédie est innocente en elle-même ; qu'elle avait pu être blâmable par la façon dont elle avait été traitée jadis, mais que maintenant elle n'était plus ni contraire à la pudeur, ni impie, ni propre à exciter les passions ; qu'elle répondait à un besoin légitime de distractions ; enfin que l'on pouvait sans scrupules composer, jouer et voir jouer des pièces de théâtre.

Par son attribution, cette lettre était un fait considérable. Pour la première fois en France, depuis l'abbé d'Aubignac, qui n'avait guère du prêtre que l'habit, un homme d'Église, un « régulier », présentait dogmatiquement la défense du théâtre. Il était temps d'enrayer par une déclaration solennelle un mal grandissant. Bossuet s'en chargea. Après avoir obtenu du P. Caffaro un humble et formel désaveu, il lançait des *Maximes et réflexions sur la comédie*[2], que plusieurs

---

1. Mandement de M. de Rochechouart, évêque d'Arras, contre la comédie, 4 décembre 1695. La date en est d'un an postérieure aux *Maximes sur la comédie* ; mais il se rattache si étroitement à la doctrine exposée par Bossuet et la résume si exactement que je le cite de préférence à d'autres. Le 8 septembre 1708, Fléchier en publiait un très énergique et très fleuri sur la même matière.

2. M. A. Gazier a publié en 1881 une excellente édition de ce livre, avec tous les éclaircissements nécessaires, présentés avec autant de précision que de mesure et de sobriété.

autres réfutations avaient précédées, mais qui les effaçait par sa force incomparable et l'illustration de son auteur. Reprenant la tradition des Pères, montrant qu'ils n'avaient jamais varié sur la question, interprétant dans le sens que l'on a vu le fameux passage de saint Thomas, faisant sien par la force créatrice du génie tout ce que ses prédécesseurs avaient dit de plus juste et de plus fort sur le théâtre, Bossuet, avec son habituelle sûreté de vues, allait droit dans la lettre du théologien à ce qu'il y avait, selon lui, de plus spécieux comme argument, de plus propre à égarer les fidèles, savoir la prétendue purification du théâtre et l'effet moral qui pouvait en résulter. Il s'attachait à établir que la comédie du XVIIe siècle était encore plus contraire aux bonnes mœurs que celle de l'antiquité ; qu'en représentant sous de vives couleurs des passions agréables, elle les excitait chez le spectateur ; que, par la place donnée à l'amour, elle répandait la concupiscence dans tous les sens ; enfin et surtout que les réunions théâtrales étaient mortelles pour les vertus chrétiennes. Quant au programme ambitieux que formulait la comédie nouvelle, la réformation du vice, il soutenait qu'elle ne peut corriger personne, que son action se borne tout au plus à atténuer les ridicules; ainsi chez Molière, « ce rigoureux censeur des grands canons, ce grave réformateur des mines et des expressions de nos précieuses » ; et c'est alors que, dans un cri célèbre de pitié plutôt que de colère, il rappelait « la fin de ce poëte-comédien, passant des plaisanteries du théâtre au tribunal de celui qui dit : *Malheur à vous qui riez, car vous pleurerez* ».

On lit peu aujourd'hui les *Maximes sur la comédie*; on n'en connaît guère que l'anathème contre Molière et on ne le rappelle que pour en déclamer. Ce petit livre n'en est pas moins un des plus beaux qui soient partis de la main de Bossuet, un chef-d'œuvre de dialectique, de doctrine et d'éloquence. Pour qui se place au point de vue du pur christianisme, il est irréfutable et, à l'heure où il fut publié, il traduisait les sentiments des plus illustres de ceux qui se donnaient la peine de réfléchir sur la question. Le siècle se rangeait, et, à l'exemple de Louis XIV, beaucoup qui avaient adoré le théâtre confessaient leur erreur. L'ami de Molière et de Racine, celui qui avait réuni ces deux grandes figures, comme les deux faces du génie dramatique, dans un tableau tracé d'enthousiasme, Boileau ne craignait pas de dire au rapport de Valincourt :

Des maximes qui feraient horreur dans le langage ordinaire se produisent impunément dès qu'elles sont mises en vers. Elles montent sur le théâtre à la faveur de la musique et y parlent plus haut que nos lois. C'est peu d'y étaler ces exemples qui instruisent à pécher et qui ont été détestés par les païens mêmes : on en fait aujourd'hui des conseils et même des préceptes, et, loin de songer à rendre utiles les divertissements publics, on affecte de les rendre criminels.

En parlant ainsi, Boileau visait surtout Quinault et ces « lieux communs de morale lubrique » qui étaient la matière préférée du lyrisme d'opéra ; mais Quinault ne les avait pas inventés, et le théâtre de Molière en offrait le premier modèle [1].

---

1. Boileau, cependant, ne condamnait pas le théâtre en lui-même. On peut voir, dans les *Mémoires* de Louis Racine sur la vie de son père, la thèse qu'il soutenait à ce sujet devant le grand Arnauld et, dans une lettre adressée en septembre 1707 à Monchesnai, la reprise de la même thèse avec Massillon : « Le poème dramatique, disait-il ici, est une poésie indifférente de soi-même, et qui n'est mauvaise que par le mauvais usage qu'on en fait ».

IV

On peut demander au XVIIIe siècle tout ce que l'on voudra, sauf de surpasser le siècle précédent pour la psychologie et la sûreté de la morale. Il a beaucoup fait pour émanciper l'homme, mais il ne l'a pas mieux connu que ceux dont il répudiait tant d'idées. Lorsque, en 1758, J.-J. Rousseau et d'Alembert se prirent sur la question des théâtres d'une si brillante querelle, ils changèrent peu de chose à l'argumentation consacrée, et Voltaire, qui voulut s'interposer, se tira d'affaire avec quelques plaisanteries. En faisant passer le débat du domaine de la théologie dans celui de la philosophie, les deux champions étaient convaincus qu'ils l'inventaient; peu préoccupés des Pères de l'Église et des *Maximes sur la comédie*, ils ne se doutaient pas qu'ils répétaient, l'un Bossuet, l'autre Caffaro.

Éloquente et déclamatoire, serrée et diffuse, mélange de fines observations et de gros lieux communs, animée tantôt par une émotion généreuse, tantôt par l'esprit de sophisme, l'argumentation de Rousseau est assez pauvre lorsqu'on la dépouille de ses ornements. Elle peut se réduire à ceci. Le théâtre a pour but de plaire, et il ne plaît qu'en flattant les passions. Il ne change ni les sentiments ni les mœurs; il ne fait que les suivre, puisqu'il en est l'image. Il rend, dit-on, la vertu aimable et le vice odieux : la raison y suffirait sans lui. Tout y est conventionnel ou bas, au-dessus ou au-dessous de la nature. La tragédie nous présente des êtres gigantesques, boursouflés, chimériques; pour la comédie, elle fait notre caricature, et le plaisir qu'elle donne est fondé sur un vice du cœur humain, le mépris de nos semblables. Le plus grand des génies comiques, Molière, ne nous ouvre qu'une école de vices et de mauvaises mœurs; *le Misanthrope*, son chef-d'œuvre, rend le vice aimable et la vertu ridicule. Tragédie et comédie demandent surtout l'intérêt à l'amour, et, par leurs excitations continuelles, ils doublent le danger de la plus dangereuse des passions. La fréquentation du théâtre tue la pudeur chez les femmes; elle est, pour les hommes, une excitation continuelle à la galanterie.

Avec sa sécheresse et sa correction ordinaires, son tour de géométrie appliqué cette fois à des objets qui s'y prêtaient fort mal, d'Alembert n'évitait pas davantage les redites et la banalité. Il répondait, en substance, que les hommes ont besoin de distraction et que celle du théâtre, agréable entre toutes, peut être une des plus innocentes. A la faveur de ce plaisir, les auteurs dramatiques insinuent des leçons beaucoup plus fortes que celles de la froide raison. L'amour, étant la plus universelle et la plus puissante des passions, ne fait, en accaparant le théâtre, qu'y prendre, comme dans la vie, la place qui lui revient; mais le théâtre ne l'éveille en nous que pour nous enseigner à le vaincre. Tout le théâtre de Molière est une école de vertu pratique, y compris *le Misanthrope*.

Y a-t-il là rien qui n'eût été dit, tout au long ou en substance, par les prédécesseurs des deux antagonistes? C'est, néanmoins, tout ce que la philosophie du XVIIIe siècle peut nous offrir de plus neuf sur la question. Quant à l'Église, très pauvre en écrivains à cette époque, elle n'intervint pas; elle resta silencieusement fidèle à la tradition renouvelée par Bossuet, et elle conserva cette attitude jusqu'à la Révolution. Elle s'y tient encore à l'heure actuelle. Plus désireuse de concilier que d'exciter, elle évite de renouveler une querelle où les laïques ne la suivraient plus et où elle aurait plus à perdre qu'à gagner. Louis Veuillot, défenseur compromettant d'un parti religieux plutôt que champion de la foi et nullement docteur de l'Église malgré ses prétentions, était à peu près le seul à rouvrir le débat; ainsi dans son livre, assez faible, sur *Molière et Bourdaloue.* Mais, si l'écrivain est intéressant, il est bien rare que le « penseur » mérite la discussion. Quelques prédicateurs de carême tonnent encore contre les spectacles; mais leur voix trouve peu d'échos. Les *Maximes sur la comédie* sont un titre trop connu et le nom de Bossuet est trop illustre pour que les théologiens osent reprendre la théorie indulgente du P. Caffaro; ne pouvant donc ni détourner des spectacles un temps qui ne les écouterait pas, ni s'accommoder à l'esprit du siècle sans renier une tradition désormais consacrée, ils ont pris le parti de se taire. Je ne vois guère en France que le cardinal Gousset qui, reprenant position entre les Pères et l'Église gallicane du xvii° siècle, soit revenu à la théorie de saint Thomas et de saint François de Sales[1].

Il n'était pas possible, cependant, que notre siècle, plus hardi encore que le xviii°, et, comme lui, très désireux de poser à nouveau les plus vieilles questions, ne reprît pas celle-ci sous une forme ou sous une autre. Il l'a fait avec M. Alexandre Dumas, qui avait toutes les qualités nécessaires pour rouvrir le débat. Auteur dramatique, il est aussi moraliste et, depuis Molière, personne n'a réfléchi plus fortement ni avec plus de hardiesse sur les grands sujets qui sont l'honneur du théâtre et provoquent les œuvres durables, lorsqu'il se trouve des écrivains assez habiles pour les adapter à ses lois; il aborde même sans hésiter des

1. *Théologie morale*, 1861.

matières que voudraient se réserver les législateurs et les théologiens. Il a donc examiné les rapports du théâtre et de la morale dans une de ces préfaces qu'on lui a reprochées bien à tort, comme inutiles ou paradoxales, et dans lesquelles je vois quelques-unes des pages les plus éloquentes et les plus neuves qui aient été écrites sur l'art dramatique. Il l'a fait avec sa franchise habituelle et un courage dont il donnait le premier exemple. Il voulait naturellement prendre la défense du théâtre; mais, au lieu de plaider non-coupable, comme il était d'usage avant lui, il commençait par reconnaître que la pure morale avait raison de le condamner. Il écrivait en 1867 : « Le théâtre n'est-il pas un plaisir sensuel défendu par la religion, justement parce qu'il peut exalter en nous et outre mesure les délicatesses les plus raffinées de l'esprit et les plus vulgaires curiosités des yeux? Les véritables puritains s'abstiennent de tout spectacle[1]. » Ne prenez pas ceci pour une simple boutade. C'est la véritable pensée de l'auteur, et il l'a développée quinze ans après, dans un des derniers morceaux qu'il ait écrits, après dix pièces et plusieurs chefs-d'œuvre : « Dès que vous pénétrez dans un théâtre, disait-il en 1883, vous y voyez tout en contradiction, en antagonisme avec la morale la plus élémentaire. Dans ce lieu, on ne parle que d'amours, légitimes ou illégitimes; le seul but de la vie, pour l'homme, y est de posséder la femme qu'il aime, pour la femme, d'appartenir à l'homme qu'elle a choisi. On y débite les propos les plus passionnés et les plus indécents; on y rit de tout; la personne humaine, le chef-d'œuvre de Dieu, si l'on en croit l'homme, y est livrée à toutes les satires et à tous les examens. Les sens des spectateurs y sont

1. *Les Premières Représentations*, dans *Paris-Guide*, 1867, t. I.

sollicités et troublés par la jeunesse, la beauté et l'élégance des comédiennes, aussi dénudées et provocantes que possible[1]. » Il resulte de là que le théâtre est profondément immoral par ses moyens, et M. Dumas semble d'accord avec Bossuet et Rousseau contre Caffaro et d'Alembert. Il se sépare d'eux, pour n'être plus que de son propre avis, en ajoutant que le théâtre, immoral par ses moyens, peut être utile, c'est-à-dire moral par ses effets.

Je ne discute pas la théorie de M. Dumas; il me faudrait trop de temps et de place, surtout si je voulais dire pourquoi et dans quelle mesure, répugnant en principe à la théorie du théâtre utile[2], je la regarde pour M. Dumas, non comme une erreur fâcheuse, mais comme une des causes de son talent. Je constate simplement qu'il tranche le vieil antagonisme du théâtre et de la morale d'une façon tout à fait digne de notre temps. Ainsi envisagé, le théâtre n'est plus ni bon ni mauvais par essence; comme toutes les choses de ce monde — comme la morale qui, par excès de timidité, peut détruire les mobiles de l'action; comme la religion qui, par le fanatisme et l'ascétisme, peut être criminelle ou inhumaine, — il est bon ou mauvais selon la direction qu'on lui donne et l'usage qu'on en fait. La vertu court toujours quelque danger dans une salle de spectacle, et si *Tartuffe* met fortement en garde contre l'hypocrisie, la scène de la table risque d'alarmer les pudeurs les moins façonnières. D'autre part, il est impossible de nier que le théâtre ne soit souvent le plus grossier des

---

1. Notes du *Fils naturel*, dans l'édition dite des Comédiens, publiées dans *le Temps* du 1ᵉʳ mars 1883.
2. Voy. encore la préface du *Fils naturel* dans l'édition ordinaire du *Théâtre complet d'Alexandre Dumas fils*, t. III.

plaisirs, ou même une excitation directe à la débauche, par l'indécence combinée des pièces et de leur interprétation. Il faudrait donc se résoudre à y risquer toujours quelque chose, pour un profit plus grand que la perte encourue.

C'est là une solution très simple, très pratique, et dans un siècle où la question de *doit* et *avoir* prime toutes les autres, elle est peut-être celle qui lui convient le mieux.

V

Mais, si l'on peut admettre la théorie de M. Alexandre Dumas pour son propre théâtre et pour une part du théâtre contemporain, a-t-elle assez de souplesse pour s'appliquer à tous les théâtres sans exception? Une théorie de ce genre ne devrait laisser en dehors d'elle rien de notable dans l'art, et M. Dumas est obligé de reconnaître qu'une bonne partie de l'ancien répertoire, celui de Molière notamment, s'y ajusterait mal. Il faut donc philosopher encore et faire sortir, s'il se peut, de l'enquête historique à laquelle nous venons de nous livrer, une conclusion moins neuve, mais plus généralement acceptable.

Peut-être la trouverons-nous en revenant à notre point de départ. On aura remarqué que, sauf de rares exceptions, ou lorsqu'il s'agissait des plus basses formes du théâtre, ceux qui condamnaient les spectacles étaient des théoriciens de l'absolu comme Platon, ou des déclamateurs à la suite comme Sénèque, ou des ministres du christianisme comme les Pères de l'Église et Bossuet, ou des utopistes en goût de nouveauté comme J.-J. Rousseau. Pouvaient-ils parler autrement qu'ils ne l'ont fait, et, en tenant ce langage, étaient-ils dans la vérité humaine ?

La morale théorique ne peut avoir qu'un but : préserver du mal. Or le mal est partout, dans l'homme et autour de l'homme. La morale ne sera donc jamais trop impérieuse ni trop restrictive pour préserver l'homme et le conserver pur. L'idéal de la perfection consistera pour elle dans le *Souffre et abstiens-toi* des stoïciens, dans l'ascétisme et le renoncement absolu des chrétiens. Elle s'opposera le plus possible à l'action libre ; elle condamnera la plus large part de la nature et des penchants naturels. Pour l'art, au contraire, la vie n'est jamais trop complète ni l'action trop hardie ; il trouve au vice lui-même sa poésie et sa grandeur ; il mourrait si les passions cessaient de s'exercer. Dans la nature, il prétend tout voir et tout reproduire, sans autres limites que celles du beau et du goût. Or la morale regarde ces limites non seulement comme trop larges, mais encore comme usurpant sur son propre domaine. Elle se doit donc à elle-même de protester sans cesse contre les diverses formes de l'art. D'abord les arts plastiques. On sait ce que les puritains de tout genre en ont toujours fait : ils en détruisaient les monuments, s'ils avaient ce courage et ce pouvoir ; ils les cachaient ou les voilaient en partie, s'ils n'osaient les détruire. Dans la littérature, ils multipliaient les condamnations et les blâmes. La musique elle-même, le plus immatériel des arts, ne trouvait pas grâce devant eux, et, en la condamnant, ils savaient bien ce qu'ils faisaient : en est-il un qui remue plus profondément la sensibilité et qui excite dans l'âme des émotions d'autant plus dangereuses qu'elles sont plus intimes, plus vagues et que la morale peut moins les surveiller ?

Voici, à ce propos, une anecdote instructive où se

retrouve le nom d'un des plus fermes et des plus sûrs moralistes chrétiens, celui de Bossuet. Il voulut apprécier les effets de la musique de Lulli, et, ayant fait venir chez lui les meilleurs musiciens de son orchestre, il leur dit d'exécuter leurs morceaux les plus goûtés. Après quelques mesures, il s'empressa de les congédier : ce prélude lui avait suffi pour juger des « funestes impressions » que des « airs efféminés » peuvent produire ; ce qui fait aussi grand honneur à sa faculté de sentir la musique qu'à la solidité de ses principes [1].

Encore une fois, tout cela est logique et découle de principes dont il faut admettre les conséquences, si l'on accepte ces principes eux-mêmes. Un vrai chrétien pensera comme Bossuet et s'abstiendra de musique. Au lieu de railler ceux qui font « des tableaux couvrir les nudités » et qui mettent des jupons aux statues, il les approuvera et les imitera. Surtout il s'indignera contre ceux qui rêvent une conciliation impossible entre la morale religieuse et le théâtre. Là sera pour lui la vérité dogmatique et traditionnelle ; dans tout le reste il ne verra qu'erreur déplorable ou lâche capitulation. Si l'on pense autrement que lui, il n'y a ni à s'indigner contre son intolérance, ni à la railler ; il suffira d'en paralyser les effets, et c'est le rôle de la loi ou des mœurs.

Que doivent donc faire les amis de l'art et du théâtre qui veulent concilier leurs goûts et leur conscience ? Abandonner à regret, mais résolument, le terrain de la morale chrétienne ou même de la morale philosophique et en chercher un autre. Ils le trouveront avec cette morale, dite des *honnêtes gens*, qui doit beaucoup aux chrétiens, beaucoup aux philosophes, mais qui, plus

---

1. Voy., pour l'opinion directement exprimée par Bossuet sur la musique de Lulli, les *Maximes et réflexions sur la comédie*, III.

difficile peut-être et tout aussi méritoire, bien utile, en tout cas, pour corriger les étroitesses ou les exagérations des autres doctrines, est le refuge de ceux qui n'abandonnent pas aisément la direction d'eux-mêmes et préfèrent la liberté avec ses périls à l'abdication tranquillisante de leur volonté. Cette morale a existé de tout temps. C'est elle qui, écoutant avec attention les sublimes rêveurs et les purs doctrinaires, les a empêchés pour le plus grand bien de la vie et le plus grand bonheur de l'humanité, de prendre la direction complète de la vie humaine. Elle a profité de Platon comme de saint Augustin, de Calvin comme de Bossuet, de Descartes comme de Kant, sans abdiquer jamais entre leurs mains, s'inspirant de leurs enseignements, mais ne trouvant dans les doctrines de chacun qu'une part de vérité. Souvent obligée de dissimuler ses réserves ou ses hardiesses, désarmant ses puissantes rivales à force de ménagements et de respect, elle a toujours réservé ses droits, même dans la persécution. Il n'y a pas si longtemps qu'elle peut s'affirmer et parler sans réticences.

Cette morale recommande avant tout l'action libre et l'expérience personnelle. Munie d'une ferme notion du juste et de l'honnête, elle ne craint ni l'action ni la passion. Pour elle, vivre, c'est agir ; et la vie, sans action ni passion, ne vaudrait pas la peine qu'elle coûte. Elle ne méconnaît pas les dangers de l'art en général et du théâtre en particulier ; elle s'efforce de les atténuer en avertissant que toutes les formes de l'art ne sont faites ni pour tous les hommes ni pour tous les âges. Mais elle n'admet en principe l'immoralité d'aucune ; elle ne se reconnaît pas plus le droit de mutiler l'art que d'amoindrir par excès de timidité la vie ou la nature. Pour l'art, comme pour la nature et la vie, elle veut que chacun en fasse l'expérience à ses risques et périls. Si l'on est bien trempé, d'intelligence droite et de cœur sain, on ne prendra de tout cela que ce qui peut agrandir l'âme; si l'on est faible et vicieux, tout sera basse tentation. Mais, quelque grand que soit le nombre des infirmes de cœur et d'esprit, il n'y a pas lieu de les préserver contre eux-mêmes : cette tâche exige trop d'orgueil; elle expose à trop d'attentats contre la liberté. Sous des lois aussi larges que possible, il faut laisser l'homme exercer son intelligence et régler son activité comme il l'entend. La méthode philosophique ou religieuse de suppression et de contrainte n'est qu'un idéal de stoïciens et d'ascètes; elle ne sera jamais la règle d'une société. Elle ne triomphe que par des mutilations continuelles de la nature; elle n'est obligatoire que pour celui qui abdique en sa faveur; elle ne peut rien en droit, elle ne doit rien pouvoir en fait contre les prétentions légitimes de la vie et de l'art.

Octobre 1887.

LES COMÉDIENS ET LES MŒURS

L'importance sociale d'une profession se mesure assez exactement à la liberté avec laquelle on peut en parler ou en écrire, abstraction faite des lois. Souvent, en effet, celles-ci laissent ouverts certains sujets de discussion et n'interviennent pas, quelques conclusions que l'on en tire, alors que l'opinion, beaucoup moins large, souffre malaisément que l'on applique à ces sujets un examen rigoureux. Il ne serait pas prudent, en Espagne, de s'élever avec trop d'éloquence contre les combats de taureaux et les toreros ; en Angleterre, contre les courses et les jockeys ; en Italie, contre la loterie ; en Grèce, contre le brigandage, etc. Ceux que les controverses de ce genre mettent en jeu, ministres des plaisirs ou des vices nationaux, comprennent très bien jusqu'à quel point le sentiment public leur permet de se montrer susceptibles : lorsqu'ils n'ont pas ce sentiment pour eux, ils se taisent; s'ils le sentent favorable, ils réclament bien haut.

En France, cette remarque se vérifie exactement en ce qui touche les comédiens. Depuis le jour où notre goût très vif du théâtre leur a fait prendre une place considérable dans notre vie sociale, on a beaucoup écrit et parlé pour et contre eux ; mais longtemps la question resta libre. On ne les prenait pas au sérieux ; ils avaient la faveur, mais non l'estime du public ; tout comblés qu'ils fussent d'adulations, il était admis que lorsque la morale avait à dire son mot sur eux, ce mot devait être sévère. Un littérateur risquait plus d'étonner en prenant leur défense qu'en les attaquant. Il n'en est pas de même aujourd'hui. Ni un Rousseau, ni un Diderot, ni même un Bossuet ne pourraient à cette heure traiter la profession théâtrale avec ce mépris tranquille où l'on sent la parfaite conviction que la majorité de leurs lecteurs était d'avance de leur avis. Une affaire récente a prouvé combien les mœurs s'étaient modifiées en cela. Un journaliste s'étant avisé d'écrire sur les gens de théâtre une déclamation où il n'y avait de neuf que l'enflure outrageuse de la forme, ils poussèrent contre lui un tollé universel. Le journal qui l'avait mis en avant dut le désavouer ; il fut blâmé par la plupart de ses confrères ; les comédiens, assemblés pour venger leur honneur, votèrent un ordre du jour dédaigneux : en un temps où l'on se bat volontiers et pour peu de chose, ils estimèrent que l'exagération même de l'insulte lui enlevait toute portée. Quant au public, amusé par la verve du journaliste, mais très attentif à l'agitation des comédiens, il prit généralement parti pour ceux-ci contre celui-là[1].

Le dernier historien des variations de l'opinion à l'égard des comédiens, M. Gaston Maugras[2], a imité le public. Il a pu raconter tout au long les mauvais traitements qu'ils avaient soufferts, mais en marquant que

---

1. *Le Comédien*, par M. Octave Mirbeau, dans *le Figaro* du 26 octobre 1882 ; réponse par M. C. Coquelin, de la Comédie-Française, dans *le Temps* du 1er novembre. Toutes les pièces du débat ont été réunies en une brochure, *le Scandale d'hier*, 1883, publiée par la librairie Brunox.
2. *Les Comédiens hors la loi*, 1887.

c'était une injustice et qu'il la désapprouvait. En revenant sur la question, je n'ai pas tout à fait le même but que M. Maugras. Non que je veuille plaider pour le préjugé qu'il condamne : je crois en être aussi complètement dégagé que possible. Mais ce préjugé est bien vieux pour être tout à fait absurde; une idée, même fausse, qui dure des milliers d'années, a quelque raison d'être. Je voudrais donc rechercher pourquoi il fut si tenace, de quelle manière il s'est atténué peu à peu, en un mot expliquer l'histoire, au lieu de la condamner.

I

L'évolution de ce préjugé tient de si près aux controverses sur le théâtre que, si le lecteur veut bien se reporter à l'étude qui précède celle-ci, je puis abréger d'autant mes développements historiques. Ce que j'ai dit des unes peut en grande partie s'appliquer à l'autre, car on ne saurait approuver ou condamner les spectacles sans appliquer la même façon de voir à ceux qui en sont les instruments.

De même donc que, chez les anciens Grecs, l'opinion et la loi favorisaient le théâtre, elles n'avaient pour les comédiens ni sévérités ni mépris. La qualité d'acteur n'était un obstacle dans la vie publique ou privée de personne, et les mieux nés pouvaient paraître sur la scène. Eschyle fut vaillant soldat et directeur de théâtre; Aristophane joua dans ses propres pièces ; l'acteur Callipide commanda les flottes d'Athènes. De cette faveur J.-J. Rousseau donne plusieurs raisons justes et fines. Le théâtre étant inventé par les Grecs et n'ayant pas encore d'histoire, ils ne pouvaient à l'avance juger défavorablement un état dont ils ne connaissaient pas les effets. Chez eux, les femmes ne paraissaient pas sur la scène : de là bien des dangers épargnés à la vertu des comédiens et du public. Enfin, les spectacles étant payés sur les fonds de l'État, « les acteurs n'avaient pas besoin de mettre à contribution les spectateurs, ni de compter du coin de l'œil les gens qu'ils voyaient passer la porte, pour être sûrs de leur souper ».

Toutefois les moralistes font des objections au métier d'acteur, comme à l'art dramatique, et le même Platon, dont on a vu les méfiances et les exclusions, trouve dans le talent d'imitation, principe de l'art théâtral, une cause de déchéance pour la dignité humaine :

N'as-tu pas remarqué, dit-il, que l'imitation, lorsqu'on en contracte l'habitude dès la jeunesse, se change en une seconde nature et modifie en nous la langue, l'extérieur, le ton et le caractère? Nous ne souffrirons pas que ceux dont nous prétendons être les instituteurs et à qui nous faisons un devoir de la vertu, aillent, tout hommes qu'ils sont, imiter une femme jeune ou vieille, querellant son mari, ou, dans son orgueil, s'égalant aux dieux, enivrée de son bonheur, ou s'abandonnant dans le malheur aux plaintes et aux lamentations. Encore moins leur permettrons-nous de l'imiter malade, amoureuse ou dans les douleurs de l'enfantement. Nous ne leur permettrons pas de s'abaisser à des rôles d'esclaves, ni sans doute à ceux d'hommes méchants et lâches, qui agissent tout au contraire de ce que nous leur demandons, qui se querellent, s'insultent ou tiennent des propos obscènes, soit dans l'ivresse ou de sang-froid ; ni enfin d'imiter rien de ce que font et disent de pareilles gens contre eux-mêmes et contre les autres.

J.-J. Rousseau croira, comme toujours, inventer cet argument et se demandera si l'habitude d'imiter les diverses sortes de tromperie, comme l'art de séduire ou celui de voler, ne peut pas transformer les comédiens en hommes à bonnes fortunes ou en filous. Son contradicteur d'Alembert refuse de prendre ce reproche au sérieux; car, si l'imitation peut avoir de tels effets sur les comédiens, que sera-ce, dit-il, pour les auteurs? Or comédiens et auteurs sont en majorité de très honnêtes gens. Selon sa constante habitude, Rousseau mêle ici le faux avec le vrai, et d'Alembert, aussi fidèle à la sienne durant cette controverse, esquive une partie de la réponse. Peu de valets de comédie ont transporté dans la vie sociale leur légèreté de scrupules et leur subtilité de main. La plus vulgaire probité suffit ici à les défendre contre la tentation d'exercer au vrai leurs talents de théâtre : voler n'est pas un vice aimable, et les lois comme les mœurs ne plaisantent guère là-dessus.

Mais une partie de l'argument est plus sérieuse, et Jean-Jacques, comprenant son avantage, la développe complaisamment. L'imitation de l'amour par la fiction théâtrale ne conduit-elle pas à le pratiquer dans la réalité? Un séducteur de théâtre, la mémoire garnie de déclarations persuasives, résistera-t-il à la tentation d'exercer à la ville ce qu'il fait si bien à la scène? La minorité des hommes est voleuse; la majorité est galante; le vol est un crime avilissant; la galanterie une faute bien portée. Aussi beaucoup de jeunes premiers furent-ils des hommes à bonnes fortunes. Nous ne savons pas si les Athéniennes étaient faciles aux comédiens; mais, à Rome, historiens, moralistes et satiriques nous donnent les plus amples renseignements sur la prédilection marquée dont les femmes honoraient les gens de théâtre.

Un même résultat se produit, en effet, des deux côtés de la scène. Tandis que le jeune premier voit tout l'effet et sent tout le prix de ses avantages, la spectatrice se dit qu'un homme aussi expert à feindre l'amour doit le pratiquer supérieurement : si l'un est entreprenant et l'autre facile, la conséquence de cette double réflexion est fatale. Je ne parle pas des rapports entre comédiens et comédiennes : le contact est si intime, les occasions sont si nombreuses! Je me contenterai de faire remarquer que comédiens et comédiennes, s'ils prolongent assez souvent leurs rôles amoureux en dehors de la scène, préfèrent cependant aimer au dehors : une connaissance trop directe non pas de ce qu'ils semblent être, mais de ce qu'ils sont, mille causes d'irritation mutuelle les préservent de pécher ensemble d'une manière trop continue. Mais plus abondent les renseignements sur les rapports des comédiens et du public, plus se vérifie la remarque de Rousseau. En France quelques-uns des plus fameux séducteurs furent des comédiens : Baron est resté légendaire, et, à dix-huit siècles de distance, La Bruyère et Voltaire retrouvaient, pour peindre l'effet qu'il produisait sur les spectatrices, les couleurs dont Juvénal avait peint l'enthousiasme amoureux excité par Bathylle.

Ce qui est vrai des comédiens l'est encore plus des comédiennes. Toutes sortes de raisons font que les hommes sont encore plus sensibles à la vue d'une femme exposant ses charmes que les femmes ne le sont à l'aimable aspect d'un homme; comme aussi une femme qui simule la galanterie sera encore plus tentée qu'un homme de transformer la fiction en réalité, et de cette réalité au métier il n'y a qu'un pas.

Platon signale un danger dans l'imitation de la femme par l'homme; il eût certainement dénoncé avec plus de vigueur encore celle de l'homme par la femme, s'il l'eût connue. Dès que le théâtre fut en possession complète de ses moyens, il ne manqua pas d'employer l'attrait piquant du travesti. Il est difficile à un homme de plaire sous l'aspect d'une femme, mais une jolie femme est encore plus jolie sous l'habit d'homme. Il y a là comme une excitation confuse et malsaine pour l'imagination à sortir de la nature; d'autre part, le costume masculin accuse tout ce qu'atténue ordinairement la robe féminine. C'est donc un surcroît de danger pour les comédiens, les comédiennes et le public. Que d'imaginations Chérubin a troublées !

Si le philosophe ne veut pas que l'on imite le sexe dont on n'est pas ou les vices de l'esclave, du méchant et du lâche, il ne permet pas davantage d'imiter les gens de basse condition. Il estime qu'un homme généreux déchoit en parlant ou agissant par jeu comme un rameur, un patron de galère, un ouvrier de bas métier. Il n'eût pas goûté le genre de talent auquel M. Fusier doit sa réputation, car il interdit aussi de reproduire les cris des animaux et les bruits de la nature, tels que le hennissement des chevaux, le mugissement des bœufs, le grondement de la mer, le roulement du tonnerre. Et à l'appui de sa défense il développe cette réflexion :

Un honnête homme, lorsqu'il est amené dans un récit à rendre compte de ce qu'a fait ou dit un homme semblable à lui, le représente volontiers dans sa personne et ne rougit pas de cette imitation; mais c'est surtout lorsque celui qu'il imite montre de la fermeté ou de la sagesse et non lorsqu'il est abattu par la maladie, vaincu par l'amour, dans l'ivresse ou dans quelque situation déplorable. A-t-il, au contraire, à représenter un homme au-dessous de lui par les sentiments, jamais il ne s'abaisse à l'imiter sérieusement, ou c'est en passant, lorsque cet homme aura fait quelque chose de bien. Et encore il en rougit, parce qu'il n'est pas accoutumé à imiter cette sorte de gens, et qu'il souffre de se mouler, pour ainsi dire, sur des hommes qui valent moins que lui et de prendre les mêmes façons; si cette imitation n'était pas un pur badinage, il la repousserait avec mépris.

Tout cela n'est pas très démocratique, mais ce n'en est pas moins juste. Un homme constitué en dignité ne se livrera guère que par jeu passager, dans le commerce le plus intime, à l'imitation de ce qui lui est inférieur. Certaine pantomime nocturne, dont on fit jadis grand bruit, n'est qu'un incident dans la vie d'un illustre homme d'État.

Poursuivant son raisonnement avec sa rigueur et sa complaisance ordinaires, Platon conclut ainsi :

> Plus un homme sera vicieux, plus il sera porté à tout imiter ; il ne croira rien au-dessous de lui. Ainsi tout ce que nous avons énuméré tout à l'heure deviendra pour lui l'objet d'une imitation sérieuse et publique : et le bruit du tonnerre, des vents, de la grêle, des essieux, des roues, et le son des trompettes, des flûtes, des chalumeaux, des divers instruments, et l'aboiement des chiens, le bêlement des brebis, le chant des oiseaux ; et son discours ne sera tout entier qu'une imitation par la voix et par les gestes.

Ainsi M. Fusier, déjà nommé, serait l'homme le plus vicieux de notre temps. Conséquence évidemment excessive. Mais Platon assistait à la naissance du théâtre, il faisait de la pure théorie, il ne pouvait prévoir à quelle perfection de dédoublement arriverait le comédien. Nous savons aujourd'hui que l'imitation dramatique admet tous les genres, les plus élevés comme les plus bas, sans que la nature morale de l'artiste en souffre, qu'on peut être bouffon et honnête homme, que le pire danger de la « scurrilité », comme on disait au XVIIe siècle, est de donner de mauvaises manières à celui qui l'exerce, sans entamer ce que la nature a mis dans son âme de probité et d'honneur.

II

Au demeurant, il y a dans la théorie de Platon une part de vérité que les comédiens démontrent tous les jours avec une naïveté amusante et d'où résulte un des traits de leur caractère, par suite un élément de l'opinion qu'on se fait d'eux.

Ils prétendent monter à la hauteur des rôles qui les flattent, ils ne veulent pas descendre au niveau de ceux qui les humilient. Rois et reines de théâtre retiennent assez souvent hors de la scène un peu de la solennité de leur emploi; ils estiment que leur rang dans la hiérarchie théâtrale leur donne une sorte de noblesse, et ils ne se privaient pas jadis de faire sentir cette supériorité aux soubrettes et aux valets. Mlle Clairon affectait à la ville des airs de reine, d'impératrice, de déesse, et tel acteur du Cirque, habitué à représenter Napoléon Ier, avait beau quitter le petit chapeau et la redingote grise, il conservait soigneusement les habitudes extérieures du grand capitaine : une main dans le gilet, l'autre derrière le dos, la mèche noire sur le front, le regard froid, l'expression marmoréenne du visage rasé.

Bien qu'aujourd'hui le Scapin se trouve au moins l'égal du grand premier rôle, causez avec des comédiens durant un entr'acte et vous verrez que, malgré la détente du foyer, leurs costumes influent de façons très différentes sur leur attitude et leur pensée intime. L'un porte les attributs de César ou de Charles-Quint : qu'il s'en rende compte ou non, que ce soit impression confuse ou bouffée d'orgueil, il trouve que cela ne lui va pas si mal, qu'il élève aisément son âme à la hauteur de ces marques glorieuses, et que, si le hasard l'eût jeté dans le monde en lui confiant au vrai le rôle historique qu'elles signifient, peut-être ne s'en fût-il pas trop mal tiré. De même pour tous les rôles et costumes qui flattent l'amour-propre : ministres, grands seigneurs, généraux, simples officiers, grands hommes de l'art, de la littérature ou de la science, beaux ingénieurs, personnages de tout ordre auxquels vont l'admiration ou la sympathie des spectateurs.

Voyez, au contraire, l'acteur vêtu d'un costume plaisant ou ridicule : casaque rayée du valet comique, houppelande du barbon, tablier du matassin. Dès qu'il est sorti de scène, il laisse deviner qu'il domine, et de très haut, cette incarnation momentanée. Il n'est pas un Scapin, mais un homme du monde ; il est plus jeune et moins laid que Géronte ; il s'amuse tout le premier de la fantaisie grotesque qu'il consent à traduire. Dans la vie réelle, il est électeur, éligible, propriétaire, homme de sens et de goût ; il est un citoyen comme les autres, rangé, réglé, estimé ; peut-être avez-vous affaire en lui à un conseiller municipal ou à un maire ; peut-être un ruban rouge ou violet fleurit-il la boutonnière du vêtement qu'il a dépouillé dans sa loge. L'acteur tragique est généralement plus lent à s'aller déshabiller que l'acteur comique : celui-ci ne s'attarde au foyer que lorsque son costume le flatte de quelque façon.

Si grande est l'influence exercée par le plus ou moins de noblesse dans l'imitation sur les sentiments intimes du comédien qu'elle se traduit quelquefois par des imaginations puériles ou bizarres. A une représentation, dans une cour d'Allemagne, d'une comédie de Boissy, *la Vie est un songe*, comédie héroïque, c'est-à-dire sans nécessité spéciale de costume, l'acteur qui faisait le roi de la pièce, cherchant par tous les moyens à relever la dignité de son ajustement, voulut une fois dans sa vie se parer du cordon bleu, l'insigne de chevalerie le plus fameux et le plus respecté de ce temps-là. Le prince régnant trouva l'idée inconvenante et un chambellan fut chargé d'en empêcher l'exécution ; mais l'acteur y tenait, et, bravant une défense formelle, il parut ainsi chamarré : le chambellan dut monter sur le théâtre et lui enlever le cordon[1]. Il n'y a pas encore bien longtemps, un comédien qui jouait dans une pièce de sujet exotique avait si bien pris les sentiments de son personnage, qu'il en endossa, dit-on, le costume pour assister à une cérémonie religieuse célébrée en l'honneur du souverain dont il représentait chaque soir un fidèle serviteur. M. Jules Claretie a raconté[2] l'amusante histoire d'un vieux bonhomme qui consentait à figurer *les invités* sur le théâtre de la Tour-d'Auvergne, pour le seul plaisir de mettre à sa boutonnière le ruban de la Légion d'honneur : il l'avait tout prêt dans sa poche, l'arborait dès qu'on venait réclamer ses services et jouissait silencieusement de son bonheur ; il finit même par s'offrir la rosette.

Autre preuve à l'appui de la théorie de Platon. Un acteur tragique est rarement désireux de jouer des rôles de comédie ; après avoir fait trembler ou pleurer, il ne tient pas à faire rire. Recevoir des coups de pied ou des soufflets serait trop dur pour l'homme qui excite d'ordinaire l'admiration et la pitié, la haine et la terreur. L'acteur comique, de son côté, envie le prestige que la tragédie et le drame donnent à leurs interprètes, et ce lui serait un grand bonheur d'y réussir. Combien de comiques, à commencer par Molière, ont voulu être suc-

1. *Anecdotes dramatiques*, 1775.
2. *La Vie de Paris*, 1881, VIII.

cessivement valets et empereurs! Combien, après avoir servi les amours du jeune premier, ont voulu être aimés à leur tour! Le sentiment public a beau les mettre en garde contre cette prétention, ils ne veulent rien entendre et s'obstinent. S'ils sont les maîtres dans leur théâtre, ils s'emparent bon gré mal gré des rôles sympathiques et s'y jugent excellents. Le spectateur a le droit, lui, de trouver cette prétention abusive; mais ils ne se trompent pas, eux, sinon sur les bornes de leur talent, au moins sur les intérêts de leur amour-propre. Ils savent que c'est une tendance invincible pour la foule de confondre dans ses sentiments l'acteur et le personnage. Le jeune premier et l'amoureuse ne sont pas les seuls à recevoir des témoignages non équivoques de l'impression qu'ils produisent : par les railleries qu'il dirige dans le *Discours de la couronne* contre son ennemi Eschine, ancien acteur, Démosthène nous laisse entendre que les troisièmes rôles, c'est-à-dire les traîtres, étaient mal vus des Grecs eux-mêmes ; aujourd'hui encore, le traître s'entend apostropher par les galeries supérieures, et à la sortie, il est obligé de dissimuler son visage pour éviter un mauvais parti.

Une simple anecdote et l'histoire d'un comédien célèbre montrent assez bien les effets de ce double sentiment sur le public et sur l'artiste. Dans une ville de province, une troupe nomade jouait un drame sur la captivité de Sainte-Hélène ; à son départ, un voiturier de l'endroit, bonapartiste très ardent et platonicien sans le savoir, refusait de transporter l'Hudson Lowe, soutenant qu'un malhonnête homme était seul capable de faire un pareil emploi. Un des plus éminents acteurs qu'ait eus la Comédie-Française, Régnier, admirable dans toutes les variétés de valets, d'autre part homme très régulier, très rangé, très désireux de considération, en vint à souffrir réellement de cette contradiction entre la réalité de sa vie et la fiction de ses rôles. Il s'achemina donc peu à peu vers un emploi plus sérieux et plus noble : vieux domestiques très honnêtes, maris trompés ou sur le point de l'être, mais très majestueux et très attendrissants. Le succès l'y suivit, mais de bons juges ont toujours regretté le Régnier première manière[1].

Voici enfin un dernier renseignement que nous fournissent les Grecs sur l'idée qu'un observateur philosophe pouvait alors se faire des comédiens. Une conséquence fatale de la profession, le *cabotinage*, s'était produite chez eux et ne leur avait pas échappé. On sait ce que veut dire surtout ce mot d'une signification si large. Entendez par là ce genre de vanité propre au comédien, qui lui exagère sa propre importance et celle de son art, qui le pousse à solliciter l'attention, à l'accaparer, s'il le peut ; vanité exigeante et jalouse, toujours en quête d'hommages, toujours prête à l'étalage déplaisant du *moi*. Au rapport de Plutarque, l'acteur Callipide, gâté par la gloire et habitué à jouer les grands personnages, se présente un jour devant Agésilas. Il le salue, se mêle à sa suite en faisant grand bruit et attend des compliments. Comme ils ne viennent pas tout seuls, il se décide à les provoquer : « Prince, lui dit-il, vous ne me reconnaissez sans doute pas ; vous n'avez pas entendu dire qui je suis ». Agésilas le toise et répond : « Mais si ; vous êtes le mime Callipide ». Et il lui tourne le dos.

Quel chemin les acteurs devaient faire dans l'estime

1. Voy., dans l'étude consacrée à Régnier par M. Francisque Sarcey (*Comédiens et Comédiennes : la Comédie-Française*, 1876), quelques pages très intéressantes sur cette déviation du talent par le caractère.

des grands hommes! Agésilas se montre froid pour Callipide; mais, à Rome, Cicéron recherche Roscius; en France, Napoléon Ier est l'ami de Talma. De nos jours, les amitiés de ce genre suivent une gradation descendante des plus instructives. Tel grand orateur admettait dans son intimité non plus un tragédien, mais un comique; le nom de l'homme d'hier restera étroitement uni à celui d'un chanteur de café-concert; l'homme de demain comptera peut-être un clown parmi ses fidèles.

III

Depuis la tragédie jusqu'aux parades foraines, les spectacles s'échelonnent d'après une hiérarchie qui se retrouve, naturellement, dans les comédiens. Un tragédien est un artiste; mais peut-on donner le même titre au pauvre diable qui fait des tours sur la place publique? De l'un à l'autre quelle différence et que de degrés! On ne voit pas, cependant, que chez les anciens l'opinion et les lois aient fait, entre eux, une distinction d'estime ou de mépris, d'indulgence ou de sévérité. En Grèce, la faveur dont les spectacles sont l'objet couvre tous leurs ministres; à Rome, la sévérité de la loi est la même pour tous. Un texte fort ancien et appliqué jusqu'à la fin de l'empire, « l'édit perpétuel du préteur », notait d'infamie quiconque pratiquait l'art théâtral au sens le plus étendu du mot, *infamia notatur qui artis ludicræ causa in scenam prodierit*. Cette note d'infamie était une peine terrible, entraînant une déchéance complète et irrémédiable. Celui qui en était frappé perdait ses droits civils et politiques; il ne pouvait exercer de magistratures, actionner en justice, porter témoignage, être tuteur, curateur, etc. Pour le comédien, elle le mettait au rang de l'esclave : il était à la discrétion du magistrat, qui pouvait le punir sans jugement du fouet ou de la prison, l'obliger à monter sur le théâtre et l'y maintenir de force [1].

La grossièreté originelle du théâtre romain fut la première cause de ce traitement. Pour jouer des scènes obscènes, il fallait des comédiens sans pudeur. C'étaient donc les derniers des hommes, les plus vicieux et les plus vils, qui montèrent d'abord sur la scène; ce furent les dernières des femmes, les plus scandaleusement débauchées, qui se joignirent à eux, lorsque leur sexe y parut à son tour. Ainsi le vice, la débauche, tous les désordres, semblaient aux Romains l'accompagnement obligé de la profession théâtrale. Lorsque la scène se fut ennoblie et relevée, on vit des comédiens honnêtes gens, car, dès qu'un art s'est constitué, il y a des vocations artistiques très conciliables avec la vertu. Cependant l'infamie légale du comédien ne cessa point; seules les mœurs et l'opinion se montrèrent plus indulgentes pour lui. On avait beau prodiguer au talent de l'acteur l'admiration qu'excite toute supériorité dans une chose difficile, on n'en estimait pas davantage sa profession, et si, par surcroît, l'homme était de caractère honorable, on regrettait qu'il s'abaissât à un emploi indigne de lui. Des comédiens excellents dans leur art, irréprochables dans leur conduite, ne parvenaient pas à reporter sur leur profession l'estime de ceux qui les prisaient le plus. Cicéron avait l'acteur Roscius pour

---

1. Sur l'édit prétorien et la note d'infamie, on peut voir A. Bouché-Leclercq, *Manuel des institutions romaines*, 1886, I, II, 2 et V, I, 2; voy. aussi Lamache, *Étude historique et juridique sur les spectacles et sur la condition légale des acteurs chez les Romains*, 1861.

ami ; cela ne l'empêchait pas de dire : « Il est si habile dans son art que seul il paraît digne de monter sur le théâtre ; mais il est si honnête homme que seul il paraît digne de n'y pas monter ».

Cette jolie antithèse paraît le comble de l'illogisme. Elle s'explique cependant. Peuple laborieux et pratique, les Romains ne voyaient dans le théâtre qu'un amusement et ne songeaient pas que l'on pût estimer de simples amuseurs ; si les Grecs estimaient l'acteur, c'est qu'ils estimaient aussi le théâtre. Mais, ni en Grèce, ni à Rome, on ne songeait à faire une distinction entre l'homme et son métier : les uns ne considéraient pas que ce métier, louable en lui-même, pouvait s'exercer par des instruments vicieux ; les autres que, mauvais de sa nature, il pouvait être pratiqué par d'honnêtes gens. Les Grecs, en effet, étaient artistes par nature et les Romains ne l'étaient que par imitation. Dans le premier cas, on considère l'art comme une nécessité sociale et ceux qui le pratiquent comme des êtres d'une utilité supérieure. Les hommes étant estimés de leurs semblables en raison des services qu'ils leur rendent, les Grecs honoraient les artistes d'une estime particulière ; les Romains, tenant l'amusement pour un besoin inférieur auquel l'homme cède en le méprisant, méprisaient aussi ceux dont la seule fonction sociale était d'amuser. Chez un peuple où les seules occupations honorées étaient la politique, le droit, la guerre et l'agriculture, celui qui n'était ni magistrat, ni orateur, ni soldat, ni laboureur, paraissait moins qu'un homme et on le traitait en conséquence.

La formule de la note d'infamie portée contre les acteurs renferme un détail qui achève de nous éclairer sur les causes de l'idée romaine traduite par le législateur. Il y est dit : « Tous ceux qui paraissent dans le cirque ou sur la scène *pour de l'argent* sont décriés ». C'est encore là un sentiment plus romain que grec. Outre qu'ils payaient leurs acteurs sur les fonds de l'État, genre de salaire très noble, les Grecs, aussi commerçants qu'artistes par nature, ne voyaient aucune humiliation pour un homme à recevoir de l'argent d'un autre homme; les Romains estimaient au contraire que l'homme le plus homme est celui qui ne dépend que de lui-même et ne doit faire usage ni de subtilité, ni d'adresse, ni de fiction pour se procurer de l'argent, encore moins mettre son corps au service d'autrui. Or que faisait le comédien, sinon louer aux plaisirs publics tout son être physique et moral? Il abdiquait donc sa dignité en montant sur le théâtre; il s'humiliait en recevant le prix de son talent. La civilisation moderne est revenue aux idées grecques : elle estime que, plus on gagne de l'argent, plus on est estimable; cependant nos idées font encore une réserve : elles exigent que l'on s'enrichisse sans faire commerce de sa personne, sans la livrer au plaisir, au caprice, à la disposition matérielle d'autrui.

J.-J. Rousseau ne manque pas de développer cette idée contre le comédien : « Qu'est-ce que la profession du comédien? Un métier par lequel il se donne en représentation pour de l'argent, se soumet à l'ignominie et aux affronts qu'on achète le droit de lui faire, et met publiquement sa personne en vente. J'adjure tout homme sincère de dire s'il ne sent pas au fond de son âme qu'il y a dans ce trafic de soi-même quelque chose de bas ». La réponse à ces questions pressantes doit être bien difficile, car jusqu'ici personne n'y a répondu. L'antagoniste de Jean-Jacques, d'Alembert, l'a esquivée; de même les modernes défenseurs de la profession comique : ils abordent toutes les autres objections avec un courage sûr de vaincre, sauf celle-ci. De fait, elle est irréfutable. L'homme qui monte sur les planches met toute sa personne à la disposition du public, pour de l'argent. Il ne loue pas seulement ses bras comme le manœuvre, sa vie comme le mercenaire, sa science comme le médecin, son éloquence comme l'avocat, mais tout son être, corps et âme, sa laideur ou sa beauté, son intelligence ou sa sottise; il est, quelques heures par jour, l'esclave du plus capricieux des despotes, le public. Avec l'adoucissement des mœurs et la dignité croissante de l'art, ce contrat de location entre le public et l'instrument de ses plaisirs perd de sa brutalité primitive; il s'atténue dans la forme; au fond, il reste identique à lui-même.

On ne sait guère comment vivaient les comédiens grecs, mais les mœurs de leur pays étaient si libres que nous pouvons, sans injure, supposer qu'ils usaient largement de cette liberté. Le jeu continuel avec les passions, cet état d'esprit que les chrétiens appellent « divertissement[1] », n'étaient pas pour les disposer à l'austérité. Admettons, si l'on veut, que les interprètes d'Eschyle, de Sophocle et d'Euripide devaient une gravité hiératique aux pièces qu'ils jouaient : ceux d'Aristophane, sinon ceux de Ménandre, étaient forcément moins austères et les genres d'action qu'ils traduisaient, les paroles qu'ils prononçaient, n'était-ce pas une excitation continuelle à la plus extrême licence? Ils n'avaient pas de femmes parmi eux; mais, outre qu'elles n'étaient pas indispensables aux débauches de leur race, ils savaient où trouver de quoi traduire au naturel les bonnes scènes de *la Paix* ou de *Lysistrata* : à Pompéi, ville à moitié

---

1. On connaît les admirables définitions et descriptions que Pascal donne du mot et de la chose; voy. surtout, dans les *Pensées*, édit. Havet, IV, 1 et 2.

grecque, le quartier du plaisir tout prêt faisait suite à celui du théâtre. Quant au petit monde des spectacles, celui qui ne jouait ni tragédie ni comédie et tirait tout de lui-même — mimes, bouffons, danseurs, faiseurs de tours, — la promiscuité de leur existence, leur vie nomade, la nature de leurs jeux les portaient à dépasser encore la licence aristophanesque. Les femmes formaient au moins la moitié de ce personnel, et parmi elles se recrutait en partie celui de la galanterie : qu'on se rappelle l'entrée d'Alcibiade avec sa joueuse de flûte au banquet d'Agathon. On peut donc appliquer à une bonne part des comédiens grecs ce que dit Aristote des « artisans dionysiaques », ceux qui figuraient dans les bacchanales : « Ils ne s'appliquent point à l'étude de la sagesse, et, passant la plus grande partie de leur vie dans ces arts que la nécessité les contraint d'exercer, ils vivent d'ordinaire dans la pauvreté et l'intempérance, deux choses qui causent les vices et les augmentent ».

A Rome, les femmes montent d'assez bonne heure sur le théâtre et y prennent une place de plus en plus considérable ; aussi les renseignements abondent-ils sur les comédiens : ils sont déplorables. Dans cette ville où la débauche avait pris, à tous les étages de la société, des proportions qui n'ont pas été dépassées, le personnel dramatique trouve le moyen de mériter une mention particulière. Comédiens et comédiennes vivent entre eux avec une liberté insolente ; en dehors du théâtre, ils se mêlent, chacun de son côté, aux plaisirs du monde qui s'amuse ; sur la scène, ils rivalisent d'impudeur ; car le théâtre pousse l'imitation de certains actes aussi loin qu'elle peut aller devant des hommes réunis. Nous avons nos « apothéoses » ; les Romains en avaient aussi d'une espèce particulière : à un moment du spectacle, il était de règle que les comédiennes devaient se mettre nues, si le public le demandait, et il l'exigeait presque toujours. Les personnes graves, s'il y en avait, sortaient à ce moment-là; ainsi Caton le censeur.

On remarquera, de plus, qu'à l'inverse des Grecs, les Romains goûtaient surtout les basses formes du théâtre. Ils n'avaient pas de tragédie; ils sentaient peu la comédie elle-même et quittaient les pièces de Térence pour des funambules; ils préféraient à tout les jeux du cirque et les pantomimes. Or plus le théâtre demande à la littérature, plus il atténue l'indécence de ses moyens matériels; le théâtre de Rome était donc d'autant plus indécent qu'il était moins littéraire, et ses acteurs, n'ayant à traduire que les moins relevées des passions humaines, subissaient l'influence exclusive de ces passions.

IV

Il ne faut donc pas s'étonner des clameurs poussées par les premiers apologistes et les Pères de l'Église contre le personnel théâtral en même temps que contre les spectacles. Ils remplissent leur devoir en dénonçant à la société païenne une cause puissante de ses désordres, et, en voyant dans les ministres du théâtre les plus dangereux auxiliaires de la débauche publique, ils sont dans la vérité. Les livres saints leur fournissent des textes qui s'appliquent exactement à la scène : « Ne regardez point, dit l'*Ecclésiaste*, une femme débauchée, de peur de tomber dans ses filets; ne fréquentez point celle qui fait profession de danser et de chanter, de peur que ses attraits ne vous perdent ».

C'est encore Tertullien qui, le premier, condamne au point de vue chrétien la profession théâtrale. Après lui, les Pères de l'Église reprennent ce thème avec une éloquence pressante et douloureuse. Ce qui désole surtout saint Cyprien, c'est l'humiliation que la dignité humaine, à tous ses degrés, éprouve sur les théâtres : « Des enfants, dit-il, y perdent leur qualité d'homme ; la majesté et la force de leur sexe y sont brisées par le déshonneur d'un corps énervé ; un homme y plaît d'autant plus qu'il est plus abaissé à la ressemblance d'une femme ; sa gloire y croît en proportion de ce crime, et on le juge d'autant plus habile qu'il est plus vil ».

Les conciles frappent donc la profession théâtrale plus sévèrement que le théâtre lui-même. D'abord, celui d'Elvire, en 305 : « Si les comédiens veulent embrasser la foi chrétienne, nous ordonnons qu'ils renoncent auparavant à leur métier, qu'ensuite ils soient admis, mais qu'ils ne l'exercent plus. S'ils contreviennent à ce décret, qu'ils soient chassés et retranchés de l'Église ». Lorsque, au lieu de regarder au dehors pour savoir qui elle peut admettre, l'Église regarde dans son sein pour savoir qui elle doit rejeter, au premier et au second concile d'Arles, en 314 et en 452, elle dit, reprenant la même formule à un siècle et demi de distance : « Nous ordonnons que les comédiens soient excommuniés tant qu'ils feront ce métier ». En 680, le concile de Constantinople renouvelle ces condamnations : « Que personne ne se déguise ni en comédien, ni en satyre, ni en tragédien. Si quelqu'un commet ce crime, dès que les prélats en auront connaissance, si c'est un ecclésiastique, qu'il soit déposé ; si c'est un laïque, qu'il soit excommunié ».

Mais ces défenses, comme celles qui visent le théâtre

lui-même, ne sont pas de discipline générale : elles n'émanent ni des conciles œcuméniques ni des papes. Chaque évêque pouvait donc appliquer ou négliger dans son diocèse les canons contre le théâtre. Dans tous les pays de l'Europe, ils tombent en désuétude; en France, ils sont généralement maintenus, et M. Maugras donne de cette exception un motif très plausible, emprunté à l'histoire de l'Église gallicane : « Pour se protéger contre les empiétements des papes et se mettre à l'abri des changements qu'ils apportaient sans cesse à la discipline, les évêques déclarèrent immuables tous les canons promulgués par les premiers conciles jusqu'au VIIIe siècle et qui étaient passés dans les coutumes de l'Église de France. Du moment qu'on adoptait les canons de ces conciles, il n'y avait pas de raison de rejeter ceux qui concernaient les comédiens; ils se trouvèrent donc tout naturellement reproduits ». M. Maugras ajoute que ces censures portaient seulement sur le théâtre populaire, exercé par des bateleurs et des bouffons. Oui, à l'origine; mais, dès qu'un théâtre littéraire s'est constitué, avant même le rigorisme religieux qui coïncide avec la vieillesse de Louis XIV, en plein milieu du XVIIe siècle, un grand nombre de rituels diocésains appliquent les décisions des conciles, et les comédiens sont dénoncés publiquement comme excommuniés au prône des paroisses.

Si les gens de théâtre parviennent à se marier, à faire baptiser leurs enfants, à remplir leurs devoirs religieux, même dans les diocèses où les rituels les condamnent, c'est en dissimulant leur profession ou grâce à une tolérance du clergé, qui, n'osant pas frapper des gens dont beaucoup sont couverts par la protection royale, ferme les yeux et se laisse tromper. Mais, lorsqu'ils sont à l'article de la mort, il se dédommage de son indulgence : il exige d'eux la promesse de ne plus monter sur le théâtre et, s'ils meurent sans avoir fait une déclaration dans ce sens, la sépulture ecclésiastique leur est refusée : les noms de Floridor, de Brécourt, de Rosimond, de la Thuillerie, de Raisin cadet, de Mlle Champmeslé se rattachent à des faits de ce genre. Je ne parle pas de Molière : tout le monde sait qu'il fallut un ordre du roi pour le faire enterrer chrétiennement [1].

A mesure que la ferveur religieuse, en se réveillant chez le roi, à la cour, partout, permet au clergé gallican une fidélité plus étroite à ses principes, il affirme sa tradition par ses paroles et la confirme par ses actes. Au XVIIIe siècle, il accentue d'autant plus sa rigueur que la profession de comédien prend plus d'importance. On sait comment il traite à leur mort Beaubourg, Baron, Roselli, Paulin et Olivier, Mlles Sallé, Lecouvreur et Quinault. Pour les mariages, il n'a plus la même facilité qu'autrefois : il faut un ordre exprès du roi pour celui de Brizard, une ruse de Molé pour le sien. Longtemps il avait fait une exception en faveur des comédiens italiens, que leur qualité d'étrangers laissait en dehors de la sévérité gallicane et pour qui leur piété bien connue était une circonstance atténuante :

---

[1]. Entre la fin de l'empire romain et le commencement des temps modernes, pendant le moyen âge, s'étend pour la profession théâtrale comme pour bien d'autres choses, une période de transition, où l'on continue à jouer la comédie et beaucoup, mais où il n'y a guère de comédiens de métier ; des gens de toute condition, même des gens d'Église, montent sur le théâtre, par goût de divertissement ou dans une intention pieuse, sans en faire leur occupation principale ou en tirer leurs moyens d'existence. Cette époque sortait donc de mon cadre et je n'ai pas eu à m'en occuper. Elle est en elle-même des plus intéressantes et a fait récemment l'objet d'un livre spécial, *les Comédiens en France au moyen âge*, 1885, par M. L. Petit de Julleville.

il finit par leur imposer le droit commun. L'un d'eux, Louis Riccoboni, écrivait en 1746 : « Les comédiens ne peuvent pas confesser à la paroisse et encore moins communier. Par bonheur, il y a des moines à Paris ». Il citait comme exemple ses camarades Mario et Silvia, qui avaient dû faire bénir leur mariage, en cachant leur état, dans un village des environs de Paris, et son propre fils, marié à Saint-Eustache, grâce à une dissimulation du même genre, mais au sujet duquel le curé déclarait, quelques jours après, que, s'il avait su la profession des futurs, il les aurait renvoyés[1].

Ces textes et ces faits, dont je ne cite que les plus saillants, n'empêchent pas de soutenir encore aujourd'hui que l'excommunication des comédiens n'a jamais été juridiquement valable et qu'elle n'a été appliquée que par des traits d'intolérance individuelle. Je n'hésite pas à la regarder comme très précise en droit et en fait. Il suffisait pour la mettre en vigueur qu'un évêque, exerçant son droit de censure *a jure*, c'est-à-dire appliquant un canon ou un décret de l'Église, rédigeât un règlement prohibitif où il rappelait les peines portées contre tel ou tel crime. Les rituels n'étaient qu'une application de ce droit épiscopal[2]. Jusqu'au milieu de notre siècle, la doctrine et les rituels ne changent pas, et le livre de M. Maugras, provoqué, dit-il, par le désir d'apporter une solution nette et bien motivée aux con-

---

[1]. Georges Monval, *l'Excommunication des comédiens*, dans le *Moliériste* d'avril 1885.

[2]. On n'a, pour se renseigner sur la question, qu'à ouvrir un ancien dictionnaire de droit canonique français. Voy., par exemple, un des plus autorisés et des plus maniables : Durand de Maillane, *Dictionnaire de droit canonique et de pratique bénéficiale*, 1761, articles CENSURES et EXCOMMUNICATION.

troverses engagées sur les rapports de l'Église et des comédiens, atteint pleinement son but [1].

En 1696, les comédiens français s'adressent au pape, à l'occasion du jubilé, pour réclamer au sujet de l'excommunication portée contre eux par leurs évêques : le pape ne peut que les renvoyer à l'archevêque de Paris pour être traités « suivant le droit », c'est-à-dire qu'il laisse la question en l'état ; même conduite du Saint-Siège en 1701. En 1849, pour la première fois, un concile français, celui de Soissons, revenant sur les anciens canons, relève les comédiens de la censure ecclésiastique, en maintenant toutefois une forte réserve : « Nous ne les mettons pas, dit-il, au nombre des infâmes ni des excommuniés ; cependant si, comme cela arrive presque toujours, ils abusent de leur profession pour jouer des pièces impies ou obscènes, de manière qu'on ne puisse s'empêcher de les regarder comme des pécheurs publics, on doit leur refuser la communion eucharistique ». Tout récemment, le 1er octobre 1884, le curé de Saint-Roch invitait spontanément la Comédie-Française à un service solennel célébré dans son église pour le bicentenaire de Corneille.

Mais ni l'initiative du curé de Saint-Roch ni la décision du concile de Soissons ne détruisent l'ancien droit et l'histoire. Ils montrent seulement que le clergé de France a changé de doctrine sur ce point, comme sur beaucoup d'autres. On ne saurait nier que celle dont il s'inspirait aux deux derniers siècles ne fût conforme à l'esprit du christianisme. Voyant dans le théâtre une excitation continuelle au péché et dans les

---

[1]. Articles de M. C. Livet, dans *le Temps* du 2 octobre 1884 et la *Revue critique d'histoire et de littérature* du 9 mars 1885 ; A. Gazier, dans ce dernier recueil, 3 novembre 1885 ; G. Monval, travail déjà cité ; A. Copin, *Talma et la Révolution*, 1887.

comédiens des instruments de scandale, le clergé français faisait son devoir en condamnant le théâtre et les comédiens. Il est heureux pour les comédiens de pouvoir satisfaire aujourd'hui leurs sentiments de piété ou leurs goûts de convenance mondaine; mais, si l'on accepte la morale chrétienne, on ne saurait blâmer l'Église de les avoir si longtemps rejetés de son sein. S'ils étaient eux-mêmes chrétiens de cœur, ils devaient faire passer avant tout les intérêts de leur salut et renoncer au théâtre. Malheureusement la loi religieuse s'appuyait alors sur la loi civile, au point de se confondre avec elle, et, tenant sous sa dépendance les droits les plus essentiels de tout citoyen, elle en abusait pour mettre les comédiens hors la loi civile. C'est le danger de toutes les religions d'État et nous avons ici une nouvelle preuve du grand bienfait qu'a réalisé la Révolution en établissant ce principe que la loi civile doit toujours être indépendante de la loi religieuse.

V

Comme aux temps de la primitive Église, c'étaient les mœurs des comédiens qui fournissaient aux docteurs des deux derniers siècles leurs principaux motifs d'anathème et d'exclusion. Dans son argumentation contre le P. Caffaro, Bossuet ne faisait que revêtir de son incomparable éloquence les idées de Tertullien et de saint Cyprien, lorsqu'il expliquait la sévérité ecclésiastique par « les crimes des comédiennes, des chanteuses et les scandales de leurs amants », dénonçant à la pitié « ces chrétiennes immolées à l'incontinence publique, ces esclaves exposées, en qui la pudeur est éteinte par tant de regards qu'elles attirent et par tous ceux qu'elles jettent », et reprochant aux spectateurs « de payer leur luxe, de nourrir leur corruption, de leur exposer leur cœur en proie, et d'aller apprendre d'elles tout ce qu'il ne faudrait jamais savoir ».

On ne peut nier que l'histoire n'illustre de preuves éclatantes le passage des *Maximes sur la Comédie* où Bossuet s'exprimait de la sorte. Dans la plus célèbre et la plus honorable des troupes d'alors, celle de Molière, les noms de Madeleine Béjart, de Mlle du Parc, de Mlle de Brie sont étroitement mêlés à l'histoire amoureuse des grands hommes et des grands seigneurs du temps, sans parler des amants anonymes, aussi nombreux dans la vie de toute femme galante que ceux dont le souvenir illustre leurs maîtresses. Dans la troupe rivale, celle de l'hôtel de Bourgogne, Mlle Champmeslé est, si je puis ainsi parler, une grande figure de la galanterie, et, au siècle suivant, la plupart des noms chers à Vénus sont des noms de comédiennes. Théâtre-Français, Théâtre-Italien, Opéra-Comique participent également à la liste où l'on trouve les demoiselles Quinault et Mlles Lecouvreur, Silvia et Mme Favart. Mêmes penchants du côté de leurs camarades, entre lesquels il suffira de citer Molière, un des hommes qui ont le plus aimé, et Baron, « le satyre ordinaire des jolies femmes », comme l'appelait un contemporain.

C'étaient là de grands artistes, et plusieurs, comme distinction naturelle, élévation morale, esprit, sensibilité, égalaient d'autre part les plus honnêtes gens. Il faut donc admettre qu'ils subissaient les conséquences fatales d'un métier dont les conditions essentielles ne sauraient changer : promiscuité des hommes et des femmes, liberté d'idées, d'allures et de propos, nécessité de jouer avec les passions, tentations continuelles. Ces conséquences embarrassaient beaucoup les défenseurs de l'art théâtral, en un temps où l'on ne pouvait pas traiter légèrement la stricte morale, et ils proposaient des mesures bizarres pour remédier à une liberté de mœurs qu'ils reconnaissaient en la déplorant. D'Aubignac avait imaginé celle-ci :

Ne pourront les filles monter sur le théâtre, si elles n'ont leur père ou leur mère dans la compagnie. Les veuves seront obligées de se remarier dans les six mois d'après l'an de leur deuil au plus tard, et ne joueront point dans l'an du deuil, sinon qu'elles fussent remariées. Pour l'exécution de cette déclaration, Sa Majesté établira une personne de probité et de capacité, comme directeur, intendant ou grand maître des théâtres et des jeux publics en France, qui aura soin que le théâtre se maintienne en l'honnêteté, qui veillera sur les actions des comédiens et qui en rendra compte au roi pour y donner l'ordre nécessaire.

Le naïf abbé, qui ne péchait point par excès de modestie, se fût chargé avec empressement de ces difficiles fonctions. Il y eût joint le gouvernement d'une sorte de phalanstère dramatique, car il proposait de bâtir, aux frais de l'État, « des maisons pour loger gratuitement les deux troupes de comédiens nécessaires à la ville de Paris [1] ».

Un de ses contemporains, l'abbé de Pure, émettait le vœu, au moins singulier pour un prêtre, que les comé-

---

[1]. Si l'abbé d'Aubignac revenait au monde, il verrait ses idées en partie appliquées, non pas en France, mais à l'étranger. A Belgrade, les mœurs des comédiennes sont surveillées par un censeur que l'on dit impitoyable : « Défense absolue aux artistes qui ont l'honneur d'appartenir au théâtre national de placer leur cœur à fonds perdus ou autres. Sinon renvoi. Les cas sont rares. Pour éviter pareil malheur, les cœurs, au lieu de se placer à fonds perdus, font entre eux une petite cagnotte et les comptes se règlent en famille ». (*Du Danube aux Balkans*, dans *le Temps* du 2 octobre 1887.)

diennes fussent, « s'il se pouvait, toujours filles, ou, du moins, jamais grosses ».

Un théoricien du théâtre, moins connu que d'Aubignac et de Pure, mais encore plus ingénieux, Rabelleau, proposait en 1769 de constituer les comédiens en une sorte de milice où chaque citoyen eût passé un certain temps avant d'être admis à aucune fonction publique, et il motivait son projet sur l'impossibilité de réformer les comédiens de profession. On aurait eu de la sorte de médiocres fonctionnaires et d'exécrables comédiens.

A Rousseau, qui s'était espacé sur la facilité des comédiennes, d'Alembert répondait par cette défense, dont la conclusion semble être la création d'un ordre de la chasteté théâtrale, ou quelque chose d'approchant :

> La chasteté des comédiennes est plus exposée que celle des femmes du monde ; mais aussi la gloire de vaincre en doit être plus grande : il n'est pas rare d'en voir qui résistent longtemps, et il serait plus commun d'en trouver qui résistassent toujours, si elles n'étaient comme découragées de la continence par le peu de considération réelle qu'elles en retirent. Le plus sûr moyen de vaincre les passions est de les combattre par la vanité ; qu'on accorde des distinctions aux comédiennes sages, et ce sera, j'ose le prédire, l'ordre de l'État le plus sévère dans ses mœurs.

Prédiction étonnante et qui prête au sourire : il est plus facile de trouver des comédiennes dignes des palmes académiques que de la distinction rêvée par d'Alembert. Malgré la facilité avec laquelle nous créons depuis quelque temps des ordres honorifiques, il n'y a pas lieu d'en instituer un nouveau pour cette fin-ci. Outre la difficulté que l'on trouverait à le recruter, il n'est pas sûr que les titulaires consentissent à en porter les insignes. Bien plus, au sentiment de quelques bons esprits, en encourageant trop la régularité des mœurs chez les femmes de théâtre, on risquerait de nuire grandement à l'art dramatique. Certaines comédiennes parviennent à traduire de façon saisissante des passions qu'elles n'ont jamais éprouvées ; un plus grand nombre avaient vécu leurs rôles avant de les jouer ; et telles, insignifiantes ou à peu près avant une crise de douleur ou de passion, furent excellentes après. Ce serait toujours une immoralité et souvent une erreur de proposer le désordre aux comédiennes comme une règle de leur esthétique professionnelle ; ce serait une naïveté et un danger artistique de leur imposer la vertu par des mesures d'administration.

VI

C'est surtout le péché de luxure qui provoquait contre les comédiens les sévérités de l'Église. Il est moins grave aux yeux des gens du monde que devant la morale chrétienne. Aussi les adversaires laïques des gens de théâtre produisaient-ils contre eux d'autres arguments, tirés à la fois de leurs mœurs et de leur caractère.

Rousseau les trouve « avares et prodigues, toujours accablés de dettes et toujours versant de l'argent à pleines mains, aussi peu retenus sur leurs dissipations que peu scrupuleux sur les moyens d'y pourvoir ». C'est encore un point sur lequel d'Alembert esquive une réponse très difficile, pour ne pas dire impossible. Dans l'article de l'*Encyclopédie* qui avait provoqué la *Lettre sur les spectacles*, il s'était contenté de dire d'une façon générale : « Le préjugé barbare contre la profession de comédien, l'espèce d'avilissement où nous avons mis ces hommes si nécessaires au progrès et au soutien des arts, est certainement une des principales causes qui contribuent au déréglement que nous leur reprochons; ils cherchent à se dédommager par les plaisirs de l'estime que leur état ne peut obtenir ». Rousseau avait justement répondu que ces mauvaises mœurs ne sont pas un effet du préjugé public, mais plutôt une cause : « Les comédiens, dites-vous, ne se rendent méprisables que parce qu'on les méprise. Mais pourquoi les eût-on méprisés, s'ils n'eussent été méprisables ? » L'histoire donne raison à Rousseau.

Depuis quelque temps, en effet, grâce à notre curiosité de plus en plus exigeante pour tout ce qui touche au théâtre, de profondes recherches ont été faites sur les comédiens d'autrefois, et nombre de documents ont été produits qui éclairent leur vie privée d'une vive lumière. Il n'y a qu'à feuilleter, par exemple, les divers recueils publiés par M. Émile Campardon [1] pour trouver des preuves au dire de Jean-Jacques. Composés pour la majeure partie de procès-verbaux de police et d'information judiciaire, ils prouvent qu'aux deux derniers siècles le personnel des théâtres, du plus haut au plus bas, occupait grandement policiers et magistrats. Et, si plusieurs noms de comédiens célèbres y brillent par leur absence, il en reste encore trop.

Dancourt est accusé de séduction par une femme de chambre de Mlle Beauval, ce qui est dans l'ordre, mais il a des démêlés avec un créancier et roue de coups un huissier venu pour saisir ses meubles; Baron et Paul

---

[1]. *Nouvelles pièces sur Molière et sur quelques comédiens de sa troupe*, 1879; *les Comédiens du roi de la troupe française*, 1879; *les Comédiens du roi de la troupe italienne*, 1880; *les Spectacles de la foire*, 1877.

Poisson échangent des injures et des menaces; Françoise Quinault ne peut plus vivre en ménage; Beaubourg soufflette un camarade; Quinault-Dufresne et Moligny croisent l'épée en plein jour et en pleine rue; Mlle Desmares et Mlle Duclos sont battues par leurs maris; Quinault-Dufresne et Mlle de Senne, sa femme, plaident en séparation; Mlle Dangeville est en désaccord avec une marchande à la toilette; Ribou est accusé d'escroquerie; Mlle Raucourt et une dame Souck, son amie, insultent un gardien de saisie et sont accusées par leur propriétaire de conduite scandaleuse et d'injures graves; Mme Dugazon est injuriée par son mari et Mme Bellecour insulte Grimod de la Reynière; Naudet insulte et frappe un chirurgien, etc.

Les pieux comédiens italiens sont encore plus désordonnés, plus querelleurs, plus processifs que leurs camarades français. Dans les dossiers qui les concernent, je me contente de relever les noms de Mario Baletti, de sa femme Silvia et des deux Lélio. La douce Silvia est accusée, avec son père, par un tapissier, de tentative d'escroquerie commise avec violence; elle accueille un huissier par des invectives; un tailleur d'habits a contre Baletti le même sujet de plainte que le tapissier contre Silvia et son père: l'esprit d'escroquerie est dans cette famille. Lélio père insulte et frappe le commissaire des pauvres, Lélio fils donne des coups de pied et des soufflets à un machiniste de la Comédie-Italienne; il échange des insultes publiques avec un créancier.

En majorité jansénistes, partant rigoristes, et souvent obligés par leurs fonctions de s'occuper des comédiens, les parlementaires sont très sévères pour eux; ils ne manquent aucune occasion de leur témoigner aversion et mépris, conciliant ainsi leurs scrupules religieux et leur devoir professionnel. En vain, l'édit de 1641 défendait que « l'exercice » des comédiens « pût leur être imputé à blâme ni préjudicier à leur réputation dans le commerce public » : cette réhabilitation ayant pour condition expresse que les comédiens « régleraient tellement les actions du théâtre qu'elles seraient exemptes de toute impureté », et leur défendant « de représenter aucunes actions malhonnêtes ni d'user d'aucunes paroles lascives ou à double entente, sous peine d'être déclarés infâmes », les magistrats objectaient, avec les théologiens, que « les comédiens n'ayant jamais gardé ce qui leur était enjoint par cette déclaration », il n'y avait pas lieu de leur en appliquer le bénéfice. C'était habilement raisonné, et les comédiens eux-mêmes devaient en convenir : lorsque, dans des circonstances que l'on va voir, on rappelait à Mlle Clairon, pour la calmer, l'édit de Louis XIII établissant le droit commun en faveur des comédiens, elle répondait que cet édit était « plutôt une correction pour les comédiens de ce temps-là que des prérogatives qu'on avait voulu leur donner[1] ».

On sait les mauvais procédés du président de Lamoignon à l'égard de Molière réclamant pour son *Tartuffe*; le président de Harlay ne montre pas plus de bienveillance envers Dancourt. Fière de la protection royale, la Comédie-Française est solennelle en parlant d'elle-même, et Baron, son orateur, lui donne le titre de « compagnie » : le même M. de Harlay sourit de cette emphase et promet de soumettre la requête à sa « troupe ».

En 1709, un avocat général refuse à la Comédie la personnalité civile : « Les comédiens, dit-il, n'ont point d'état légal en France; ils ne peuvent se flatter d'être entendus en corps, n'ayant aucune lettre patente, mais

1. *Journal de Papillon de la Ferté*, publié par M. Ernest Boysse, 8 avril 1766.

un simple brevet du roi ». C'est donc par grâce que l'on consent à leur donner audience.

En 1760, Mlle Clairon, ne pouvant se résigner à ce qu'une profession honorée par elle demeure dans le discrédit, et prenant à l'égard de ses camarades le rôle de défense dont M. Coquelin aîné s'est chargé de nos jours, Mlle Clairon demande à un avocat au Parlement, Huerne de la Mothe, une consultation juridique sur l'état des comédiens devant les lois religieuses et civiles[1]. A ce propos, elle écrit une lettre d'une solennité réjouissante : « Née citoyenne, élevée dans la religion chrétienne catholique », elle ne peut rester dans une incertitude « affreuse pour une âme pénétrée de ses devoirs ». Pieuse Clairon, vos faiblesses amoureuses, depuis le comte de Valbel et Marmontel jusqu'au margrave d'Anspach et à Larive, commentent singulièrement ces lignes édifiantes ! Mlle Clairon s'adressait, naturellement, à un ami du théâtre, mais à un ami maladroit. Rien de plus diffus et de plus confus que le mémoire rédigé par Huerne. Néanmoins, l'émotion fut grande dans la compagnie des avocats, et, sur la réquisition du bâtonnier, le mémoire fut condamné et son auteur rayé du tableau.

Les comédiens ne trouvent pas plus d'estime ni un traitement plus équitable chez leurs maîtres et leurs juges directs. Investis depuis le commencement du XVIIIe siècle d'une autorité discrétionnaire sur les théâtres, les gentilshommes de la Chambre les gouvernent avec une sévérité qui semble s'inspirer de la législation romaine[2]. Ils

---

[1]. *Mémoire à consulter sur la question de l'excommunication que l'on prétend encourue par le seul fait d'acteurs de la Comédie-Française*, 1761.

[2]. M. Maugras, dans ses *Comédiens hors la loi*, aurait pu donner plus de précision à la partie de son travail qui traite de l'autorité administrative sur les comédiens, en consultant l'ouvrage de E. Despois, *le Théâtre français sous Louis XIV*, 1874, et surtout

reprennent les droits du préteur et obligent les comédiens à l'obéissance en les enfermant au For-l'Évêque, sans forme de procès ni recours légal. Pour les comédiennes, ils les envoient à la Salpêtrière, l'hôpital infamant des filles publiques.

Dans le monde, les acteurs sont recherchés et cajolés comme auxiliaires du plaisir, mais la familiarité avec laquelle on les traite est plus blessante que l'ordinaire politesse : à l'occasion, ils s'entendent rappeler brutalement au sentiment de leur indignité sociale. Ils figurent dans les soupers ; ils sont reçus à l'heure où l'on s'amuse ; mais la vie ordinaire de la noblesse comme de la bourgeoisie leur est fermée. Presque tous s'accommodent de cette condescendance assez humiliante ; quelques-uns en souffrent. Ils obtiennent des grands seigneurs de riches habits portés deux ou trois fois et dont ils se parent sur le théâtre ; à l'occasion, ils les sollicitent platement et nous avons des vers flagorneurs adressés par Raymond Poisson au duc de Créqui pour obtenir une libéralité de ce genre. Mais Quinault-

celui de M. J. Bonnassies, *la Comédie-Française, histoire administrative*, 1874.

Il y a quelque temps (novembre 1887), M. Ernest Boysse a publié le *Journal*, que je viens de citer, de Papillon de la Ferté, intendant des Menus-Plaisirs ; on y trouve, pour la période qui va de 1756 à 1780, les plus curieux renseignements sur les relations des gentilshommes de la Chambre avec les théâtres royaux. P. de la Ferté est l'amusant exemple d'un homme obligé par ses fonctions d'être en rapports journaliers avec une sorte de gens qu'il a en horreur et, malgré cela, faisant preuve d'un zèle et d'un tact à toute épreuve. A plusieurs reprises, il ne peut se tenir de consigner dans son journal des réflexions du goût de celles-ci : « Le plus sage parti est de se mêler le moins possible de ce tripot » ; ou bien encore : « Le moins qu'un galant homme puisse avoir affaire aux comédiens, mieux cela vaut. Il n'y a qu'ingratitude, tracasserie, peut-être pis à en attendre... Autant je pense qu'on doit encourager et récompenser leurs talents, autant je suis d'avis qu'il faudrait punir leur insolence et leur insubordination ».

Dufresne disait avec une fatuité qui cache une souffrance significative, chez un homme aussi plein de lui-même : « On me croit heureux : erreur populaire. Je préférerais à mon état celui d'un gentilhomme qui mangerait tranquillement douze mille livres de rentes dans son vieux château. » Un de ses camarades traduit le même sentiment sous une forme plus digne dans une conversation avec un vieil officier. Il se plaignait de quitter le théâtre avec une simple pension de quinze cents livres, et l'officier disait : « Il sied bien à un comédien de se plaindre, tandis qu'un homme tel que moi, criblé de blessures, se contente de six cents livres! — Eh! ripostait le comédien, comptez-vous pour rien de pouvoir me parler ainsi? »

Enfin, le public comble d'adulations et d'applaudissements ses acteurs préférés; il épuise à leur égard les formes de la flatterie; mais, lorsqu'ils en prennent trop à leur aise, il les rappelle durement à l'obéissance, exige des excuses et leur crie : « Au For-l'Évêque! » ou : « A l'Hôpital! » Je ne crois pas que jamais la dignité d'êtres humains ait été plus abaissée que dans le « compliment » prononcé par Bellecour, au nom de ses camarades, à la suite des incidents tumultueux qui signalèrent en 1765 une représentation du *Siège de Calais*[1].

---

[1]. Voici cette pièce, que P. de la Ferté, fort tourmenté par ces incidents, transcrit dans son journal (19 avril 1765) avec quelque complaisance, comme s'il prenait sa légitime part des excuses ainsi présentées : « Messieurs, c'est avec la plus vive douleur que nous nous présentons devant vous. Nous ressentons avec la plus grande amertume le malheur de vous avoir manqué. Notre âme ne peut être plus affectée qu'elle l'est du tort réel que nous avons. Il n'est aucune satisfaction que l'on ne vous doive. Nous attendons avec soumission les peines que l'on voudra bien nous imposer et qui ont été déjà imposées à plusieurs de nos camarades. Notre repentir est sincère, et, ce qui ajoute encore à nos regrets, c'est d'être forcés de garder au fond de nos cœurs les sentiments de zèle, d'attache-

VII

Les idées déjà émises contre le métier de comédien aux diverses époques de l'histoire ne suffisent pas à expliquer tant de sévérité de la part des moralistes et du public. On pardonne assez facilement aux gens leurs fautes de conduite ou leurs ridicules lorsqu'on n'en souffre pas soi-même; on n'est impitoyable pour eux que s'ils offrent des travers particulièrement désagréables et blessants. C'était le cas des comédiens. On les trouvait insupportables de vanité et de turbulence, et, pour juger de cette impression, nous n'avons que l'embarras du choix entre les témoignages des contemporains.

La Bruyère et Le Sage les ont en horreur; la morgue de Baron et de ses pareils, leur manie d'étalage, leur insolence à l'égard des auteurs leur portent cruellement sur les nerfs. Le premier s'indigne qu'un « art si mécanique » et une « si vile condition » permettent une fortune si rapide et un faste si insolent; le rouge lui monte au front lorsqu'il voit « le comédien, couché dans son carrosse, jeter de la boue au visage de Corneille, qui est à pied »; il demande si le métier d'un Roscius « est la plus noble et la plus honnête chose que l'on puisse faire ». Le second peint en détail, avec la plus amusante vérité de satire, leur affectation de gestes et de langage,

ment et de respect que nous vous devons et qui doivent vous paraître suspects dans ce moment-ci. C'est par nos soins et les efforts que nous ferons pour contribuer à vos amusements, que nous espérons vous ôter jusqu'au souvenir de notre faute, et c'est des bontés et de l'indulgence dont vous nous avez tant de fois honorés, que nous attendons la grâce que nous vous demandons et que nous osons vous supplier de nous accorder ». On voit l'attitude et l'on entend le ton avec lesquels cela dut être dit.

leur prétention continuelle et sans détente, l'égale fatuité des hommes et des femmes, la hauteur avec laquelle ils reçoivent les pauvres poètes.

Nous savons que le mensonge perpétuel et fort innocent sur lequel repose l'art théâtral est odieux à Rousseau. Il ne voit dans le talent du comédien que celui « de se contrefaire, de revêtir un autre caractère que le sien, de paraître différent de ce qu'on est, de se passionner de sang-froid, de dire autre chose que ce qu'on pense, aussi naturellement que si on le pensait réellement, et d'oublier enfin sa propre place à force de prendre celle d'autrui ». C'est pourtant de cette aptitude à mentir que le comédien tire sa vanité. Cela exaspère le philosophe, qui résume ainsi son opinion : « Quel est, au fond, l'esprit que le comédien reçoit de son état? Un mélange de bassesse, de fausseté, de ridicule orgueil et d'indigne avilissement, qui le rend propre à toutes sortes de personnages, hors le plus noble de tous, celui d'homme, qu'il abandonne. »

Diderot trouve dans le recrutement de la profession la cause de défauts incurables pour ceux qui la suivent :

Qu'est-ce qui leur chausse le socque ou le cothurne? Le défaut d'éducation, la misère et le libertinage. Le théâtre est une ressource, jamais un choix. Jamais on ne se fit comédien par goût pour la vertu, par le désir d'être utile dans la société et de servir son pays ou sa famille, par aucun des motifs honnêtes qui pourraient entraîner un esprit droit, un cœur chaud, une âme sensible vers une aussi belle profession....

Un jeune dissolu, au lieu de se rendre avec assiduité dans l'atelier du peintre, du sculpteur, de l'artiste qui l'a adopté, a perdu les années les plus précieuses de sa vie, et il est resté à vingt ans sans ressources et sans talent. Que voulez-vous qu'il devienne? Soldat ou comédien. Le voilà donc enrôlé dans une troupe de campagne. Il rôde jusqu'à ce qu'il puisse se promettre un début dans la capitale.

Une malheureuse créature a croupi dans la fange de la débauche; lasse de l'état le plus abject, celui de basse courtisane, elle apprend par cœur quelques rôles, elle se rend un matin chez la Clairon, comme l'esclave ancien chez l'édile ou le préteur. Celle-ci la prend par la main, lui fait faire une pirouette, la touche de sa baguette et lui dit : « Va faire rire ou pleurer les badauds ».

Ainsi recrutée, continue le philosophe, la profession se compose de gens sans délicatesse ni élévation de sentiments, sans éducation ni instruction, peu sensibles ou d'une sensibilité tout extérieure et factice, « rassis au spectacle d'un événement fâcheux ou au récit d'une aventure pathétique », propres à représenter tous les caractères parce qu'ils n'en ont aucun en propre. Ils doivent à la constante habitude de l'imitation et de la fiction un défaut de naturel et de simplicité, un manque d'équilibre, une emphase, d'où naît un ridicule particulier, qui les suit dans la vie ordinaire : ils y promènent Brutus, Cinna, Mithridate, Cornélie, Mérope, Pompée, et, ce faisant, « ils accouplent à une âme petite ou grande, de la mesure précise que la nature leur a donnée, les signes extérieurs d'une âme exagérée et gigantesque qu'ils n'ont pas ». Ils peuvent mériter l'estime par leur caractère et leur façon de vivre, mais seulement à titre individuel : « un comédien galant homme, une actrice honnête femme sont des phénomènes trop rares ».

Considérés en corps, les voici tels qu'ils apparaissent à l'auteur du *Paradoxe* :

J'ai beau examiner ces gens-là. Je n'y vois rien qui les distingue du reste des citoyens, si ce n'est une vanité qu'on pourrait appeler insolence, une jalousie qui remplit de troubles et de haine leur comité. Entre toutes les associations, il n'y en a peut-être aucune où l'intérêt commun de tous et celui du public soient plus constamment et plus évidemment sacrifiés à de misérables petites prétentions. L'envie est encore pire entre eux qu'entre les auteurs ; c'est beaucoup dire, mais cela est vrai. Un poëte pardonne plus aisément à un poëte le succès d'une pièce, qu'une actrice ne pardonne à une autre actrice les applaudissements qui la désignent à quelque illustre ou riche débauché. Vous les voyez grands sur la scène, parce qu'ils ont de l'âme, dites-vous ; moi, je les vois petits et bas dans la société, parce qu'ils n'en ont point : avec les propos et le ton de Camille et du vieil Horace, toujours les mœurs de Frosine et de Sganarelle.

De ces traits divers résulte un portrait assez complet du comédien. Il n'est pas flatteur ; mais est-il ressemblant ? Que reste-t-il encore aujourd'hui à la profession comique des tristes couleurs sous lesquelles moralistes et peintres de mœurs la voyaient entre La Bruyère et Diderot ?

Il se trouve que quelques-uns de ces traits se sont atténués ou même ont disparu ; que d'autres subsistent et, loin de s'affaiblir, sont de plus en plus visibles.

VIII

Les comédiens doivent en prendre leur parti : ils reçoivent de leur profession un certain nombre de défauts et de ridicules, très difficiles à éviter, car ils sont dans la nature des choses, et très saillants, car les hommes qui nous les présentent sont habitués par leur métier à un grossissement continuel.

D'abord, ils s'exagèrent pour la plupart l'importance de leur art. Ce sont, en principe, de simples amuseurs, et ils prétendent exercer un pontificat. De là un contraste entre ce qu'ils sont et ce qu'ils croient être ; par suite un ridicule d'autant plus frappant que l'écart est plus considérable entre la frivolité de la chose et la solennité des mots. Pour reprendre la pensée de La Bruyère, il y a beaucoup de professions plus dignes d'un homme que la leur et qui, cependant, inspirent moins d'orgueil. Il faut ailleurs des qualités de caractère, une modestie, une abnégation, un mépris de la richesse, du bien-être, de la vie même que la scène n'exige pas. Un très grand comédien sera toujours petite figure dans l'estime des hommes, à côté d'un grand capitaine, d'un grand homme d'État, ou simplement de quiconque déploie à un haut degré certaines qualités morales dont le comédien peut se passer. Il recherche la gloire, ce qui est très noble, mais, outre qu'il l'a souvent à peu de frais, la forme de gloire à laquelle il prétend est à la fois disproportionnée avec les efforts qui la procurent, trop immédiate et trop fugitive. Il ne méprise pas assez l'argent, ce qui tient sans doute à ce que, tous les jours, sa pensée est fortement tournée vers « la recette »; et si, partout, cette préoccupation est assez basse, dans les différentes sortes d'art elle est avilissante. Cet argent, il en gagne souvent trop, pour la peine qu'il lui coûte; il le dépense parfois avec trop de faste, joignant à l'ostentation d'un parvenu un manque d'égards envers des mérites supérieurs au sien.

L'art théâtral s'est élevé avec les autres arts; il a crû avec eux en importance et dignité, mais il conserve son rang hiérarchique, et ce rang ne saurait être le premier. Il n'y a qu'une qualité indispensable au comédien, le talent d'imitation, et elle peut, à la rigueur, le dispenser de beaucoup d'autres. Elle se concilie parfois avec une remarquable médiocrité d'intelligence; elle peut même se passer de travail et d'application. Un bon comédien est souvent un homme très laborieux, de culture soignée et d'esprit éclairé; il peut aussi être tout le contraire. Or, si l'on admet toujours cette hiérarchie de l'âme et du corps que Salluste a formulée, de façon encore acceptable pour toutes les philosophies, dans les fameux prologues de *Catilina* et de *Jugurtha*, un art où le corps se passe quelquefois de l'âme ne saurait venir avant les arts où l'âme ne permet au corps de rien faire sans elle.

L'art du comédien est encore subalterne en ce qu'il ne peut se suffire à lui-même ; sans le secours d'un autre, il cesse d'exister. On dit que le comédien *crée* ; c'est une façon de parler ; il ne fait que transmettre une pensée qui lui vient d'ailleurs. Tandis qu'il suffit au peintre et au sculpteur d'un peu de matière pour réaliser ce qu'ils imaginent, le comédien ne peut se passer du poète. « Un grand comédien, disait Diderot, est un pantin merveilleux dont le poète tient la ficelle et auquel il indique à chaque ligne la véritable forme qu'il doit prendre. » Image déplaisante, idée juste. Le comédien produit (*producit in scenam*) des créations, il ne les tire pas de lui-même ; il fait passer par sa bouche une pensée qui n'est point née dans son cerveau ; il met son corps au service d'une autre âme que la sienne. A force de talent, il peut augmenter la valeur d'une pensée ; mais que deviendrait-il sans le secours de cette pensée, tout incomplète qu'elle soit ? Il peut faire illusion sur le degré de vie et de vérité d'un personnage ; mais, sans ce personnage pâle et chimérique, ne resterait-il pas lui-même dans le néant ? Un excellent comédien méritera plus d'estime artistique qu'un peintre, un sculpteur ou un poète médiocres ; c'est que, dans l'art, l'exquis a seul une valeur. Mais viendrait-il à la pensée de mettre Montfleury, Baron ou Talma, je ne dis pas au-dessus, mais à côté de Corneille, de Racine ou de Molière ? Appeler le comédien un collaborateur du poète, c'est donc le décorer d'un titre trop ambitieux : il n'y a collaboration que lorsqu'il y a création des deux parts. Or une pièce peut exister sans le secours du comédien : Eschyle, Sophocle, Plaute, Térence n'ont pas cessé d'être de grands auteurs dramatiques, quoiqu'on ne les joue guère plus ; un comédien à qui l'on ne donnerait rien à jouer n'existerait pas [1].

On peut donc accepter comme très juste, au point de vue que j'indique, en la débarrassant de ce qu'elle a d'injurieux pour le caractère du comédien, la comparaison ainsi présentée par Rousseau : « L'orateur et le prédicateur, pourra-t-on me dire, payent de leur personne ainsi que le comédien. La différence est très grande. Quand l'orateur se montre, il ne représente que lui-même, ne fait que son propre rôle, ne parle qu'en son propre nom, ne dit ou ne doit dire que ce qu'il pense. Mais un comédien sur la scène, étalant d'autres sentiments que les siens, ne disant que ce qu'on lui fait dire, s'anéantit, pour ainsi dire, avec son héros. » En revanche, nous accorderons, malgré Rousseau, que l'incarnation de la parole sur le théâtre, les couleurs de la vie données à de simples lignes de prose ou de vers, loin d'avilir nécessairement la dignité d'homme chez le comédien, peuvent la relever en produisant une impression d'art, salutaire à celui qui la cause et à celui qui l'éprouve. Étaler d'autres sentiments que les siens, et s'anéantir dans son héros, qu'est-ce autre chose qu'atteindre le but suprême de tout art et de toute poésie ? Que faisait Rousseau lui-même en écrivant *la Nouvelle Héloïse* ? Il y a, sous ce rapport, une seule différence entre le comédien et les autres artistes : là où ceux-ci ne mettent que leur tête et leur main, il met, lui,

---

[1]. M. C. Coquelin soutient par des arguments ingénieux une thèse opposée à celle-ci dans *l'Art et le Comédien*, 1880.

toute sa personne. Par cela même, la dignité du comédien court de grands risques. Se livrant tout entier, il s'expose tout entier à l'éloge ou au blâme, à l'applaudissement ou au sifflet. Mais, si la majorité des artistes et des littérateurs peut se soustraire à cet inconvénient, plusieurs y sont exposés comme le comédien : l'orateur, sinon le prédicateur, n'évite pas toujours les mauvais traitements et les huées. Ici la comparaison de Rousseau tourne contre sa thèse.

Il faut reconnaître aussi que l'art du comédien, s'il n'est pas le premier, est bien un art, et qui reçoit de la nature ou demande au travail des dons ou des qualités d'un très grand prix. Sans parler des moyens physiques, il exige le sentiment de la vérité et celui de la fantaisie, le goût du pittoresque, parfois une sorte de divination. Il exige encore des qualités morales : le courage, le sang-froid, la subordination — rarement obtenue, il est vrai — de l'interprète à l'œuvre et du succès personnel au succès général, c'est-à-dire une abnégation méritoire. Enfin est-il besoin d'ajouter que le comédien a, comme les autres hommes et autant qu'eux, un inviolable for intérieur, où nulle contrainte ne peut l'atteindre et d'où son être moral domine les nécessités de son métier ?

Les infériorités que l'on vient de voir, le comédien les reçoit de son art ; il en est d'autres qui ne lui viennent que de lui-même. On a raison de lui reprocher l'exagération de gestes et de langage qui le fait aussitôt reconnaître :

Partout il porte un air qui saute aux yeux d'abord.

Le naturel et la simplicité luttent généralement chez lui contre une fusion inégale de sa propre nature et de ses rôles. La fatuité du jeune premier, les minauderies de la coquette, la solennité du père noble, les grimaces du comique suivent trop souvent les acteurs hors du théâtre; on connaît la page pittoresque où M. Alphonse Daudet a marqué d'un trait si juste et si mordant la physionomie de ville propre à chacun d'eux [1].

J'ai déjà dit qu'au temps des Grecs la vanité était un ridicule saillant du comédien. Elle le sera toujours. L'applaudissement journalier, direct, reçu à bout portant, lui donne un orgueil d'autant plus exigeant et susceptible qu'il est continuellement excité, tantôt satisfait et tantôt déçu. Pour le dominer, il faudrait une tête exceptionnellement solide, et beaucoup de comédiens sont légers comme des enfants. La vanité les conduit naturellement à la jalousie, car le succès de leurs camarades diminue d'autant le leur; c'est pour cela qu'ils joueraient volontiers tous les rôles, comme le Bottom du *Songe d'une nuit d'été*. Cette jalousie peut devenir féroce et se traduire par des drames sanglants, comme le duel de Roselli et de Ribou, au siècle dernier, ou par de petites perfidies aussi dangereuses qu'ingénieuses, perfectionnées qu'elles sont par la collaboration des femmes. Elle peut devenir aussi très amusante par la façon imprévue dont elle se manifeste; au théâtre, et au théâtre seulement, un homme est jaloux de la beauté d'une femme, de sa robe, d'un mobilier, d'un décor : tout cela lui prend l'attention du spectateur. Les médisances de théâtre sont terribles : habitués par leur métier à saisir le ridicule, les comédiens possèdent une sûreté dans le dénigrement que l'on ne saurait ailleurs ni surpasser ni égaler.

Ces règles sont générales; elles souffrent donc des

---

1. *Fromont jeune et Risler aîné*, 1874, III, 6. Voy. aussi le tableau très exact tracé par M. François Coppée, *un Enterrement dramatique*, dans *Contes en prose*, 1884.

exceptions, et assez nombreuses. Il y a des comédiens réservés et froids, à tournure de notaire, ou simplement d'hommes du monde, avec lesquels on peut se trouver pendant des heures, si on ne les avait pas vus à la scène, sans deviner leur profession. Il y en a qui ne s'exagèrent pas l'importance de celle-ci et en voient la place dans la hiérarchie de l'art. Il y en a même qui ne parlent pas de leurs camarades ou n'en parlent que pour leur rendre justice. Beaucoup de théâtres sont toujours des foyers de jalousies, de papotages et d'intrigues; hommes et femmes s'y tiennent mal et vivent dans une basse familiarité. Plusieurs, au contraire, à commencer par la Comédie-Française, s'efforcent de réaliser un idéal de dignité, dont l'exagération même part d'un sentiment généreux. Les querelles scandaleuses dont elle retentissait jadis — le *Journal* de Papillon de la Ferté nous les raconte par le menu et prouve que Diderot n'exagérait rien, — ces querelles ont pris fin depuis longtemps: jusque dans l'inintelligence de ses propres intérêts, la Comédie se pique de mettre aujourd'hui quelque motif plausible et quelque apparence de dignité.

Après les exceptions, voici les circonstances atténuantes. Aucune profession humaine n'est exempte d'inconvénients et de ridicules. Plus un métier prend fortement un homme, plus il le marque de son empreinte et lui impose un tour d'esprit, des façons de penser et de dire, des habitudes qui le font aisément reconnaître et ne sont pas toujours à son avantage. Ainsi pour le soldat, le magistrat, le prêtre; ainsi pour le peintre et le sculpteur; ainsi pour l'homme de lettres. C'est chose déplaisante qu'un « cabotin » plein de lui-même; mais est-ce une compagnie agréable qu'un « rapin » tout aussi orgueilleux et exclusif, voyant dans son art le centre du monde et dans lui-même le centre de son art, affecté, lui aussi, de langage et de manières, prenant les plaisanteries d'atelier pour une forme de l'esprit? est-ce un être bien attirant qu'un littérateur entêté de questions de métier et de querelles d'école, aussi vaniteux, aussi jaloux, aussi borné dans sa conception du monde que le rapin et le cabotin? Vadius, Taupin et Delobelle se valent. L'homme du monde lui-même, le simple oisif de bonne compagnie ou de cercle, a ses ridicules professionnels. La distinction consiste à se détacher de soi-même et de son emploi, mais, exempte de toute marque de métier, n'est-elle pas souvent une forme de la nullité et de l'inutilité?

Diderot, enfin, est tout à fait injuste pour le comédien lorsqu'il prétend faire pénétrer jusqu'à son cœur des ridicules superficiels. Esclave de son paradoxe, il lui refuse la sensibilité devant le malheur. C'est pure calomnie. Peut-être le philosophe, grand narrateur et prompt aux larmes, avait-il à se plaindre de l'inattention ou de la froideur de quelques comédiens, mais on ne saurait leur en vouloir : Diderot ne devait pas être amusant tous les jours ; il y avait en lui du fâcheux mal élevé. La vérité, c'est que le comédien se montre d'habitude très sensible au malheur. Dur pour le camarade trop heureux, il secourt généreusement celui que la fortune a trahi ; il met avec empressement son talent et sa peine au service de la bienfaisance. Je sais bien que son amour-propre y trouve son compte ; mais il en est souvent de même dans l'exercice de la charité et il faut pardonner à la cause en faveur des résultats. Il convient d'observer que comédiens et comédiennes, tantôt très intéressés, tantôt bourreaux d'argent, se montrent ici d'un désintéressement absolu.

IX

Prises dans leur ensemble, les mœurs des comédiens ne sont pas plus un modèle aujourd'hui qu'autrefois. Cependant elles ont beaucoup gagné. Si le petit personnel des spectacles — cirques, édens, etc., — vit toujours avec une extrême liberté, si même de bruyants scandales éclatent assez fréquemment dans les régions supérieures du théâtre, nos artistes dépassent notablement, pour la dignité de l'existence et les qualités morales, leurs ancêtres des deux derniers siècles. La plupart n'occupent guère plus la police et la justice. Avec l'attention continuelle dont ils sont l'objet de la part de la presse, leur existence est percée à jour : elle résiste très bien à cette perpétuelle enquête.

Cela vient de la dignité croissante de l'art dramatique qui oblige les comédiens et de la façon nouvelle dont se recrute leur profession. Diderot n'aurait plus le droit de dire que celle-ci n'est jamais un choix et que tous les comédiens ont commencé par être des paresseux ou des débauchés. Ce n'était pas entièrement vrai jadis, ce ne l'est plus du tout aujourd'hui. Si les loges de concierge n'ont pas cessé d'être une pépinière d'artistes dramatiques, si beaucoup de femmes galantes, plus intelligentes ou plus ambitieuses que leurs pareilles, s'improvisent comédiennes avec quelques leçons hâtives, le Conservatoire reçoit depuis assez longtemps nombre de filles de la moyenne bourgeoisie. Plus on s'élève dans la société, moins on trouvera de familles décidées à donner leurs enfants au théâtre ; il y en a cependant. Le théâtre, après tout, est une carrière assurée, si l'on a le don, et qui procure souvent la fortune avec la gloire. La vieille illustration de la Comédie-Française et la protection accordée par l'État à l'art dramatique expliquent ce revirement déjà sensible et qui s'accentuera de plus en plus. Je ne dis pas que l'art s'en trouve très bien, mais le préjugé perd ainsi quelques-uns de ses principaux arguments.

Reste celui qu'il tire de la galanterie des femmes de théâtre. Une comédienne peut-elle vivre et satisfaire aux exigences de ses rôles avec les seules ressources que lui procure son art? Les théâtres subventionnés donnent aux femmes qu'ils emploient de quoi subsister à la ville et s'habiller à la scène. Dans les autres, avec 150 ou 200 francs d'appointements mensuels, elles doivent, disent les formules d'engagement, « se fournir de tous les effets d'habillement pour les pièces dont l'action se passe dans notre siècle, ainsi que de tous les costumes de l'ancien répertoire et des brochures dudit ; de rouge, linge, bas, chaussures, pantalons de soie blanche et de couleur de chair, maillots, perruques et coiffures en tous genres dans toutes les pièces, même dans celles dont le théâtre fournira les costumes », payer le coiffeur, l'habilleuse, la blanchisseuse, etc., enfin se loger et se nourrir. Une comédienne, si elle veut rester honnête, doit donc avoir des rentes, se marier ou mourir de faim. Or très peu ont des rentes, beaucoup ne se marient pas, et aucune ne meurt de faim.

Il en est, malgré tout, qui se suffisent et qui ne doivent rien qu'à elles-mêmes. Leur mérite confine à l'héroïsme. Elles n'en retirent pas, cependant, toute l'estime qui leur serait due. D'Alembert a raison de dire : « On ne leur sait aucun gré de se priver d'amants », et M. Alexandre Dumas d'ajouter : « Leurs aventures et leur tapage contribuent souvent à leur succès ». C'est l'avis de quelques directeurs de théâtre, fort honnêtes gens d'ailleurs, mais qui prennent la morale de leur métier. Une comédienne, très courtisée, mais qui s'obstinait à rester honnête, s'étonnait de ne pas recevoir de rôles : « Que voulez-vous ! lui répondait son directeur, vous ne faites pas recette, vous n'avez pas de clientèle ». Un peu sous l'influence de ce conseil, elle se décide à choisir. Le même directeur va lui rendre visite dans l'hôtel où on l'a installée et lui laisse entendre que la fidélité dans l'irrégularité est chose bien difficile au théâtre, et que, si l'on ne peut satisfaire tout le monde, on ne doit décourager personne. A une grande coquette, très surprise des toilettes que le théâtre exigeait d'elle avec 500 francs par mois, un autre directeur répondait : « Vous avez l'orchestre ».

Sur ce sujet délicat, il y a dans les sentiments du public une contradiction assez piquante. Je parle du grand public et non de l'élite mondaine pour qui l'actrice vertueuse est une non-valeur. D'un côté, il estime et loue fort, pour la rareté du fait, la bonne conduite des actrices, lorsque la renommée en vient jusqu'à lui ; de l'autre, il veut voir sur un piédestal, entourée de luxe et d'éclat, la femme qui lui donne l'illusion poétique, celle qui incarne à ses yeux les héroïnes de l'histoire et de la passion. Il l'attend à la sortie du théâtre pour la considérer de près et il est désappointé si elle monte en fiacre ou part modestement à pied. Cela lui paraît une déchéance. Une vieille demoiselle, très honnête et très bourgeoise, recevait dans son intimité une comédienne qui vivait bien et à qui elle eût certainement consigné sa porte du jour où l'actrice fût venue en équipage. Elle s'opposait énergiquement à ce que son amie montât en omnibus pour s'en aller le soir : « Il ne faut pas, lui disait-elle, que l'on vous voie là dedans ». Et elle lui offrait un fiacre à ses propres frais.

La galanterie des femmes est donc un mal à peu près inséparable de la profession théâtrale. Ici la morale ne peut que gémir. Philosophique, religieuse ou mondaine, il lui est impossible de trouver un remède. La simple morale *des honnêtes gens*, elle-même, ne se tire d'affaire qu'en attribuant beaucoup, un peu trop, aux droits de l'art. Quoi qu'elle dise, les femmes de théâtre ne sauraient chasser tout à fait l'atmosphère de boudoir qui flotte autour d'elles.

X

Ainsi mises par les exigences de la vie, celles de leur métier et les dangers de leur sexe, dans une situation d'infériorité à l'égard des hommes, les comédiennes prennent-elles leur revanche à d'autres points de vue? Un moraliste du siècle dernier disait : « Un comédien est moins qu'un homme ; une comédienne est plus qu'une femme ». Cette boutade est injuste pour le comédien ; trop flatteuse pour la comédienne, elle renferme, cependant, une part de vérité.

Le comédien paye de quelque ridicule certains privilèges que n'ont pas les autres hommes. Il a le droit d'être beau ; il peut, il doit faire valoir sa beauté et la mettre dans tout son lustre. Une coupe de cheveux, le choix d'un pantalon, sont pour lui des affaires de premier ordre ; il doit soigner sa main, montrer ses dents, faire briller ses yeux, mettre du blanc, du rouge et du noir. Lorsqu'il entre en scène, c'est pour sa personne physique qu'il sollicite en partie l'applaudissement. Poussée trop loin, cette préoccupation produit le fade

Léandre de l'ancien théâtre, dont Théophile Gautier a retracé la silhouette élégante et piteuse[1]. Ce type n'a pas tout à fait disparu. En fait de beauté ou de laideur, le reste des hommes ne peuvent aspirer qu'à une honnête moyenne, également éloignée de Thersite et d'Antinoüs. Ils se vengent de cette infériorité en déclarant peu dignes de leur sexe les préoccupations nécessaires du jeune premier.

Cet inconvénient n'existe pas pour les femmes. La beauté est leur raison d'être, leur premier devoir est de plaire ; laides et déplaisantes, elles contrarient la nature et manquent leur vocation. Au théâtre, le devoir professionnel de l'artiste se concilie de tout point avec le devoir naturel de la femme. Si une femme consacre à sa toilette le plus de temps et de soins qu'elle peut, si elle se préoccupe beaucoup d'une robe, d'une coiffure, d'un port de tête, d'un jeu de physionomie, personne n'a le droit de la railler. Mais une comédienne qui ne pousserait pas à l'extrême ces préoccupations légitimes manquerait à son devoir.

La femme de théâtre ajoute à sa séduction personnelle celle des rôles qu'elle représente. Elle est tour à tour Chimène et Phèdre, Célimène et Silvia. Bien plus, si l'on voit le comédien à travers le rôle, on voit le rôle à travers la comédienne. C'est qu'au théâtre il y a généralement entre l'homme vrai et le personnage fictif une disproportion qui n'existe pas au même degré pour la femme. Quoi qu'en pensent les comédiens, on a, le plus souvent, cette sensation confuse en les voyant sous l'habit d'empereur, de grand capitaine ou de chef de bandits que la fortune les embarrasserait beaucoup en les obligeant à jouer ces personnages au naturel. Comme la vie

---

1. *Le Capitaine Fracasse*, i et v.

sociale n'impose guère aux femmes de grands devoirs et que le théâtre leur fait surtout exprimer des sentiments dont elles sont toutes plus ou moins capables — ainsi l'amour, — on se dit que, somme toute, avec l'intelligence qu'on leur suppose, la sensibilité qu'elles déploient et la beauté qu'on leur voit, elles seraient réellement à la hauteur de leurs rôles. Si, comme les hommes, elles se recrutent aujourd'hui dans un milieu supérieur à celui d'où elles sortaient autrefois, cette dignité d'origine leur était moins nécessaire pour relever leur profession et servir leur talent. C'est une vérité constatée qu'elles se plient avec une merveilleuse souplesse aux divers états de la vie et que leurs sentiments, leur langage et leurs manières s'ennoblissent sans effort avec leur condition. On peut, dit-on, faire une duchesse d'une grisette. Cette galante réflexion s'appliquerait mal à l'autre sexe.

On ne souhaite guère à la comédienne applaudie une autre destinée que la sienne. D'où qu'elle sorte, on en voit peu de plus dignes d'elle ; si elle a de la beauté et du talent, fût-elle auparavant une femme du vrai monde, elle ne déchoit pas trop en paraissant sur un théâtre un peu relevé ; parfois même, elle s'élève en y montant. La dernière des créatures, traînée dans toutes les boues, rachète et fait oublier sa honte en devenant une artiste. Au contraire, j'essayais de montrer tout à l'heure que, si honorable que puisse être le métier de comédien, il en est de plus dignes d'un homme.

Cette supériorité de la comédienne sur le comédien se retrouve dans une sorte de relations où la vanité tient toujours beaucoup de place. Aimer une comédienne n'abaisse personne, pour peu qu'à la suprême aristocratie des femmes, la beauté, elle joigne cette autre aristocratie, le talent. De tout temps, les grands seigneurs, les princes et les rois ont eu pour les comédiennes des fantaisies souvent sérieuses ; les simples mortels se font gloire d'être dans leurs bonnes grâces. Les femmes cachent leurs amants, tandis que les hommes montrent leurs maîtresses ; mais supposez une femme indépendante : elle ne voilera qu'à demi une liaison avec un amant de son monde, elle dérogerait en laissant deviner un commerce amoureux avec un comédien. On sait la manière dont Mme de Bouillon recevait Baron : l'acteur était le bienvenu chez elle du soir au matin ; elle ne tenait guère à ce qu'il y parût entre le matin et le soir[1].

Dans le même ordre d'idées, le théâtre laisse aux femmes des privilèges que toute autre condition leur enlèverait. La comédienne peut sans déshonneur mondain écouter son cœur ou suivre son caprice ; elle peut aimer librement et au grand jour. Tout ce qu'on lui demande, c'est de ne pas s'abaisser à d'humiliantes camaraderies, de n'être pas trop sensible au bellâtre, de mettre du choix et quelque fierté dans la vénalité même. Sous cette condition, son indépendance est presque illimitée, et, la morale mise à part, l'opinion générale ne distingue, à ce point de vue, que deux catégories de comédiennes, celles qui ont de la tenue et celles qui n'en ont pas. Triste destinée, partout ailleurs, que celle de

---

[1]. Voy. sur ce sujet, la conversation très instructive de Mme d'Epinay avec sa belle-sœur, Mme de Jully, au sujet de Jélyotte, le chanteur de l'Opéra, qui fut, avec moins de fatuité et plus de discrétion, le Baron du XVIIIe siècle (*Mémoires de Mme d'Épinay*, édit. P. Boiteau, I, 7). L'argument principal de Mme d'Épinay contre cette intrigue est celui-ci : « Vous n'y pensez pas, ma sœur ! Un acteur de l'Opéra, un homme sur qui tout le monde a les yeux et qui ne peut décemment passer pour votre ami ! » Le mot *ami* est pris ici dans le sens le plus fort et le plus tendre que puisse lui donner une femme.

la femme à qui manque l'appui de la famille. Au seuil du théâtre s'arrêtent le blâme et le mépris qui frappent la femme sans famille et la mère sans époux.

XI

En poussant cette analyse aussi loin que je l'ai pu, je voulais montrer d'une part que le préjugé contre les comédiens avait une raison d'être, de l'autre qu'il s'est justement atténué jusqu'à disparition à peu près complète. Aujourd'hui les comédiens sont réconciliés avec l'Église, qui les marie et les enterre au même titre que les autres fidèles. En cela, elle a tout à fait raison : sans être édifiantes, leurs mœurs sont meilleures qu'autrefois, pénétrée, quoi qu'elle en ait, par les idées du siècle, menacée par les progrès de l'indifférence, elle ne peut plus être aussi rigoureuse dans ses exclusions ; elle sent qu'il serait imprudent de maintenir une condamnation générale contre une classe d'hommes de plus en plus nombreuse et influente, alors qu'elle se montre si accommodante par ailleurs.

La loi civile a désarmé plus complètement encore que la loi religieuse ; elle ne fait aucune distinction entre les comédiens et les autres citoyens ; dans notre pays elle ne s'occupe d'eux que pour leur accorder une protection particulière. Elle entretient une école où s'enseigne leur art ; continuant la tradition royale, elle a fait de plusieurs théâtres des institutions d'État.

Les mœurs, enfin, loin d'être hostiles aux comédiens, les traitent avec une faveur marquée. Plus tolérantes à leur égard que pour n'importe quelle profession, elles leur permettent de vivre à leur guise ; elles leur passent des habitudes qu'elles interdisent sévèrement à d'autres. L'opinion s'occupe d'eux avec une vraie fureur de curiosité; à la fois indulgente et doucement scandalisée, elle veut savoir par le menu ce qui se passe dans le mystère des coulisses. Elle les prend plus au sérieux et les met plus haut qu'elle n'a jamais fait. Elle a remporté à leur profit une victoire dont ils sont très fiers. La distinction nationale accessible à toutes les sortes de mérites, la Légion d'honneur, leur était fermée. L'opinion a obtenu peu à peu que l'on décorât comme professeurs des comédiens qui avaient quitté le théâtre, puis des comédiens en exercice qui étaient en même temps professeurs, enfin des comédiens qui étaient quelque autre chose, philanthropes, par exemple. Une dernière étape reste à franchir : décorer les comédiens, purement et simplement, comme comédiens. Ce sera sans doute bientôt fait, sans que la Légion d'honneur en soit abaissée[1]. Le comédien exerce un art difficile et méritoire; il est donc juste de récompenser cet artiste par la distinction qui honore en France tous les ordres de mérites, les plus élevés comme les plus humbles; et cet artiste est si en vue qu'on ne saurait le décorer par pure complaisance. De toutes les manières dont peut s'obtenir la Légion d'honneur, celle-ci est peut-être celle que l'opinion contrôlerait le plus sûrement[2].

Il ne reste donc contre la profession théâtrale que deux ou trois objections philosophiques, auxquelles d'autres emplois artistiques n'échapperaient pas tout à

---

[1]. Le 14 novembre 1889, M. Mounet-Sully, sociétaire de la Comédie-Française, a été nommé chevalier de la Légion d'honneur, sans autre mention que son titre comme acteur et les services rendus par lui à l'art dramatique.

[2]. Voy. Jules Lemaître, *la Décoration des comédiens*, dans ses *Impressions de théâtre*, 1ʳᵉ série, 1888.

fait, et à peu près autant d'inconvénients moraux auxquels le théâtre expose particulièrement, mais qui n'y sont pas inévitables. L'opinion se borne à signaler les uns et les autres aux apprentis comédiens ; s'ils y succombent, elle ne tient pas rigueur à ceux qui ont du talent. Quant aux ridicules de la profession, ils sont assez légers, somme toute, pour qu'on se contente d'en sourire, sans en déclamer.

Ainsi les comédiens n'ont plus à demander justice ni à l'opinion ni aux mœurs. Elle leur accorde beaucoup plus.

Janvier 1888.

LES THÉATRES DE PARIS

TROUPES ET GENRES[1]

Jusqu'en 1870 environ, il était facile de se reconnaître dans la variété des théâtres parisiens consacrés à la comédie et au drame. Chacun d'eux avait sa troupe fixe et son genre distinct. Autour de quelques acteurs célèbres se groupaient, dans chaque troupe, des comédiens sûrs de leur métier, qui formaient avec eux un ensemble cohérent et stable. Le plus souvent, après les tâtonnements inévitables du début, un acteur s'attachait à un théâtre et y restait; quelques-uns des plus célèbres fournissaient toute leur carrière sur la même scène. Pour les auteurs, ils savaient avec certitude, en commençant une pièce, par quel théâtre elle serait jouée, si elle devait l'être; ils n'avaient ni l'embarras ni la facilité du choix. En rétablissant la liberté des théâtres, accordée en 1791 par l'Assemblée nationale et reprise en 1807 par Napoléon I*er*, le décret du 6 janvier 1864 vint changer tout cela. Dès lors, sauf pour les théâtres subventionnés, il n'y eut plus de hiérarchie entre les

---

[1]. Ed. Noël et Edm. Stoullig, *les Annales du théâtre*, 1886; A. Soubies, *Almanach des spectacles*, 1886; *Annuaire des artistes dramatiques*, 1887.

scènes, ni de délimitation entre les genres. Chacun put ouvrir un théâtre et y jouer ce qu'il voulut.

Le premier résultat de cette mesure fut d'augmenter le nombre des théâtres et d'étendre le domaine de chacun, pour le grand profit de l'art, à ce qu'il semblait. Partout on se mit à jouer de tout. Les acteurs commencèrent à courir de théâtre en théâtre, les auteurs firent comme eux ; il n'y eut plus d'autre règle pour chaque scène que les habitudes du public et les goûts particuliers de chaque directeur. Ce fut une fièvre d'indépendance et de libre activité.

Mais on ne tarda pas à s'apercevoir que, par une conséquence moins heureuse, les troupes se désorganisaient rapidement et les genres avec elles. Les cadres constitués de l'ancienne hiérarchie durèrent quelque temps encore ; mais on put en prévoir la fin. Aujourd'hui les effets de la liberté théâtrale éclatent aux yeux : il n'y aura bientôt plus ni troupes ni genres ; certains théâtres font double et triple emploi ; le titre de chacun n'indique plus rien de précis ; il n'y a dans la plupart que des acteurs d'une valeur individuelle ; jamais enfin les auteurs n'eurent plus de peine à se faire jouer. Certes le décret de 1864 est conforme à la justice, personne ne songe à le rapporter, et, quelles qu'en soient les conséquences, nous devons les subir, en vertu des principes supérieurs qui inspirent tout notre droit public. Ce n'est pas au théâtre seulement que, pour réaliser un idéal abstrait, il faut se résigner à des pertes positives. Les principes sont une chose et les faits en sont une autre ; un fait ne doit pas plus compromettre un principe qu'un principe ne saurait détruire un fait.

J'avais besoin de ce retour en arrière pour examiner la situation actuelle des théâtres parisiens, car le décret de 1864 marque l'origine et, en partie, la cause de la confusion qui y règne et des symptômes inquiétants qu'ils présentent pour l'avenir de l'art théâtral[1].

I

Qui dit troupe dit une réunion permanente de comédiens, ayant une personnalité et une physionomie communes, un lien constant, un intérêt général, et se retrouvant semblable à elle-même après chaque clôture annuelle. On pouvait, il y a quelques années, parler de la troupe du Gymnase, de celles du Vaudeville ou du Palais-Royal; on désignait ainsi des choses existantes et l'on n'étendait pas outre mesure le sens de ces mots. Si l'on continue à les employer, c'est par la force de l'habitude : ils ne répondent plus à la réalité[2]. Aujourd'hui le personnel de chaque scène se disloque plus ou moins à la fin de chaque saison. Si quelques acteurs demeurent dans le même théâtre, parfois assez longtemps, cette fidélité n'est plus une règle, mais une exception, et, autour d'eux, quel va-et-vient de figures nouvelles! D'après les pièces qu'ils se proposent de jouer pendant l'hiver, les directeurs congédient à la fin de l'été leurs pensionnaires de la saison précédente et en engagent de nouveaux. L'essentiel pour eux est de trouver deux ou trois acteurs à vedette, qu'ils s'attachent pour un ou

---

1. Voy. la thèse contraire, soutenue avec l'esprit le plus libéral par un philosophe qui fut homme politique, le regretté Émile Beaussire, *les Principes du droit*, 1888.
2. Depuis 1888, où le présent travail a été écrit, il y aurait lieu de faire plusieurs exceptions; des efforts méritoires ont essayé de constituer de vraies troupes, et si je n'en parle pas expressément, c'est que j'aurais à discuter avec plus de détail qu'il ne convient ici et à pousser mon étude jusqu'au moment présent; mais, en somme, ces tentatives n'ont pas encore modifié sensiblement l'état général.

deux ans, lorsqu'ils ne les engagent pas pour un nombre limité de représentations. Quant au reste, ils se procurent au petit bonheur, et pour un an, une vingtaine d'acteurs tels quels : jolies femmes sans talent, hommes sans originalité, sachant à peu près dire et marcher. Aux premiers, ils confieront des rôles très lourds, où il faudra tenir continuellement la scène, agir fortement sur le public, porter toute la pièce ; aux seconds, des besognes subalternes, qu'ils rempliront de leur mieux, et que d'autres eussent remplies tout aussi bien, c'est-à-dire assez mal[1].

Avec ces habitudes disparaît peu à peu ce qu'il y a de plus nécessaire au plaisir théâtral : l'ensemble. Cette qualité ne s'acquiert, en effet, qu'avec le temps, à force de jouer côte à côte, par l'expérience mutuelle du fort et du faible de chacun. L'ensemble ne nuit pas à la valeur individuelle : il la soutient, au contraire, et la fait ressortir ; mais il donne le sentiment de la justesse et de l'harmonie. Les acteurs à succès ont toujours été égoïstes ; mais, dans une troupe stable, cet égoïsme était combattu par l'autorité du directeur et l'intérêt de chacun. Avec les troupes actuelles, le comédien en vedette est maître absolu. Souvent c'est un aussi gros personnage que l'auteur, qui est trop heureux de l'avoir pour interprète ;

---

1. Une série d'articles publiés dans *le Figaro*, en août et septembre 1888, par M. René de Cuers, sous le titre : *l'Hiver de 1887-1888 dans les théâtres de Paris*, fournit une preuve frappante de la mobilité des troupes. La saison allait commencer, et plusieurs théâtres n'avaient pas encore constitué leur personnel. Les directeurs n'avaient donc pu fournir à M. de Cuers qu'un très petit nombre de noms, en annonçant de prochains engagements qui auraient lieu, disaient-ils, au fur et à mesure de leurs besoins. Pour l'un d'eux, un théâtre de féerie, à vrai dire, le tableau des artistes était remplacé par cette note : « Tous les artistes étant engagés seulement pour la durée de chaque pièce, il n'existe pas, à proprement parler, de troupe ».

son directeur est à la merci de ses caprices; ses camarades n'oseraient pas élever la voix devant lui, car il les choisit ou les rejette à son gré. Il essaye donc de faire produire à ses qualités tout ce qu'elles peuvent donner, et il les fausse en les exagérant; pour ses défauts, il y abonde, car il les prend pour des qualités. Lorsque plusieurs de ces acteurs à succès jouent côte à côte, on assiste à de vrais concours d'outrance, très pénibles pour un goût délicat; et de l'exercice simultané de ces talents résulte une cacophonie devant laquelle le gros public ne se pâme pas toujours. Il est arrivé souvent qu'un directeur, réunissant au prix de gros sacrifices, dans une même pièce, sept ou huit comédiens dont chacun avait un nom, n'obtenait de la sorte, au lieu du grand succès espéré, que des résultats ruineux.

Avec des troupes flottantes, il ne saurait y avoir de genres bien fixes. De fait, c'est la composition incertaine des troupes qui règle celui de chaque théâtre, c'est-à-dire la nature des pièces qu'on y joue. Je sais bien que le Gymnase, l'ancienne scène de M. Émile Augier et de M. Alexandre Dumas, de M. Octave Feuillet et de M. Victorien Sardou, prétend rester fidèle à la comédie de mœurs; que la Porte-Saint-Martin, où se livrèrent en partie les grandes batailles du romantisme, porte le mot *drame* inscrit en grosses lettres sur sa façade; que le Palais-Royal, où parut l'œuvre presque entier de M. Labiche, accueille toujours des vaudevilles très gais et des farces très libres. Mais nous avons vu, au Gymnase, *le Fils de Coralie* et *Serge Panine*, qui étaient plutôt des drames que des comédies, et peu s'en est fallu que nous y vissions *Mademoiselle de Bressier*, qui était un drame noir; la Porte-Saint-Martin nous a offert *le Crocodile*, simple pièce à spectacle, et le Palais-Royal *Divorçons*, comédie de mœurs où se mêlaient des parties très fines et d'autres de pure bouffonnerie. Car, s'il n'exprime plus rien de vrai, le titre de chaque théâtre semble l'obliger encore. On s'efforce au Gymnase de jouer les pièces de M. Georges Ohnet comme on y jouait jadis la grande comédie de mœurs; certaines scènes très factices du *Crocodile* étaient rendues avec la même solennité que du Victor Hugo, et *Divorçons* se trouvait assez mal du passage continuel de la vérité à la bouffonnerie, encore plus frappant dans l'interprétation que dans la pièce. Ainsi le passé pèse sur le présent, et le présent fait banqueroute au passé.

Demander aux auteurs de réagir contre cette double tendance serait vouloir l'impossible. Comme leurs interprètes, ils tournent dans un cercle vicieux. Lorsqu'ils travaillaient pour des scènes dont le titre était une vérité, ils savaient ce qu'ils pouvaient obtenir de chaque troupe et n'avaient à subir d'autres nécessités que celles du sujet choisi. Aujourd'hui ils se trouvent dans une double alternative, également gênante. Ou bien ils songent à un théâtre déterminé, dont le directeur leur a promis ou fait espérer bon accueil, et ils s'efforcent d'ajuster leur œuvre sur la troupe de ce théâtre; de sorte que le caractère hybride de la troupe se retrouve dans l'œuvre. Ou bien ils écrivent, sans espérance ni promesse, pour le théâtre qui voudra les jouer, prêts d'avance à toutes les modifications, et l'équilibre de leur pièce en souffrira grandement. Quant aux maîtres qui peuvent imposer leur volonté et assurer ainsi à l'œuvre la prédominance qu'elle devrait toujours avoir sur ses interprètes, eux-mêmes subissent dans une certaine mesure les conditions présentes du théâtre. Telles de leurs anciennes pièces ne sont pas reprises, faute de troupes capables de les jouer; telles de leurs pièces nouvelles, conçues pour deux ou trois acteurs momentanément réunis, ne survivent pas à cet assemblage fortuit. Il y a plus : dans ce grand nombre de scènes ouvertes par la concurrence et qui toutes sont obligées pour vivre de songer avant tout au succès, il n'y a plus de ces théâtres d'apprentissage où les jeunes auteurs se formaient jadis au métier. Aussi, que de pièces nouvelles où ne manque pas le talent, mais qui dénotent une inexpérience singulière! Il faut maintenant, pour conquérir sa place au théâtre, ou bien remporter du premier coup un grand succès, et pareille bonne fortune a toujours été rare, ou bien accumuler patiemment au fond de ses tiroirs des pièces mort-nées, où l'on perd beaucoup de temps et de peine, alors qu'une seule pièce jouée en apprendrait beaucoup plus. Encore n'est-on pas sûr, même par un succès notable, de s'ouvrir définitivement la scène, et l'on pourrait citer des auteurs *in partibus* qui attendent une seconde occasion depuis dix ans.

II

Jadis on naissait directeur de théâtre, par destination spéciale de la Providence, comme on doit naître comédien, peintre ou poète. Il fallait, pour réussir dans cet emploi difficile, un certain nombre de qualités que l'on reçoit de la nature plus qu'on ne les acquiert par l'expérience et l'application : beaucoup de souplesse jointe à beaucoup de fermeté, une grande capacité de travail, le sens de la littérature aidé par celui de la scène, du flair, du bonheur, enfin et surtout l'amour passionné du théâtre. Les directeurs d'autrefois réunissaient souvent ces divers dons et quelques-uns, comme Montigny, de l'ancien Gymnase, exercèrent, grâce à ces dons, une profonde influence sur l'art dramatique. Si leur race durait encore, ils pourraient empêcher dans une certaine mesure l'effet dissolvant des causes que je viens d'indiquer, former et maintenir des troupes, accueillir et diriger des auteurs. Malheureusement, cette race paraît épuisée. On compte, à cette heure, les directeurs par vocation, car le théâtre devient de plus en plus, grâce à la concurrence, une simple branche du commerce; il faut, pour y réussir, le sens des affaires au moins autant que celui de l'art. La plupart des directeurs sont imbus d'idées américaines : système des étoiles, luxe voyant, préoccupation du succès immédiat, subordination de tout à la question d'argent.

Quant au public, lui aussi se transforme pour le plus grand dommage du théâtre. Les directeurs et les acteurs l'ont pour complice dans leurs tendances, et les auteurs ne trouvent pas chez lui le secours dont ils auraient besoin.

D'abord, ce public n'est plus composé des mêmes éléments qu'autrefois. L'ancien public se désintéresse chaque jour de l'art dramatique et il est remplacé par un autre qui ne le vaut pas. Il fut un temps où la bourgeoisie parisienne, à tous ses degrés, allait beaucoup au spectacle et réservait à ce plaisir une part de son budget. Le peuple partageait ce goût, et tandis qu'elle garnissait le balcon et les loges, il se pressait au parterre et aux places supérieures. Ce n'était déjà plus ce public redoutable du siècle dernier, qui tenait continuellement acteurs et auteurs en haleine, exprimait des avis avec lesquels il fallait compter et qui, de nombre assez restreint, ne permettait pas aux mêmes pièces de s'éterniser sur l'affiche. Ce public-là, peu à peu grossi par l'accroissement de la population parisienne, est allé en se dénaturant jusqu'aux premières années de la monarchie de Juillet. Cependant, depuis cette époque jusqu'au milieu du second empire, Paris restant une ville de dimensions moyennes, c'étaient des Parisiens qui formaient encore au théâtre le fond permanent du public et y apportaient la finesse exercée de leur goût. Cet ensemble de spectateurs avait des sentiments littéraires, une opinion moyenne qui servait d'encouragement ou de frein, une personnalité un peu flottante, mais qui persistait dans ses traits essentiels. Eux non plus n'étaient pas assez nombreux pour suffire à cinquante ou cent représentations de suite, et ils voyaient encore les affiches se renouveler assez souvent.

La prompte transformation qui a changé la physionomie de Paris entre les expositions universelles de 1855 et de 1878 a eu, entre autres résultats, celui de donner aux théâtres un public tout différent. D'abord, les Parisiens ont cessé peu à peu, sinon d'y aller, au moins d'y payer leurs places. Écrasés par les nouvelles dépenses que leur valait le luxe de leur ville, ils voyaient le prix de ces places s'élever de plus en plus[1]. Ne pouvant se passer tout à fait de théâtre, ils s'ingénièrent à en jouir sans bourse délier et réussirent assez bien à résoudre ce problème. Ils avaient observé que, lorsqu'une pièce tenait longtemps l'affiche, un jour venait où il n'était pas impossible de se procurer un billet de faveur, et ils attendirent patiemment ce jour-là. C'était aux provinciaux et aux étrangers de faire vivre les théâtres. Ils ne venaient à Paris que pour s'amuser et les poches pleines. Les Parisiens de Paris avaient assez de mal à vivre en temps ordinaire et payaient assez cher l'entretien de la ville dont profitaient ces hôtes de passage, pour laisser

1. Il y a quelques années, la Comédie-Française, qui était un des théâtres les moins chers de Paris, mais où, cependant, un fauteuil d'orchestre coûtait six francs, a augmenté d'un quart environ le prix de ses principales places. C'est la conséquence des travaux auxquels l'ont obligée les prescriptions contre l'incendie.

à ceux-ci le soin de payer acteurs et directeurs. Ainsi raisonnait la bourgeoisie moyenne. Quant à la petite et au peuple, elle abandonnait peu à peu les théâtres pour les cafés chantants, où on lui offrait un mélange très médiocre, mais à très bon marché, d'art dramatique et de musique. C'est au moment où s'opérait ce changement dans les goûts du public parisien que le décret de 1864 vint augmenter le nombre des théâtres. Les Parisiens n'eussent pas suffi à faire vivre les anciens; à plus forte raison n'auraient-ils pu remplir les nouveaux. De l'ancien public, il ne resta plus qu'une partie, dont j'aurai à parler tout à l'heure, le public des premières représentations.

Les directeurs s'appliquèrent donc de plus en plus à satisfaire les goûts du public nouveau qui leur arrivait en foule. L'ancien public n'alla plus régulièrement qu'à la Comédie-Française et à l'Odéon; encore, au premier de ces deux théâtres, subit-il, comme nous le verrons bientôt, une importante et profonde modification. Les deux scènes subventionnées furent dès lors les seules à renouveler assez souvent leur affiche pour faire l'éducation de leurs acteurs, entretenir celle de leur public et profiter elles-mêmes des sentiments de celui-ci. Ce furent aussi les seules qui continuèrent à monter des pièces pour leur simple valeur littéraire, en se résignant d'avance à un petit nombre de représentations. Au boulevard, on ne connut plus que les grands succès qui engagent des sommes énormes et les rendent quintuplées par une centaine de représentations, ou les chutes plates qui ruinent un directeur. Et, tandis que le public était ainsi remplacé par la foule anonyme, sans opinion, sans goût et sans influence, que les acteurs se gâtaient à jouer cent et deux cents fois la même pièce, que les auteurs se décourageaient en voyant les théâtres accaparés par quatre ou cinq d'entre eux, que les directeurs refusaient toute pièce qui ne leur semblait pas capable de faire le plein chez eux et le vide chez leurs rivaux, tous les éléments de l'art dramatique, auteurs, acteurs, directeurs et public, allaient s'affaiblissant à l'envi.

Deux autres de ces éléments, moins essentiels, mais d'une importance encore assez grande, la presse et le public des premières représentations, contribuaient pour leur part à la décadence. On se rappelle le temps où tous les grands journaux de Paris avaient un feuilleton hebdomadaire consacré à la critique théâtrale. Ce feuilleton était tenu par des hommes de mérite et il exerçait une grande influence; les amateurs de théâtre pouvaient choisir, avant de se faire une opinion, entre Théophile Gautier et Jules Janin, Fiorentino et Paul de Saint-Victor. Les critiques qui rédigent en ce moment le feuilleton du lundi sont pour la plupart des écrivains distingués[1], et l'un d'eux, M. Francisque Sarcey, applique à sa tâche un sens de théâtre, un amour de son métier, une sûreté de jugement, qui n'ont jamais été, je ne dis pas surpassés, mais égalés. Sa grande autorité est la juste récompense de trente années de franchise et de labeur; jamais histoire écrite au jour le jour n'influa davantage sur la matière de ses récits et ne supporta mieux l'examen rétrospectif que la suite de ses feuilletons. Malgré cela, en dehors de M. Sarcey, qui se regarde lui-même comme un survivant d'un âge disparu, l'influence de la critique du lundi va toujours baissant. Plusieurs journaux, et non des moindres, ont renoncé au feuilleton écrit à loisir, avec un recul de quelques jours très utile à la maturité des jugements, pour le

1. Au moment où j'écrivais ceci, M. Jules Lemaître, déjà classé comme écrivain de grande valeur, venait seulement de débuter dans la critique théâtrale.

compte rendu improvisé aussitôt après la représentation, entre minuit et deux heures du matin. A côté de ces comptes rendus hâtifs, ils ont le *Courrier des théâtres*, où la réclame se donne carrière, et les directeurs comptent en partie sur l'effet de ces *courriers*, des « indiscrétions » et du reportage pour atténuer la sévérité des lundistes. La réclame peut aujourd'hui ce qu'elle ne pouvait pas autrefois : dans une certaine mesure, elle fait illusion au public et donne une vie factice à des pièces qui méritaient de mourir.

Les directeurs n'attachent pas un moindre prix au jugement du public des premières qu'à celui de la presse ; ils en ont un besoin au moins égal. Plusieurs écrivains ont essayé de définir ce public : ainsi Edmond About dans une causerie amusante et superficielle, M. Alphonse Daudet en plusieurs pages où semble percer quelque rancune, M. Charles Garnier dans une réponse pleine de bons arguments, mais un peu trop sérieuse peut-être — ce qui surprend de la part d'un homme qui manie d'habitude la plume avec plus d'esprit que de solennité, — à une boutade académique et en partie justifiée de M. Edmond Rousse. On trouverait plutôt une vraie et complète peinture de ce public dans l'étude pénétrante et enlevée de verve que lui a consacrée un de ceux qui, par métier, le connaissent le mieux, M. Alexandre Dumas[1]. En rapprochant ces définitions de ce qu'on apprend soi-même par la fréquentation du théâtre, on

---

[1]. Edmond About, *Tout Paris*, à la suite du *Turco*, 1866; Alphonse Daudet, *le Nabab*, 1877, xxv ; Edmond Rousse, *Rapport sur les prix de vertu*, séance publique annuelle de l'Académie française, du 15 novembre 1883; Charles Garnier, *le Tout Paris des premières*, en tête de la neuvième année des *Annales du théâtre et de la musique*, 1884 ; Alexandre Dumas fils, *les Premières Représentations*, dans *Paris-Guide*, 1867.

constate que jamais public ne fut plus incohérent et plus bigarré. C'est d'abord la presse, puis le microcosme dramatique — auteurs, acteurs, directeurs, etc. — des gens de lettres, des hommes politiques, quelques représentants de l'aristocratie, l'élite d'une colonie étrangère très mêlée, beaucoup d'hommes de finance, enfin et surtout les gens de plaisir et le personnel de la haute galanterie. Ce public est d'intelligence très ouverte et très prompte, mais prodigieusement blasé. Il comprend, pressent et devine tout. Il aime l'inattendu, mais peut-être est-il encore plus sensible à la banalité adroitement rajeunie : il veut des sensations nouvelles et il entend ne pas changer ses habitudes d'esprit. Aussi prompt à l'enthousiasme qu'au dénigrement, c'est tantôt le meilleur et tantôt le pire des publics. Le meilleur, car, avec lui, il n'y a pas de prévention qui tienne : incapable de résister à son plaisir ou à son ennui, il lui arrive de faire des succès à des pièces dont il souhaitait la chute et d'en laisser tomber d'autres qu'il voulait faire réussir. Le pire, car il est incapable d'une certaine somme de sérieux et d'attention : il lui faut le plaisir immédiat ; il ne sait pas faire crédit à un auteur de quelques moments de préparation un peu lente pour amener une belle scène ; il faut saisir au vol son émotion et son intérêt. Ses arrêts ne sauraient donc être toujours bien justes, et pourtant c'est de lui que dépend en grande partie la fortune des pièces. Outre que la plupart des critiques ne font que traduire ses impressions, en même temps que paraissent les comptes rendus il a déjà formulé son avis, et cet avis se répand avec une promptitude surprenante. Certaines pièces lui plaisent trop, pour être bien bonnes, et il en laisse tomber d'autres qui mériteraient plus d'indulgence. M. Alexandre Dumas, qui voit en lui un aréopage presque infaillible, prend aisément son parti de ces deux alternatives. Il n'admet pas qu'une œuvre acceptée, « poinçonnée » par ce public, soit indifférente, et il assure que jamais une excellente pièce n'a échoué. D'accord ; mais, outre que les pièces excellentes sont rares et n'ont aucun besoin d'être ainsi « poinçonnées », les pièces de valeur moyenne sont la production courante, pour ainsi dire, de l'art dramatique et il ne faudrait en entraver la carrière qu'à bon escient. Or cette production ne vit pas seulement de chefs-d'œuvre[1].

III

Jusqu'à présent j'ai laissé de côté, dans cette étude, les deux théâtres subventionnés par l'État : l'Odéon et la Comédie-Française. L'organisation de celle-ci est assez forte pour qu'elle n'ait pas subi au même degré l'influence des causes que j'essaye d'indiquer. La décadence l'épargne encore. Toutefois les nouvelles mœurs théâtrales ne pouvaient pas être sans effet sur elle.

Jamais, je crois, même aux grands jours de Talma et de Rachel, notre premier théâtre ne connut une prospérité semblable à celle dont il a joui pendant quinze ans, de 1871 à 1885, sous l'administration d'Émile Perrin. Les longs efforts de M. Édouard Thierry avaient

[1]. La date de cette étude explique pourquoi il n'y est pas question du Théâtre-Libre, fondé, en cette même année 1887, par M. Antoine à l'Élysée des Beaux-Arts, transporté ensuite au théâtre Montparnasse, abrité enfin dans la salle des Menus-Plaisirs, en attendant, paraît-il, qu'il s'installe définitivement chez lui, en plein boulevard. Le répertoire de ce théâtre a eu les honneurs de deux débats parlementaires (Sénat, 22 décembre 1890, et Chambre des Députés, 24 janvier 1891), provoqués par son goût d'exagération violente, trop souvent de cynisme, qu'il serait temps de faire disparaître. En somme, la tentative est intéressante et mériterait de durer en s'épurant.

produit une troupe admirable, où toutes les sortes de talent étaient représentées. Héritier de cette troupe, Émile Perrin eut le bonheur d'appeler ou de produire, dès le début de son administration, trois artistes dont un seul eût fait la fortune d'un autre théâtre : Mme Sarah Bernhardt, Mlle Croizette et M. Mounet-Sully. Bientôt il engageait et formait Mlle Dudlay ; il s'attachait Mlle Bartet et M. Worms. Comme pièces, il avait le répertoire de M. Émile Augier ; M. Alexandre Dumas lui arrivait dans toute la force du talent; MM. Victorien Sardou et Édouard Pailleron ne demandaient qu'à prendre pied dans la maison de Molière. Le nouvel administrateur tira de ces éléments de succès tout ce qu'ils contenaient ; il finit par les épuiser. C'était un homme de premier ordre ; mais il n'était plus jeune et il ne croyait qu'aux talents déjà mûrs. Il avait un grand goût, et nul n'était moins américain ; mais il pratiquait le système des étoiles, et, comme son théâtre était la Comédie-Française, où l'ensemble se concilie parfaitement avec une réunion de talents supérieurs, il offrit au public une longue série de soirées d'un éclat incomparable. Acteurs et auteurs, il ne les voulut que d'un effet certain sur le public. Bien qu'à certains égards ce timide et cet indécis fût un oseur et un obstiné, il n'engageait une partie qu'avec tous les atouts dans la main. Il ne fit donc guère jouer que les chefs d'emploi et réserva l'affiche aux auteurs consacrés par le succès. Très moderne, il s'inquiéta peu du répertoire, entretenant juste le nombre de pièces que savaient ses acteurs, faisant de temps à autre quelques reprises préparées avec beaucoup de soin, mais laissant dormir nombre de chefs-d'œuvre, comme aussi toutes ces pièces incomplètes et curieuses qui n'auraient attiré que les lettrés. Il ne voulait que de belles représentations et de belles salles.

Avec ce système on se procure un très beau présent et on laisse à ses successeurs un avenir très compromis. Les acteurs trouvés par Ém. Perrin en possession de leur emploi ne pouvaient durer beaucoup plus que lui-même et, comme ils jouaient sans cesse, l'administrateur avait beau engager chaque année quelques lauréats du Conservatoire, ces jeunes gens n'apprenaient pas leur métier et restaient inconnus du public. Pour les jeunes auteurs, ils n'étaient pas repoussés de parti pris, mais on ne faisait rien pour les attirer. Après une longue attente, l'administrateur en jouait un, qui tombait, et vite il revenait aux anciens. Et comme ceux-ci étaient uniquement des auteurs comiques et des prosateurs, on ne joua plus guère au Théâtre-Français que des comédies en prose.

La Comédie, disais-je, a un public d'habitués. Je me trompais : elle en a deux, et qui ne se ressemblent guère, l'un formé par elle-même et l'autre par Ém. Perrin. Le premier se compose de gens qui, dans le théâtre, aiment surtout le théâtre, c'est-à-dire de belles œuvres bien jouées et qui vont simplement y chercher par goût et non par mode le plaisir propre qu'il doit donner. Ils veulent du moderne, mais ils veulent aussi du classique ; peut-être même portent-ils à celui-ci une prédilection de délicats et d'initiés. Ils sont de toute condition et se trouvent partout, aussi bien à l'orchestre qu'au parterre. J'en sais, vieux bourgeois de Paris, riches et de loisir, qui, depuis trente ans, occupent tous les soirs le même fauteuil, lorsque l'œuvre jouée a quelque attrait de nouveauté ou d'interprétation, sachant des pièces entières par cœur et prévenant à demi-voix la réplique, si l'acteur hésite ou prend trop de *temps*. Il en est d'autres, vieux boutiquiers ou gamins imberbes, modestement placés avec leur argent ou avec un billet bleu reçu d'un machiniste ou d'un habilleur, qui connaissent leur Molière et leur Corneille, voire leur Racine, et jugent avec une sûreté d'avis étonnante, avec un intelligent et curieux mélange d'indulgence et de sévérité. Ces habitués-là n'eussent pas témoigné à l'administrateur une satisfaction complète. Avec les comédies modernes ils auraient demandé des pièces classiques et des drames; ils auraient voulu voir les recrues paraître plus souvent, encadrées par la vieille troupe; ils étaient plus sensibles à une scène bien jouée qu'à ces beaux décors, auxquels Ém. Perrin donnait le meilleur de ses soins. Mais, ou ils n'avaient guère accès jusqu'à l'administrateur, ou il n'écoutait pas ceux d'entre eux qui auraient pu discuter avec lui. Il n'avait d'oreille que pour l'autre partie de ses habitués, celle qu'il avait formée lui-même, le public du mardi, les abonnés.

Lorsque Ém. Perrin prit la direction de la Comédie-Française, l'abonnement n'était pas une nouveauté à y introduire. Depuis longtemps le théâtre avait ses fidèles, qui se faisaient un point d'honneur de lui apporter leur argent et d'y occuper régulièrement une place à leur nom. Le nouvel administrateur voulut accroître leur nombre et les recruter dans les milieux les plus propres, croyait-il, à fournir au théâtre une clientèle de choix. Ancien directeur de l'Opéra et de l'Opéra-Comique, homme du monde recherché, amateur éclairé et délicat de toutes les formes de l'art, il était en relations personnelles avec la meilleure partie de la société mondaine. C'est elle qu'il résolut d'attacher à son théâtre par des liens solides et réguliers. Il créa donc deux jours particuliers d'abonnement, les mardis et les jeudis. Le succès de cette création fut grand; en deux ou trois ans, les gens du monde affluèrent à la Comédie-Française. Il fut de bon ton pour eux d'y avoir leur loge ou leur fauteuil et ils se créèrent ainsi une nouvelle obligation ajoutée à tant d'autres, comme l'Opéra, les expositions de peinture, les fêtes de charité et le concours hippique.

Le public ainsi formé avait les mêmes goûts que son créateur. Ce fut lui que Ém. Perrin eut à cœur de satisfaire, c'est sur lui qu'il compta pour soutenir la fortune du théâtre. Mais ce public, malgré sa culture raffinée, était assez ignorant et il n'aimait guère le répertoire; il était dérouté par la tragédie, trop savante pour lui, choqué par la comédie de Molière ou de Regnard, trop franche et trop crue. Plus désireux de sensations agréables et légères que d'émotions fortes et profondes, il préférait la comédie au drame; il voulait des décors, des toilettes et des étoiles. Public dangereux, somme toute, lorsqu'il domine et règle le niveau d'un art; il écoute fort mal, il lui arrive de couvrir la voix des acteurs par le murmure de ses conversations; il ne se livre pas; il manifeste bruyamment sa mauvaise humeur devant des pièces contestables, mais hardies et neuves, comme *les Corbeaux* de M. Henri Becque; pour tout dire, il n'aime pas pour lui-même le plaisir qu'il paye très cher et, s'il est trop consulté, il contribue à rendre de plus en plus artificiel un art qui l'est déjà trop par nature. C'est beaucoup d'avoir intéressé la société élégante à la Comédie-Française comme à l'Opéra et d'avoir ainsi assuré pour une large part la prospérité matérielle du théâtre, mais ce résultat n'est pas sans dangers.

Ém. Perrin était un autoritaire, avec des formes d'une parfaite courtoisie. Il voulait tout voir de ses yeux, tout préparer et tout décider par lui-même. S'il laissait faire ses artistes et leur demandait avant tout d'être originaux, la première qualité qu'il exigeait des auxiliaires de son administration, c'était la docilité; il ne leur voulait ni initiative ni idées personnelles. Les règlements du théâtre mettaient à côté de lui un comité de sociétaires, auquel il devait soumettre la plupart de ses résolutions : il s'arrangea de manière que ce comité fût toujours de son avis, ne le heurtant jamais de front, mais l'amenant avec beaucoup d'adresse et de tact à ne vouloir que ce qu'il voulait lui-même. La plupart des théâtres ont un régisseur général, qui sous l'autorité du directeur prépare les répétitions et la mise en scène. Le dernier régisseur général de la Comédie-Française, Dubois-d'Avesnes, était un homme d'un grand sens théâtral et d'une science très sûre ; possédant à merveille la tradition, il l'enseignait avec beaucoup d'autorité. Lorsqu'il prit sa retraite, Regnier, l'éminent comédien, qui cessait de jouer, le remplaça avec le titre de directeur de la scène. On peut être assuré que, si Perrin avait trouvé Dubois-d'Avesnes encore jeune et vigoureux, il se serait arrangé de manière à l'éliminer ; pour Regnier, encore dans la force d'une verte vieillesse, il l'amena doucement, sans éclat, à donner sa démission après deux ans d'exercice, et il remplaça l'emploi que l'un et l'autre avaient tenu par le seul service du *semainier*.

Ce titre désigne au Théâtre-Français un membre du comité chargé pour une semaine, outre certaines fonctions de contrôle et de comptabilité, de veiller à la bonne marche des répétitions. Rien de moins utile ou même de plus nuisible pour celles-ci. D'abord on peut être bon acteur et mauvais professeur ; on peut aussi exceller dans la comédie et ne rien comprendre à la tragédie, ou réciproquement ; on peut enfin être indolent et prendre sa semaine comme un ennuyeux surcroît de besogne. Mettons cependant les choses au mieux : tous les semainiers sont à la fois bons acteurs, bons professeurs et zélés metteurs en scène. Mais chacun d'eux ne reste en fonctions que huit jours, et la moindre reprise exige plus de huit répétitions. Il n'y a guère que les pièces nouvelles et les reprises importantes dont les répétitions soient dirigées par un seul et même sociétaire. Dans le répertoire, les jeunes acteurs doivent donc passer par deux, trois, quatre directions différentes et parfois opposées. J'entendais l'un d'eux qui, au sortir du Conservatoire, allait débuter dans une pièce de Molière, raconter de quelle façon, après avoir essayé pieusement de mettre à profit les conseils contradictoires de trois ou quatre sociétaires éminents, il s'était résolu à n'en faire qu'à sa tête. Chacun d'eux voulait lui imposer ses procédés les plus personnels, c'est-à-dire les plus dangereux à imiter et les plus factices ; surtout, chacun le mettait en garde contre la direction qu'il venait de suivre et celle qu'il allait rencontrer. Le dernier venu et le plus éminent de tous, excellent professeur celui-là, discernant avec une impitoyable critique, dans le travail composite du jeune comédien, l'influence de ses vieux camarades, l'engageait vertement à secouer tout cela et, seul, le laissait chercher dans ce qu'il pouvait avoir de *nature*, c'est-à-dire d'originalité.

Sous Perrin les inconvénients de l'institution des semainiers étaient sensiblement atténués par l'activité personnelle de l'administrateur. Il suffisait à tout, conférant avec le décorateur et le costumier, discutant pendant des heures une maquette, le choix d'une robe ou d'un ameublement, la plantation d'un décor, et allant ensuite diriger de sa personne les répétitions avec une science, une justesse, un goût auquel tous ceux qui ont travaillé sous sa direction se plaisent à rendre hommage. Mais il est rare qu'un administrateur soit remplacé par un autre qui lui ressemble de tout point. Malgré les grandes qualités de Perrin, il était à souhaiter que son successeur prit le contre-pied de ce qu'il avait fait lui-même. Il y avait des comédiens à former, le répertoire à restaurer, la discipline à rétablir. M. Jules Claretie, qui reçut la direction du théâtre après un interrègne très honorablement rempli par M. Kæmpfen, y arrivait avec ses mérites d'auteur dramatique, son autorité d'écrivain et une ferme résolution de se donner tout entier à ses devoirs, mais il n'était ni tatillon ni autoritaire. Il n'aimait pas empiéter sur les attributions d'autrui et il aurait bien voulu, je crois, se réserver les seuls devoirs de l'administration, c'est-à-dire les rapports avec le ministère et les auteurs, les engagements, la présidence du comité, la haute direction de la maison. Il ne pouvait guère déposséder du jour au lendemain les semainiers de fonctions auxquelles ils semblaient tenir. Rétablira-t-il ou le régisseur général ou le directeur de la scène? Il lui faudrait pour cela avoir sous la main un homme possédant les qualités de l'emploi, et ces qualités sont rares.

Il avait aussi une autre question à résoudre, très inquiétante, et pour laquelle on ne pouvait pas lui demander non plus de prendre des mesures immédiates. A force de jouer la seule comédie, le théâtre n'avait plus qu'une troupe de comédie, et pas très complète; la tragédie et le drame restaient en souffrance, M. Mounet-Sully et Mlle Dudlay ne pouvant, à eux seuls, en tenir tous les emplois. Mme Sarah Bernhardt était partie; Bressant n'avait pas été remplacé, non plus que Mme Arnould-Plessy. M. Delaunay allait prendre sa retraite, et ses meilleurs élèves ne donnaient encore que des espérances aigrelettes. C'était tout un personnel à reconstituer ou à compléter. M. Claretie s'y emploie de son mieux. On a beaucoup engagé à la Comédie-Française, dans ces derniers temps, tout en visant une économie devenue nécessaire. Mais la pénurie de bons acteurs est si grande que ces engagements n'ont pas encore comblé les vides criants de la troupe.

La Comédie-Française s'administre en partie elle-même ; elle ne saurait donc vivre que de discipline et de bon accord. Là les étoiles, les acteurs à vedette et à recette ne devraient pas exister ; égaux en droit, tous les sociétaires devraient l'être en fait et subordonner leurs préférences individuelles à l'intérêt général de la maison. Chacun d'entre eux a le droit de s'estimer très haut, comme aussi de mettre au premier rang le genre où il excelle ; mais il n'a pas celui de méconnaître l'utilité de ses camarades et l'importance du genre qu'il n'exerce pas. C'est pour cela que le comité est, autant que possible, composé par moitié de comédiens et de tragédiens, pour cela que l'État le fait présider par un administrateur personnellement désintéressé dans les questions d'emplois, de rôles et de genres. Ém. Perrin aimait trop peu le répertoire et tenait trop à se concilier individuellement chaque membre du comité pour faire la part égale entre les genres et maintenir une discipline étroite. Cependant il n'eût pas laissé le champ libre à certains égoïsmes et toléré des imprudences capables de compromettre les intérêts de la maison. Lorsqu'il eut disparu, tandis que le nouvel administrateur s'installait à peine, un des premiers actes du comité fut une élimination qui obligeait le ministère à intervenir, pour empêcher que Corneille et Racine ne fussent plus joués pendant des mois et des années. Bonne leçon, si la Comédie en profite. Elle est devenue ce qu'elle est non par le mérite individuel ou la prépondérance de ses divers membres, mais par sa valeur d'ensemble. Si elle glissait sur la pente où roulent les autres théâtres, si elle espérait attirer le public par des vedettes, si elle sacrifiait ses intérêts supérieurs aux caprices d'artistes qui peuvent se tromper ou l'abandonner, elle perdrait, avec sa raison d'être, ce qui la distingue encore, pour son honneur, des scènes contemporaines.

IV

Je disais que la Comédie-Française est tout par elle-même, ou du moins que le mérite de ses directeurs et le talent individuel de ses artistes ont moins fait pour sa prospérité que sa tradition et la valeur d'ensemble de sa troupe. L'Odéon, au contraire, n'est rien que par son directeur; entre des mains maladroites, ce théâtre n'existerait bientôt plus, et, de fait, il y a eu de longues périodes où il n'existait pas. C'est une abstraction dont il faut faire une réalité[1]. En ce moment, au milieu de toutes les causes de décadence qui menacent les théâtres, il est heureux pour celui-là d'avoir à sa tête un homme qui devait être, par décret spécial de la nature, non seulement directeur de théâtre, mais directeur de l'Odéon.

Si j'avais *interviewé* M. Porel, il aurait pu me dire en substance : « Je voudrais avoir une troupe constante, car il n'y a pas de théâtre solide sans cela; mais, lorsque j'ai découvert ou formé un acteur, la Comédie me le prend ou il me quitte. Je fais jouer des passants dans un corridor, et, malgré tout, je maintiens plus d'œuvres au répertoire et je produis plus de pièces nouvelles que n'importe quel théâtre de Paris. » En parlant ainsi, M. Porel ne se donnerait pas à lui-même un de ces

---

1. Voy. le livre consacré à l'Odéon par deux de ses anciens artistes, M. Porel, aujourd'hui directeur de ce théâtre, et M. Georges Monval, devenu archiviste de la Comédie-Française : *Histoire de l'Odéon*, 2 vol., 1885-87.

témoignages de satisfaction que les gens de théâtre se décernent volontiers; il définirait justement le caractère de la maison qu'il dirige. L'Odéon subit des nécessités contre lesquelles l'habileté d'un directeur doit s'exercer sans trêve, mais qu'elle ne saurait supprimer : jeunesse de ses comédiens, instabilité de sa troupe, éloignement du Paris qui s'amuse, prompt épuisement des succès. Malgré cela, il doit être un théâtre littéraire, supporter la concurrence des autres scènes et, comme elles, faire de grands frais, ne pas compter sur de grosses recettes et dépenser beaucoup, former incessamment des comédiens et s'en séparer dès qu'ils commencent à rendre des services.

A force d'activité et de sens théâtral, secondé par M. Émile Marck comme directeur de la scène, M. Porel suffit à toutes ces obligations. Il a des erreurs et des engouements, mais il ne persiste guère dans ceux-ci et répare vite celles-là; il sacrifie quelquefois aux idées américaines, mais il les tempère par un goût très vif de la littérature et de l'art. Tout son personnel passe par le classique et s'y forme à la diction difficile du vers, au jeu large et simple des chefs-d'œuvre. Ceux-ci ne sont pas toujours joués à l'Odéon avec la sûreté dont se pique la Comédie-Française, et assez souvent le public doit répondre à la bonne volonté des acteurs par une bonne volonté égale. Néanmoins, les soirées vraiment mauvaises n'y sont pas trop nombreuses et beaucoup d'œuvres n'auraient jamais revu la lumière sans ce courage à produire devant la rampe un travail hâtif. C'est que, malgré l'instabilité du personnel, il y a des cadres solides à l'Odéon et ils y sont plus nécessaires que partout ailleurs. Plusieurs acteurs y restent depuis des années, et quelques-uns sont de premier ordre : avec l'élégance un peu étriquée, mais très fine, de M. Amaury, l'âpre énergie de

M. Paul Mounet[1], la correction de M. Albert Lambert père, la solidité de M. Cornaglia, une représentation a toujours de bonnes parties. Le côté des femmes est plus faible; je n'y vois guère que Mme Crosnier, l'excellente duègne, qui soit hors de pair. Le reste est insuffisant ou ne donne encore que des espérances. Mais les bonnes comédiennes se font rares partout, leurs exigences sont énormes et le directeur de l'Odéon est bien obligé de prendre ce que le Conservatoire ou les vocations libres lui donnent chaque année. Les femmes qu'il engage, il s'inquiète de les avoir jolies, et, à certains jours, il offre un vrai régal aux yeux. C'est un mérite de les réunir; c'en est un plus grand d'en faire des comédiennes. Au demeurant, bien que M. Porel appelle parfois des artistes en représentation, il réussit à obtenir beaucoup des siens, persuadé que le seul moyen de les rendre bons, c'est de les faire travailler sans cesse. Molière disait qu'un vrai directeur de théâtre doit au besoin faire jouer des fagots : M. Porel est dans la tradition du maître.

Pour ses obligations littéraires, il s'y conforme avec un courage et un désintéressement souvent méritoires. On n'a pas tort de reprocher à la majorité des directeurs leur méfiance des nouveautés. La plupart redoutent tout ce qui peut déranger les habitudes du public; les moyens éprouvés, la banalité accessible au grand nombre ont toujours eu leurs préférences. Aussi, de toutes les évolutions littéraires, les plus difficiles et les plus lentes sont-elles celles qui se font au théâtre. M. Porel, lui, cherche ou adopte les nouveautés. Il n'a pas joué *Renée*, mais il a repris *Michel Pauper*, donné *Renée Mauperin* et *Numa Roumestan*. Sauf *Numa*, ces

---

1. Depuis que ceci a été écrit, M. Amaury et M. Paul Mounet ont tous deux quitté l'Odéon.

tentatives n'ont été qu'onéreuses pour lui, mais il ne se décourage pas; il annonce même l'intention de jouer l'hiver prochain une autre pièce de M. de Goncourt[1]. Il a donné, pour l'honneur, *les Fils de Jahel*; il aime le lyrisme et la musique; il joue M. Théodore de Banville et remet à la scène les partitions de Lully et de Charpentier, de Mendelssohn et de Bizet. Il croit que, malgré notre ignorance des littératures étrangères, on peut y intéresser un public parisien; et, quoique, du temps de son prédécesseur, Ch. de la Rounat, *Othello* n'ait fourni qu'une pénible carrière, quoique *le Songe d'une nuit d'été* lui ait coûté bon, il nous promet *Beaucoup de bruit pour rien* et *le Marchand de Venise*. Il veut puiser dans le répertoire de Calderon et de Lope de Vega; il prépare une adaptation de Dostoievski[2]. De tout cela, il ne fera sans doute qu'une partie, car les années n'ont que douze mois partout et neuf seulement à l'Odéon; mais c'est déjà beaucoup que de former des projets et de les réaliser de son mieux.

Enfin, M. Porel a un public, plus fixe que sa troupe, aussi fixe que le répertoire ordinaire et qui suit avec une curiosité intelligente les tentatives du directeur. Ce public-là, M. Porel l'a fait lui-même, comme M. Perrin avait fait celui du mardi à la Comédie-Française. Il ne l'a pas recruté dans le même milieu, c'est-à-dire dans l'élite de la société mondaine : il n'est pas séant pour celle-ci d'aller à l'Odéon; il l'est même de n'y pas aller ou de ne pas avouer qu'on y va; médiocrement inventive, elle reprend volontiers à son usage les vieilles plaisante-

---

1. *Germinie Lacerteux*, représentée le 19 décembre 1888, et qui donna lieu, outre de bruyantes polémiques, à un débat parlementaire (Sénat, 26 décembre 1888).
2. *Crime et Châtiment*, adapté par MM. Paul Ginisty et Hugues Le Roux et représenté le 15 septembre 1888.

ries sur la décrépitude sénile de ce théâtre, aujourd'hui jeune et vivant[1]. Ceux qui fréquentent l'Odéon, ce sont d'abord les habitants du quartier latin, cette moyenne bourgeoisie restée relativement fidèle aux goûts d'autrefois en matière de spectacles et moins atteinte que la rive droite par la fièvre des gros plaisirs. C'est ensuite la jeunesse des écoles, que dix ans d'éducation classique ont familiarisée avec le répertoire et qui, si elle passe souvent les ponts, consent encore à se distraire quelquefois dans son quartier; puis les professeurs, amis du classique par goût et par métier; des lettrés, des artistes. A une époque où le théâtre coûte trop cher, M. Porel offre à ce public, plus instruit que riche, des représentations populaires à prix réduits, imaginées par son prédécesseur, mais véritablement créées par lui-même; et le public y vient en foule. Cette année, il applique à ces représentations le système des abonnements au plus bas prix possible, et le succès est assez grand pour qu'il songe à y consacrer deux jours par semaine, tout comme la Comédie-Française[2]. Il imagine enfin de reprendre pour les élèves des lycées les matinées classiques que le Conseil municipal lui avait demandées, il y a deux ans, pour les écoles primaires, et qu'il lui a retirées pour les donner à cet éphémère théâtre de Paris, qu'il voyait avec tendresse comme son œuvre propre et auquel il avait appliqué, par goût de démocratie, les institutions données jadis par Louis XIV à la Comédie-Française.

Si les proviseurs sont aussi hardis que le ministre et ne craignent pas d'envoyer leurs élèves à l'Odéon, ces jeunes gens feront le meilleur des publics. On

---

1. Ceci a changé; la société élégante semble avoir appris le chemin de l'Odéon, et à certains soirs il en résulte un public composite, d'aspect fort curieux.
2. Ces deux séries d'abonnements existent aujourd'hui.

n'est ni blasé ni dédaigneux à cet âge, et l'on ne boude pas contre son plaisir, surtout lorsqu'on y trouve un délassement à des études, qui, de toute façon, préparent à le goûter[1]; mais ils ne seront ni plus attentifs ni mieux disposés que les spectateurs des soirées populaires. C'est plaisir de se trouver au milieu de ceux-ci et de s'amuser avec eux. Par une cause contraire et un effet semblable, ils goûtent d'autant plus les œuvres du répertoire qu'ils les connaissent mieux ou ne les connaissent pas du tout. Ils n'ont pas cette information superficielle des purs mondains qui ont tout défloré avant de rien goûter et savent beaucoup plus de titres que d'œuvres. Ils ne sont pas persuadés d'avance que le classique est un aliment trop fade pour leur appétit. Ignorants, ils voient le théâtre classique avec la même curiosité que des œuvres contemporaines et ils se laissent prendre bonnement à ce qu'il renferme d'émotion et d'intérêt ; éclairés, ils goûtent d'autant plus leur plaisir qu'ils y sont mieux préparés et que la représentation réveille les souvenirs de leurs lectures. On sent au milieu d'eux cette franchise d'impression, cette électricité spéciale que dégageait le parterre des deux derniers siècles. Les amateurs d'autrefois, les habitués du Gradot et du Procope, s'ils revenaient au monde, se retrouveraient chez eux, à certains soirs d'Odéon.

Je ne connais pas assez le budget de ce théâtre pour savoir dans quelle proportion les lundis populaires entrent dans ses recettes. Mais je ne serais pas étonné que ces soirées à prix réduits, alimentées par de vieilles œuvres et jouées dans des décors élémentaires, n'aient,

---

[1]. Ces matinées classiques ont commencé au mois d'octobre 1887 et se poursuivent avec grand succès, chacune précédée d'une conférence.

dans certains mois, comblé le déficit causé par certaines œuvres modernes, trop chères pour le théâtre et pour les spectateurs. Ainsi, tandis que la Comédie-Française était trop portée à considérer le répertoire comme une charge et une cause d'abaissement pour ses recettes, l'Odéon y trouvait de quoi relever les siennes. C'est grâce à lui, et non malgré lui, que le théâtre de la rive gauche peut jouer des œuvres contemporaines, faire des tentatives intéressantes et accueillir des pièces ultra-modernes, dont les auteurs considèrent le répertoire comme un obstacle gênant.

V

On le voit, sauf pour la Comédie-Française, qui plonge dans le passé par de si fortes racines qu'elle ne saurait être ébranlée de sitôt, et l'Odéon, qui vaut surtout par son directeur, la situation des théâtres parisiens n'est rien moins que rassurante. Je voudrais pouvoir la présenter sous un aspect moins sombre, mais il ne dépend pas de moi de la voir autre qu'elle n'est. Bien des choses, dans l'art dramatique, semblent finir qu'il y a lieu de regretter, et l'on n'en voit pas commencer d'autres qui puissent réparer un jour les pertes du passé. Peut-être assistons-nous à une période de transition et est-il encore trop tôt pour discerner ce qui doit en sortir. Nous avons derrière nous des siècles de production dramatique, nous apportons le goût du théâtre en naissant; il semble donc bien difficile que l'on en vienne jamais, dans notre pays, à se passer de théâtre. Espérons qu'à des conditions nouvelles pourra s'adapter un art nouveau.

Au reste, ce n'est pas au théâtre seulement que des

symptômes inquiétants se manifestent et que le présent semble compromis par un avenir plein de menaces. Nous souffrons, ici comme partout, des premiers effets de la liberté, de la concurrence, de l'extension du public, du nivellement, en un mot de la démocratie, choses excellentes en elles-mêmes, mais qui n'ont pas encore trouvé leur assiette et ne sauraient s'établir sans confusion. C'est une loi du temps présent, qui en souffre, en attendant l'avenir, qui s'en trouvera peut-être bien. Beaucoup d'autres choses, d'abord compromises par la liberté, ont fini par lui devoir une nouvelle vigueur.

Septembre 1887.

TABLE DES MATIÈRES

AVANT-PROPOS....................................

I. *Œdipe roi* et la tragédie de Sophocle..........	1
II. La comédie en France au moyen âge	53
III. De Molière à Marivaux......................	95
IV. Shakespeare et le théâtre français.............	121
V. Beaumarchais : l'homme et l'œuvre............	151
VI. Le théâtre et la morale.....................	201
VII. Les comédiens et les mœurs.................	237
VIII. Les théâtres de Paris : troupes et genres.......	295

7335. — Imprimeries réunies, rue Mignon, 2, Paris.

RED. :

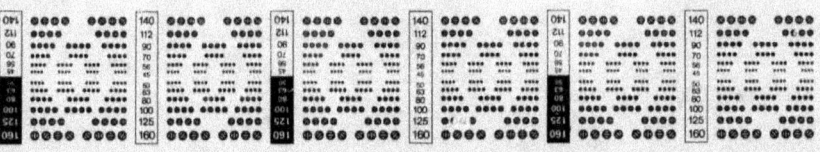

BIBLIOTHEQUE NATIONALE DE FRANCE
***
CHATEAU DE SABLE

1994

www.ingramcontent.com/pod-product-compliance
Lightning Source LLC
Chambersburg PA
CBHW072022150426
43194CB00008B/1210